劉鳳翥 張少珊 李春敏 著

契丹文字辨僞録

北京燕山出版社

圖書在版編目（CIP）數據

契丹文字辨僞録 / 劉鳳翥, 張少珊, 李春敏著. --
北京 ：北京燕山出版社, 2022.4
ISBN 978-7-5402-6363-8

Ⅰ. ①契… Ⅱ. ①劉… ②張… ③李… Ⅲ. ①契丹語
—文字—研究 Ⅳ. ①H211.53

中國版本圖書館 CIP 數據核字(2022)第 003190 號

契丹文字辨僞録

作　　者：劉鳳翥 張少珊 李春敏
書名題字：李春敏
封底篆刻：劉　波
責任編輯：馬天嬌
特約編輯：殷　芳
出版發行：北京燕山出版社有限公司
社　　址：北京市豐臺區東鐵匠營葦子坑 138 號
郵　　編：100079
電　　話：86-10-65240430（總編室）
印　　刷：英格拉姆印刷(固安)有限公司
開　　本：16
字　　數：230 千字
印　　張：26
版　　別：2022 年 4 月北京第 1 版
印　　次：2022 年 4 月北京第 1 次印刷
ISBN 978-7-5402-6363-8
定　　價：128.00 元

作者簡介

劉鳳翥，字潛龍，一九三四年十一月七日生，河北省鹽山縣千童鎮王朴莊人。一九六二年畢業於北京大學歷史系中國古代史專門化。同年考取中國科學院民族研究所（此研究所一九七七年劃歸中國社會科學院）研究生，師從陳述（字玉書）教授。畢業後留民族研究所工作，逐步升至研究員兼研究生院教授。主要從事契丹文字和遼史的研究工作。著有《契丹文字研究類編》《契丹尋蹤——我的拓碑之路》。與人合著有《契丹小字研究》《女真譯語校補和女真字典》、「今注本二十四史」之《遼史》。現爲中國社會科學院「登峰戰略工程」絕學（契丹文字）學科帶頭人、中國遼金契丹女真史研究會名譽會長。中共中央宣傳部「二二工程」專家組專家。

張少珊，女，一九七八年一月一日生，內蒙古自治區赤峰市人。二〇一六年七月畢業於中國社會科學院研究生院，師從史金波學部委員和劉鳳翥教授，獲博士學位。現任赤峰學院歷史文化學院副教授。主要研究領域爲契丹文字及遼金史。合著有《女真譯語校補和女真字典》，在《民族研究》、北京大學《國學研究》等刊物發表學術論文十餘篇。

李春敏，女，一九三七年五月六日生，河北省涿州市人。一九六一年畢業於北京師範學院地理系。中學高級教師。曾先後任教於北京市朝陽區楊閘中學和光華路中學。曾與人合著有《中國旅游地理》，《女真譯語校補和女真字典》等。兩次被評爲北京市普教系統先進工作者。擅長書寫契丹文字和女真文字。臨寫的契丹小字《郎君行記》書法被唐乾陵博物館和莫力達瓦達斡爾族自治旗達斡爾民族博物館等多家博物館收藏。

謹以此書紀念契丹文字出土一百週年

前言

人生道路固然需要個人的努力奮鬥，但名師的點撥和提携往往起着助推火箭的作用，機遇也很重要。我之所以終生以研究契丹文字爲職業，蓋源於一九六二年九月十六日晚上，我向翦伯贊先生辭行。當時，翦老反復叮嚀，讓我到民族研究所之後，務必學習諸如契丹文字、西夏文字、女真文字等一、二門民族古文字。我對翦老一向很崇拜，對他的叮嚀非常重視，當時我即暗下決心，無論有多少艱難險阻，一定按着翦老的吩咐去做。所以我在研究生學習之餘，凡遇有契丹文字或女真文字方面的資料，我都一律全文抄録，以備習用。

「文革」是癱瘓社科研究工作的非常时期。就是在這個時期，一九七二年，我在河南省明港的「学部五七幹校」中，抓住了空閒時間非常多的機遇，暗自閱讀有關契丹文字和女真文字方面的資料，功夫不負有心人，終於解讀出契丹小字大金皇弟都統經略郎君行記中的爲人名「黄應期」，爲官名「尚書職方郎中」，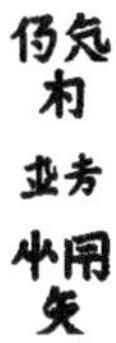爲地名「於唐之乾陵」，爲「皇帝」。從而知道音[huang]，音[ying]，

□音[q]，□音[i]，□音[sh]，□音[ang]，□音[sh]，□音[u]，□音[zhi]，□音[fang]，□音[l]，□音[zh]，□音[ong]，□音[t]，□音[q]，□音[an]，□音[di]。從而找到了利用尋找契丹小字中的漢語借詞的辦法來解讀契丹小字的方法。這種方法後來被我運用得淋漓盡致，并得到内蒙古大學副校長清格爾泰先生的欣賞，從而促成契丹文字研究小組的建立。

一九七五年九月，中國科學院民族研究所和内蒙古大學蒙古語文研究室聯合組成契丹文字研究小組，我負責去各地拓製契丹文字碑刻，把多年積攢的出土碑刻，諸如契丹小字道宗哀册、宣懿皇后哀册、蕭仲恭墓誌銘、許王墓誌、故耶律氏銘石和契丹大字耶律延寧墓誌銘、蕭孝忠墓誌銘等一網打盡了，并獲得研究發表授權。這就是機遇。

契丹文字研究小組利用這些資料，群策群力，集中研究，取得重大研究成果。内蒙古大學學報（哲學社會科學版）一九七七年第四期用一整本的篇幅發表了契丹文字研究小組的成果。經過修訂、提高形成小組的專著契丹小字研究（中國社會科學出版社一九八五年初版，二〇一八年再版，韓國金泰京翻譯的韓文版藝文春秋館二〇一六年首爾版）。

一九九三年至二〇〇三年的十年間，由於考古事業的發展和盜墓活動的猖獗，是契丹文字碑刻大量出土的時間，差不多年年都有契丹文字墓誌銘出土。由於我經常去出土契丹文字碑刻的地方出差，廣結善緣，因而我都能在第一時間得到新墓誌出土的資訊，并能獲得前往拓製的允許和研究發表的授權。這又是一個重大機遇。當時民族語文、文史、燕京學報、國學研究、考古等刊物差不多年年都發表我主導的有關契丹文字的解讀文章，從而形成中華書局二〇一四年出版的八開本布面精裝四册一套的契丹文字研究類編。

鄧小平同志説，先讓一部分人富起來，最後達到共同富裕。經過幾十年的改革開放，先讓一部分人富起來的目標實現了，現在確實有一部分中國人富起來了。富起來的人紛紛買古玩，或盼升值，或附庸文雅……不一而足。需要古玩的人太多，供不應求，文物造假之風應運而生。

二〇〇四年以來，文物市場上出現了大量的來歷不明的帶契丹文字的金版畫、銀版畫、紙質繪畫、絹質繪畫、佛像、佛經、印章、錢幣、絲織品、瓷器、木活字、銅活字和墓誌銘等贋品資料，被一些單位和個人買去。個別文博單位的人，打着「專家」的幌子，幫助文物販子推銷這類贋品。更加令人痛心的是一些契丹文字圈内的單位和研究者屢屢購買贋品契丹文字墓誌銘，并且拿着贋品當真品，進行什麼「研究」，寫書撰文在國内外發表，給學術研究造成很大的混亂。對於這種混亂情況，没有人敢吭一聲，任憑其泛濫成災。

最近十年，本應該是契丹文字學界批駁贋品，從而推動學術進展，取得學術成果的時代，怎奈都怕得罪人，都放弃了批駁贋品的機會。這個機會都留給了我，我不怕得罪任何學術權威，衹要我認爲是贋品的書和文章，我都敢擺事實、講道理地進行討論。

我自己當真品考釋過的契丹文字墓誌，後來發現是贋品者，我也能自我修正。我敢於承認自己的錯誤，修正自己的錯誤。發生錯誤并不羞耻，改了就是，改正了錯誤，可以放下包袱，輕鬆前進。

此書是我最近十年來不斷批駁贋品、鑒别贋品的記録，感到榮幸的是機遇讓我獨享。謹以此書紀念契丹文字出土一佰周年。此書是中國社會科學院「登峰戰略工程」絶學（契丹文字）課題的成果之一。

經康鵬同志、都興智先生和蔡瑞珍同志慨允，書中還附録了他們的有關批駁贋品的文章各一篇，以張其勢。

劉鳳翥　二〇二〇年九月二十三日

目録

初次接觸贋品誤認爲是價值連城的珍寶

二〇〇四年六月十七日，北京某收藏家通過他人介紹，約我去勁松橋東南的蜀國演義酒樓相聚。他向我出示諸多自稱是祖傳的遼代文物，其中令我特別感興趣的是一幅書本大小的金版畫，可能是先做一個模子，然後用一塊金子放在上面，用錘子敲打出來的，敲出薄如紙的如同浮雕似的金版畫。上面有坐佛三排，每排三個。在右側有三行契丹小字，共三十三字。其中有（父、年）、（十）、（日）、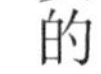（女的）、（子、女）等。剩下的字，我都不認識。

另外還有兩個八角水晶佛塔，八面都鑲有金薄片，上面有佛像。塔底上也鑲有金薄片，上面有漢字年款，一個上面的年款是重熙二十二年，另一個上面的年款是天慶四年。還有金酒壺和兩個金酒盃。酒盃是六面的，每面均有人物，人物均藏在竹林中，殆是竹林七賢歟？還有兩個西夏文銅印和兩件西夏文銅腰牌。我對收藏家的藏品嘆爲觀止。帶契丹字的金器我是首次見到，盲目地誇這些文物珍貴，件件都應是價值連城的一級文物。

次日，我給那位收藏家寫了一封信，希望惠我一份金佛版畫的照片或者讓我臨摹一份，以供研究之用。

二〇〇四年十一月八日，我收到北京那位收藏家的回信，約我擇日去他府上欣賞他的家藏。信中附有另外的金版畫洗馬圖、馳獵圖、獵歸圖上的契丹字摹本。我看了這些新摹本，大失所望。原來相當多的契丹字筆畫不對，筆畫缺胳膊少腿的。詞句更不對，例如獵歸圖上刻的是某耶律公的墓誌銘，題目錯字稍少一些，爲「金紫崇祿大、静江軍節度使、冬、耶律公墓誌銘」。缺「大夫」的「夫」，多一個「冬」。墓誌撰者的姓名和官銜更是荒唐，竟然混入了紀年和「嗚呼哀哉」之類的詞，而且重熙年號中切掉一個「天」。遼代契丹小字年號都是兩個字，首字爲「天」或「大」。前輩學者羅福成、王静如等根據漢字遼道宗哀册中的「維壽昌七年」和「粤乾統元年」的例證，認爲兩個字的契丹小字年號的第一個字是「維」或「粤」之類的發語詞，第二個字纔是年號。我們契丹文字研究小組在一九八五年出版的契丹小字研究一書沿襲了前輩學者的錯誤，把兩個字的契丹小字年號，均切掉第一個字。後來巴圖（即實）先生發現契丹小字年號没有發語詞，切掉第一個字不對。包括我在内的契丹文字學界都認同巴圖先生的觀點。當我看了收藏家的來信後，我猛然意識到收藏家的所有帶契丹字的物件都是贋品。

事後我反省自己爲什麼把贋品當作價值連城的珍寶？一九七八年十月十七日，李文信先生雖然對我談起過女真字和契丹字的贋品問題，知道契丹字物件會有贋品，但我終究是贋品意識不濃。見到契丹字金版畫雖然覺得有些契丹字不規範，有的字筆畫缺胳膊少腿，自己就不自覺地爲造版畫者開脱，認爲可能是契丹文字水平低所致，總不敢往贋品方面想。看到大批的缺「天」或「大」的年號後纔恍然大悟，原來一些贋品就是參照我們的《契丹小字研究》一書所爲。我們書中的一些錯誤反而成了贋品鑒定利器。

此後不久，巴林左旗浩爾吐鄉派出所的池建學所長給我寄來一份從文物販子手中弄來的拓片，我一看就斷定是低劣的贋品。拓片上有幾個契丹大字，也有幾個筆畫很少的簡體漢字，剩下的都是些瞎攢的既不是契丹字也不是漢字的塗抹，根本不能稱它爲字。這是贋品契丹文字物件中的低級産品。下面是這張低劣拓本的照片。

二〇〇四年九月七日，巴林左旗博物館的唐彩蘭館長給我寄來一份契丹小字墓誌拓本，請我鑒定，如果有價值，他們博物館就徵集。我一眼就斷定是倣刻契丹小字耶律（韓）迪烈墓誌銘（以下簡稱迪誌）的贗品。迪誌祇有一石，共計三十四行。贗品則分作二石，每石二十二行，共四十四行，每行字數也相應的予以改動，基本是照着迪誌全文倣刻，但錯字連篇，造假痕迹極爲明顯。例如迪誌第一行以（横帳）二字開始，贗品則誤刻爲。迪誌第三十四行的（乾統元年二月二十八日）爲年款，贗品把它刻作，九個契丹字中，竟有五個字有極其明顯的錯誤，其造假水準由此可見一斑。

迪誌就藏在巴林左旗博物館，文物販子的膽可真够大的，竟然跑到巴林左旗博物館去兜售倣刻迪誌的贗品。包括唐彩蘭館長在內的巴林左旗博物館的同志們對自己藏品也太不熟悉了，竟然不知自己的藏品被倣刻。我立即給唐彩蘭館長打電話，告知那是贗品，絶對不能徵集。此後，迪誌不斷被倣刻。有一塊整個石頭的倣刻品賣給了河南省千唐誌齋博物館（按：迪誌原石斷裂爲上下兩半），另一塊倣品存洛陽某私人手中，拓片發表在秦晉豫新出墓誌蒐佚一書中（中國國家圖書館出版社二〇一二年刊行），還有一塊倣品賣給了北京農業展覽館。北京農業展覽館請人鑒定後知道是贋品，退了貨。

我之所以能够很快進入鑒别贋品的角色，與長期拓碑、抄碑、校碑有關。正如同自己家的孩子天天見面，非常熟悉，突然有别家的孩子闖進來謊稱是您家的孩子，您立馬就會把他打發走一樣，把真的認準了，假的就混不進去。更何况假的我也見過不少，真的假的都見過很多，見多自然能識廣。我從而有了强烈的贋品意識。

二〇〇六年初，我又接到另外的兩個人分别給我發來的一些帶契丹字的金版書、金版畫、銀版畫等物件的照片，請我鑒定。上面的契丹字都是東一句西一句的抄自墓誌銘，而且均把年號中的第一個字 [illegible] 或 [illegible] 去掉。把於義爲「月」的 [illegible] 字誤作漢字「艾」。漢語借詞官名不完整，一些契丹字的筆畫不對。我均婉轉地告知對方説這都是贋品。贋品金版畫已經泛濫成灾。

契丹小字蕭敵魯墓誌銘和耶律廉寧墓誌銘均爲贋品説

聶鴻音和孫伯君編的中國多文字時代的歷史文獻研究（社會科學文獻出版社二〇一〇年出版）一書收録了吳英喆、寶音德力根、吉如何三位先生的關於新近發現的幾件契丹文墓誌一文。文章説，二〇〇七年，内蒙古大學先後買了兩盒契丹小字墓誌銘，分别被命名爲蕭敵魯墓誌銘和耶律廉寧墓誌銘。吳英喆等三先生的文章雖然對此二墓誌銘的介紹很有限，透露出來的關於此二墓誌銘的信息也很少，但即使根據這些很少的信息，也可以斷定所謂蕭敵魯墓誌銘和耶律廉寧墓誌銘均爲贋品。正所謂「一葉知秋」也。理由如下：

一、三個年號一律都不對

所謂蕭敵魯墓誌銘末行年款作  。吳英喆等把它譯爲「天慶四年十月二十九日」。契丹小字中年號「天慶」出現在故耶律氏銘石第十三行和第二十五行，均作 ，而不作 

[契丹小字]。在傳世的契丹小字資料中根本就没有[契丹小字]這個字。顯然這是作僞者胡亂攢的一個没有講的字。

所謂耶律廉寧墓誌銘末行的年款作[契丹小字][契丹小字][契丹小字][契丹小字][契丹小字][契丹小字][契丹小字][契丹小字]。吴英喆等把它譯爲「大安七年十月二日」（按：關於新近發現的幾件契丹文墓誌脱[契丹小字]字，據吴英喆等釋文補入）。在契丹小字許王墓誌銘第十六行、耶律智先墓誌銘第二十行和二十七行、永寧郎君墓誌銘第四十三行，年號「大安」均作[契丹小字][契丹小字]。在契丹小字耶律迪烈墓誌銘第四十一行、蕭太山和永清公主墓誌銘第十七、十八行年號「大安」均作[契丹小字][契丹小字]。在耶律迪烈墓誌銘第七行「大安」作[契丹小字][契丹小字]。在傳世的契丹小字資料中根本就没有[契丹小字]這個單詞，更没有年號「大安」作[契丹小字][契丹小字]者。[契丹小字]字顯然是作僞者倣照[契丹小字]字和[契丹小字]字胡亂攢的一個没有講的字。

吴英喆等人的文章又説耶律廉寧墓誌銘「墓主人生於[契丹小字][契丹小字][契丹小字][契丹小字][契丹小字][契丹小字][契丹小字][契丹小字][契丹小字]（統和二十八年七月十一日）」，即公元一〇一〇年。在契丹小字耶律（韓）迪烈墓誌銘第五行年號「統和」作[契丹小字][契丹小字]，而不作[契丹小字]。在傳世的契丹小字資料中，從來没有年號「統和」作[契丹小字]者。唐乾陵前給武則天立的「無字碑」上，在金代天會十二年（一一三四）刻上了契丹小字與漢字對譯的大金皇弟都統經略郎君行記，其中第一行有詞組□□，契丹文字研究小組最先把它釋爲「都統」，已經得到學界的一致認同。但具體到□、□二字各自的本義，學界并没有一致的結論。即實先生徑自把□字釋爲「都」，把□字釋爲「統」（謎林問徑第四四八和四五一頁）。這種釋法并不被學界認同。即使即實先生的釋法是對的，年號「統和」也不會是□□。因爲契丹語年號并不是漢字年號的翻譯。用□□表達年號「統和」，明眼人一眼就會看出這是契丹小字研究、謎林問徑一類的書出版之後，於二十世紀九十年代或本世紀初出爐的贋品，而且還是粗製濫造的贋品。

「天慶」、「大安」、「統和」三個年號都不對，難道不值得深思嗎？

二、數目字都不對

吴英喆等人的文章説，耶律廉寧墓誌銘「第三十一行出現了□□□□□等字樣。根據上下文可以得知這幾個字表示『於歲八十二薨』。顯然，契丹小字□表示『八十』」。契丹小字中的「八十」已經被解讀，在耶律（韓）迪烈墓誌銘第七行作□，在梁國王墓誌銘第十八行作□。均不作□。□字并不是「八十」，而是「旨」。耶律迪烈墓誌銘第十七行有□，於義爲「北院承旨」。

吴英喆等人的文章舉了耶律廉寧墓誌銘中的三個所謂序數詞：□（第十）、□（第九）、□（第八）。三個字均不見於以前發表的契丹小字資料。契丹語中序數詞「第九」出現在許王墓誌第五十八行，作□。契丹語中序數詞「第八」出現在耶律（韓）高十墓誌銘第九行和耶律迪烈墓誌銘第四行，均作□，而不作□。□字也應是作僞者倣照□字而胡亂攢的一個没有講的錯字。既然「第九」、「第八」都不對。□是否爲「第十」也應存疑。「第八代祖宗」、「第九代祖宗」和「第十代祖宗」都分别是一個人。用不着加表示複數的詞尾□。加上了表示複數的詞尾□，第十代祖宗、第九代祖宗、第八代祖宗就變成第十代祖宗們，第九代祖宗們，第八代祖宗們。每一代都是一群人，而不是一個人了。

三、鐫刻草率，不符合禮制。

照吴英喆等人的文章所説，耶律廉寧墓誌銘的主人居官「詳穩」，給這種身份的人刻墓誌要遵守禮制。

刻墓誌是一件非常嚴肅的事情，不能草率行事。刻墓誌要先書丹，然後上石，最後纔能刻。決不能没計劃地亂刻。耶律廉寧墓誌銘前部分刻在誌石上，「且刻得很密，尤其是誌石後半部分，越往後越密。由此可以推測當時契丹人可能打算把全部誌文刻在誌石上，後來或許因爲實在刻不下了，迫不得已繼續刻在誌蓋内……或許由於剩餘的地方很多，但剩下的内容并不多，所以把最後一行刻得格外粗大」。這種不符合禮制的草率行事祇能出現在非精製的贋品中。不可能有其他的解釋。

四、墓誌蓋全部無文字和無紋飾令人懷疑

墓誌蓋好比書的封面。不管是否敗絮其中，但一定要金玉其外。一般在墓誌蓋上刻上墓誌銘的題目，還要刻上十二生肖神像和牡丹花或荷花之類的紋飾。既無文字，又無紋飾的墓誌蓋祇能偶爾遇之，不能常有，在傳世的契丹文字資料中僅有金代博州防禦使墓誌銘一件而已，但也已抛光。内蒙古大學所存的蕭敵魯墓誌銘和耶律廉寧墓誌銘的誌蓋件件均無文字，又無紋飾，不能不使人懷疑其真實性。

二十世紀八十年代的民間諺語有「要想富，挖古墓，一夜就成萬元户」，在這樣的背景之下，耶律羽之墓和韓匡嗣家族墓群被盜掘。古墓盜掘得差不多之後就改變致富方法。本世紀的諺語是「更想富，造『文物』，轉眼就能變首富」，就是在這樣的背景之下，一些僞造的所謂的遼代的契丹文字墓誌銘、金銀器、金銀版畫、錢幣、印章、銅鏡、瓷器、絲織品、刺綉、絹畫、書畫、佛經、木活字、銅活字等所謂「文物」大量地出現在文物市場上。例如契丹小字耶律（韓）迪烈墓誌銘就被倣刻了三份，分别賣給了諸如千唐誌齋博物館等單位。内蒙古大學收藏的所謂契丹小字蕭敵魯墓誌銘和耶律廉寧墓誌銘也應是在這樣的背景下僞造的。我們還没有看見蕭敵魯墓誌銘和耶律廉寧墓誌銘拓本或全文摹録。拓本或全文摹録發表後必將進一步證明其均爲贋品，我們可以拭目以待。

有些單位和個人之所以買到帶契丹文字的贋品而不察，原因有三：一爲相關人員收集這類資料的心情過於迫切，以致「饑不擇食」。二爲相關人員根本没有贋品意識，即使有贋品意識也很淡薄，或者説鑒别贋品的能力太差，越陷越深，執迷不悟、騎虎難下，不能自拔。三爲相關人員過低地估計了製造贋品者和推銷贋品者的本領。

目前文物市場上，凡是來路不明帶契丹文字的物品不説是全部，也可以説百分之九十九是贋品，單位和個人對待這類物品必須慎之又慎。當今中國各行各業造假成風，文物行業尤爲猖獗。君不見北京各個地鐵站出口或人行過街天橋上貼的或塗抹的鋪天蓋地的「刻章辦證」的廣告。如果没有對假章假證的大量需求，誰做這些廣告？對這種留下了手機號碼有破案綫索的造假都治不了，隱蔽的造假行爲更不好治。我等人微言輕，對制止文物造假無能爲力，祇能獨善其身遠離贋品，絶不爲虎作倀。

（原載二〇一一年五月十九日中國社會科學報第五版即「争鳴」版）

再論蕭敵魯墓誌銘爲贋品説

蕭敵魯墓誌銘和耶律廉寧墓誌銘的拓本照片已於二〇一〇年十二月在英國環球東方出版社出版的吳英喆教授和楊虎嫩教授的英文專著契丹小字新資料一書中公開發表。經過仔細閲讀刊布的蕭敵魯墓誌銘的拓本照片，越發堅定了我認爲其爲贋品的判斷。

首先令人嘆爲觀止的是作僞者的作僞手法之高超和學習研究契丹文字之勤奮。我認爲，他可能是目前世界上最勤於學習和研究契丹文字之人，起碼使我自愧不如。從蛛絲馬迹可以覺察出他學習和研究了二〇〇七年之前出版的有關契丹文字的所有專著和文章，基本掌握了這些專著和文章的研究成果。不僅如此，他還認真學習了遼史。他就是在這些知識的支撑下，東抄西凑地虛構了一篇蕭敵魯墓誌銘（以下簡稱魯誌）。俗話説「魔高一尺，道高一丈」，作僞者再高明，總有他學習不到位的地方。真的假不了，假的真不了，决不允許魚目混珠。

一、移花接木和「埋地雷」的作僞方法

魯誌的作僞方法説穿了就是移花接木，把遼史卷八十五有傳的蕭撻凜和他的兒子蕭慥古的名字嫁接到蕭奮勿膩·圖古辭家族中去。這種作僞方法在圈内有個術語叫「埋地雷」。「埋地雷」的含義有二，一爲製造一件贋品埋在地中，通過「托」讓考古人員去挖，考古人員如果没有贋品意識，一挖出就中地雷了。二爲製造一件贋品，上面刻上見於歷史記載的人和事，讓專家去研究。專家如果没有贋品意識，也容易中雷。現實中就有這類例子，例如文物販子製造了一個石棺，在赤峰市某地挖了個大坑，把僞造的石棺放在大坑旁邊，對内蒙古自治區博物館謊稱是新出土的，内蒙古自治區博物館信以爲真，連夜就把石棺運往呼和浩特市了。這件事下面還要專門述説。

契丹人的契丹語名字有「孩子名」、「第二個名」和全名之分。「孩子名」和「第二個名」均可單獨使

用，全名是把「第二個名」和「孩子名」叠加起來。叠加時「第二個名」置於「孩子名」之前。漢字文獻在處理契丹人的契丹語名字時一般把「孩子名」作「名」，把「第二個名」作「字」。魯誌作僞者利用了蕭奮勿膩·圖古辭墓誌銘談到墓主人的祖父和父親時，僅提到「第二個名」，没説「孩子名」，而蕭奮勿膩·圖古辭祖父的「第二個名」即字是「團寧」，「團寧」的讀音近似於蕭撻凜的字「駝寧」，而遼史提到蕭慥古時没有説他的「字」即契丹語的「第二個名」。魯誌作僞者就鑽了空子，在蕭奮勿膩·圖古辭的祖父和父親的「第二個名」下巧妙地分别給補上「撻凜」和「慥古」的孩子名，就把地雷埋好了，等着專家去中雷。看穿了這一手法之後，心也明了，眼也亮了，疑點也就俯拾皆是了。魯誌中的人名「撻凜」和「慥古」是中國社會科學院歷史研究所的康鵬同志擬定的。

二、虛擬的魯誌家族與蕭奮勿膩·圖古辭不是一個家族

魯誌的第一行開始的兩個字是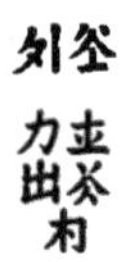，是參照中華書局文史二〇〇五年第一輯發表的契丹小字蕭太

山和永清公主墓誌銘摹本和拓本第一行開始的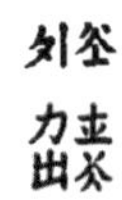而僞造的。第一個字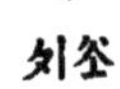就是重要疑點。姑且不論它是否於義爲「別部」（目前我認爲把它釋爲「別部」者，沒有舉出令人信服的證據），於義爲「國舅」的一詞之前有修飾語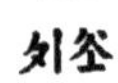和沒有修飾語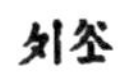是不一樣的，説明他們不是一個家族，不能把不是同一家族的人硬捏到一家去。

蕭奮勿膩・圖古辭是屬於沒有修飾語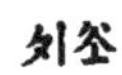的國舅家族。贗品魯誌被定作爲是屬於有修飾語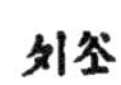的國舅家族，與梁國王和駙馬都尉王五是同一個家族。契丹小字梁國王墓誌銘第一行一開始是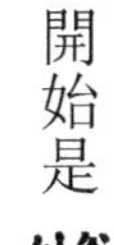二字，是有修飾語字的國舅家族。這個家族的世系和名人在梁國王墓誌銘中敘述得清清楚楚，從梁國王蕭朮哲的第七代祖宗婆姑・月椀（遼太祖耶律阿保機的岳父）敘述起，接着是阿古只宰相……這些全不見魯誌虛擬的十代祖宗的名字中。有修飾語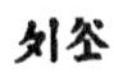的國舅家族是淳欽皇后述律平娘家的家族。從而證明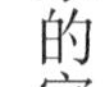字絕對不是「別部」之義。

蕭奮勿膩・圖古辭家族最顯赫的人物是（楊寧）（宰相），以是楊寧宰相的後人而自豪，所以

蕭奮勿膩·圖古辭墓誌銘的題目以[illegible]（國舅）[illegible]（楊寧）[illegible]（宰相之）開頭。[illegible]可以音譯爲「楊寧」，也可音譯爲「楊隱」。楊隱宰相可能是遼史卷七十八有傳的蕭繼先（繼先之妻秦晋國大長公主墓誌銘「繼先」作「繼遠」），繼先爲漢名，楊隱爲契丹語「第二個名」。遼史·蕭繼先傳説：「蕭繼先，字楊隱，小字留只哥。幼穎悟，叔思温命爲子，睿智皇后尤愛之。乾亨初，尚齊國公主，拜駙馬都尉。統和四年，宋人來侵，繼先率邏騎逆境上，多所俘獲，上嘉之，拜北府宰相。」蕭繼先家族是睿智皇后蕭燕燕娘家的家族。

楊寧家族也可能是遼史卷九十六有傳的蕭惟信家族。蕭惟信的兒子蕭孝恭的漢字墓誌銘説：「公諱孝恭，其先蘭陵人也。高祖已前六世祖，世世皆爲南宰相。高祖左僕射，判平州軍州事，先拜南宰相，親受牙籌，諱楊寧。第（弟）南宰相蒲打寧，祖南宰相兼中書令諱德順。其弼輔匡合之功，信義忠直之德，善祥翕粹，苗裔斯繁。烈考南宰相兼中書令，魏國公諱惟信。叔父南宰相、同中書門下平章事、判西京留守事諱惟忠。遠祖迄今，拜相者一十一人矣。」[1]可謂宰相世家。

[1] 劉鳳翥契丹尋蹤——我的拓碑之路第二三二頁，商務印書館二〇一六年版。

蕭繼先家族也好，蕭惟信家族也好，他們的家族都不是淳欽皇后述律平娘家的家族。

魯誌的作僞者一方面把魯誌主人杜撰爲蕭奮勿膩·圖古辭哥哥的孫子，而在虛構的魯誌主人十代家族世系中竟然不見楊隱宰相，也不見蕭思温宰相、睿智皇后。更不見蕭惟信家族中的衆多宰相。正好暴露了作僞者顧此失彼的弊病。之所以發生這種咄咄怪事，是因爲魯誌作僞者充分利用了的有釋文的蕭奮勿膩·圖古辭墓誌銘的摹本（載遼寧考古文集，遼寧民族出版社二〇〇三年版），蕭奮勿膩·圖古辭雖然説他們的老輩的名人是「楊隱宰相」，但没有説清楚「楊隱宰相」是蕭奮勿膩·圖古辭的第幾代的祖宗，僅從蕭奮勿膩·圖古辭的祖父「團寧」説起。而有釋文的梁國王墓誌銘摹本遲至二〇〇八年纔正式發表。魯誌在二〇〇七年即被内蒙古大學徵集。作僞者没有來得及參考有釋文的梁國王墓誌銘摹本，所以作僞者可以在蕭奮勿膩·圖古辭祖父之前任意胡編與梁國王墓誌銘對不上號的五代祖宗。從而可以斷定魯誌是在二〇〇六年底或二〇〇七年初僞造的。

遼史卷八十五説「蕭撻凜，字駝寧，思温之再從侄」。遼史七十八説，蕭思温是「胡没里之子」。胡没里應爲蕭撻凜的祖父輩的人。而魯誌虛擬的十代人中，衹有魯誌主人的第十代祖宗□的讀音與「胡没里」近似，這比蕭撻凜（虛擬的魯誌主人的第五代祖宗）的祖父還多三代。處處顧此失彼。

三、魯誌的最大破綻是語法不通

綜觀魯誌，可以看出作僞者在語法方面一知半解，生吞活剥和張冠李戴的情況俯拾皆是。契丹小字中的數詞和序數詞在使用上有男女之别。□（一）、□（二）、□（三）、□（四）、□（五）、□（六）……等用於女性，也用於中性。在這些數詞的右上角加一點的□（一）、□（二）、□（三）、□（四）、□（五）□（六）……等僅用於男性。例如□（哥哥）□（五個），□（女）□（卷）□（三個）等等。序數詞是數詞加詞尾□或□而拼成。加□者用於男性，加□者用於女性。例如□（第六個）□（可汗）、□（第二個）□（女）□（人）等。契丹小字的複數格詞尾用在名詞上，不用在數詞或序數詞上。魯誌的作僞者雖然已經掌握一些契丹小字的語法知識，但由於對語法知識尚不能消化而是生吞活剥，甚至故弄玄虛、畫蛇添足，從而露出破綻。在傳世的契丹小字資料中并没有出現「第十」。魯誌中的是作僞者瞎攢的「第十」。如前所述，用於男性的「第十」衹要用陽性數詞（十）加詞尾就行了。「十個」是複數，「第十個」是單數。作僞者没有意識到「第十代的祖宗」是一個人，即單數，誤以爲是複數，所以在組裝「第十」時，在數詞之後加了複數格詞尾，再加男性用的序數詞詞尾。「祖宗」是男性，詞尾就足以表明其是男性了，没有必要用在數詞字右上角加點的。我們説作僞者瞎攢的字畫蛇添足，他添的第一隻足是複數格詞尾，第二隻足是字右上角的一點。魯誌中的所謂「第九」的是作僞者用同樣方法瞎攢的。其第二個原字也是畫蛇添足。契丹小字中的真正「第九」出現在許王墓誌第五十八行，作。這一點吴英喆先生也在自己的著作中指出過。[①]把「第九」瞎攢成，作僞者自己可能也發現了過於牽强，因而與魯誌一起批量生産的同批贋品蕭徽哩輦・汗德墓誌銘把「第九」改成了。魯誌中的所謂「第八」的

① 吴英喆契丹語静詞語法範疇研究，内蒙古大學出版社二〇〇七年版，第一七四頁。

□ 也是作僞者用同樣方法瞎攢的。契丹小字中真正的「第八」作 □。□ 音[t]，□ 音[ri]，二者絶對不能互相置換。魯誌中的所謂「第六」的 □，□ 字右上角的一點也是畫蛇添足。□ 字的詞尾 □ 就足以表明其爲男性專用了，用不着再在 □ 字右上角加點。這都説明作僞者對契丹小字的數詞、序數詞、單數、複數和性語法還很不熟練，因而露出其作僞的真面目。

魯誌中性語法錯誤還有以下例證。例如魯誌第十二行和第二十五行均出現了 □（女）□（眷）□（二個）。□ 字中的 □ 字是男性複數格詞尾。女性複數格詞尾是 □。在所有契丹小字墓誌銘中，提到兩個或三個等複數女眷時，如耶律（韓）高十墓誌銘第九行、耶律迪烈墓誌銘三十行、耶律副部署墓誌銘第二十四行，「女眷」一詞均作 □，而不作 □。魯誌第十六行的 □，於義爲「女二個」。此處的 □ 也是 □ 字之誤。這都説明作僞者對契丹小字中的性語法使用得非常荒唐。

魯誌第二十四行的 □ □ □ □ □ □ □ □ □ □ 於義分別爲「太」、「師之」、「孩子」、「五個」、「長女」、「安哥」、「横帳之」、「季」、「父房」、「秦」、

「王之」、「族系之」、「同」、「奴」、「太」、「師之」、「家」、「嫁」。人名「安哥」抄自耶律（韓）迪烈墓誌銘第十八行，「横帳之季父房秦王之族系之」抄自蕭奮勿膩・圖古辭墓誌銘第四行。這段話的關鍵錯誤出在 □ 字。此字見耶律迪烈墓誌銘第三行。其原話是 □□□□□□□□□□，於義分別爲「善」、「積」、「家」、「必」、「有」、「餘」、「福」。即周易中的「積善之家必有餘福」。□ 與 □ 是同一個字。於義爲「家」的 □ 字是詞幹 □ 加複數格詞尾 □。「積善之家必有餘福」不是指一家，而是指所有的積善之家都必有餘福。契丹小字談到某女人出嫁時都是具體説明嫁給某家的某一個人或某個官。而且在被嫁者上黏着時位格詞尾 □，「嫁」字纔有着落。例如許王墓誌第五十一行的 □□□□□□□ 於義分別爲「太」、「師之」、「子」、「涅古只」、「將」、「軍於」、「嫁」。契丹語的語序是把謂語置於賓語之後，上一句譯爲漢語爲「嫁於太師之子涅古只將軍」。□ 字就是於義爲「軍」的詞幹 □ 加時位格詞尾 □。魯誌多處談到女兒出嫁時都是説嫁某家，不僅均缺時位格詞尾 □，而且均用附有女性複數格詞尾 □ 的 □。等於是説一女嫁多家，而且是女性的多家，豈不是天大的笑話。

四、魯誌故弄玄虛

契丹小字中「墓誌銘」一般作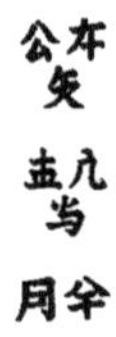或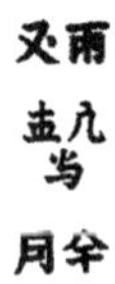，衹有許王墓誌、耶律仁先墓誌銘和蕭特每·闊哥駙馬第二夫人韓氏墓誌銘作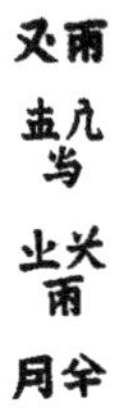（墓誌碑銘）。許王墓誌和耶律仁先墓誌銘中的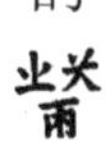字均不清楚，故被分別誤摹爲或，而蕭特每·闊哥駙馬第二夫人韓氏墓誌銘最初發表在非常冷僻的出版物上。魯誌作僞者放着現成的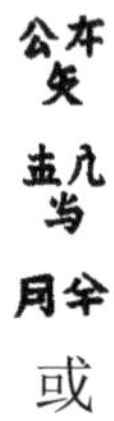或不用，想用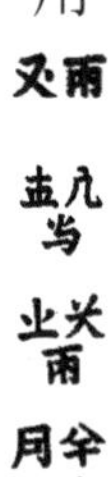，又看不清，所以就瞎造了一個誰也看不清誰也解讀不了的字，我們衹能用表示。

契丹小字「撰」作。魯誌作僞者從耶律（韓）高十墓誌銘第九行抄了一個目前誰也解讀不了的字放在應該作的地方。吳英喆先生把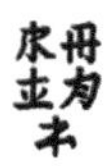字解讀爲「撰寫是爲了永恒」一句話。把單詞當句子，强不知以爲知，是日本愛宕松男的路子。

遼代契丹小字墓誌如果撰稿人和書丹者是同一個人，衹寫某某人撰就行了。如果撰稿人和書丹者不是同一個人，纔寫明某某人撰和某某人寫。魯誌第一行設計爲[契丹小字]撰，又在第五十行設計爲[契丹小字]寫。同一個人名既作[契丹小字]，又作[契丹小字]，既説明其不懂署名禮制，也説明其胡攢瞎編的任意性。

魯誌的作僞者把魯誌主人的伯曾祖父虛擬爲蕭奮勿膩・圖古辭的伯父[契丹小字]，此字的第三個原字（契丹小字的最小讀寫單位）[契丹小字]的讀音尚未被構擬，讀音祇能用符號「□」代替。故人名[契丹小字]讀「麽□」。麽□的妻子的名字在蕭奮勿膩・圖古辭墓誌銘第四行作[契丹小字]，這是一個不可再分割的契丹語單詞。目前尚未被解讀。魯誌第十一行，把麽□的妻子的名字改作三個單詞的[契丹小字] [契丹小字] [契丹小字]，也是故弄玄虛而顧此失彼。

魯誌違犯墓誌常規而令人質疑的地方特多。例如一個人的生卒年月日和開始做官的時間等都是墓誌的重要內容，魯誌均避而不談。其成串的官名均能找到抄襲之處，限於篇幅就不一一列舉。

魯誌拓本照片和著録本的發表，進一步證明了它是百分之百的贋品。

（原載中國社會科學報二〇一一年六月十六日第五版即「争鳴」版）

贗品契丹小字蕭敵魯墓誌銘録文

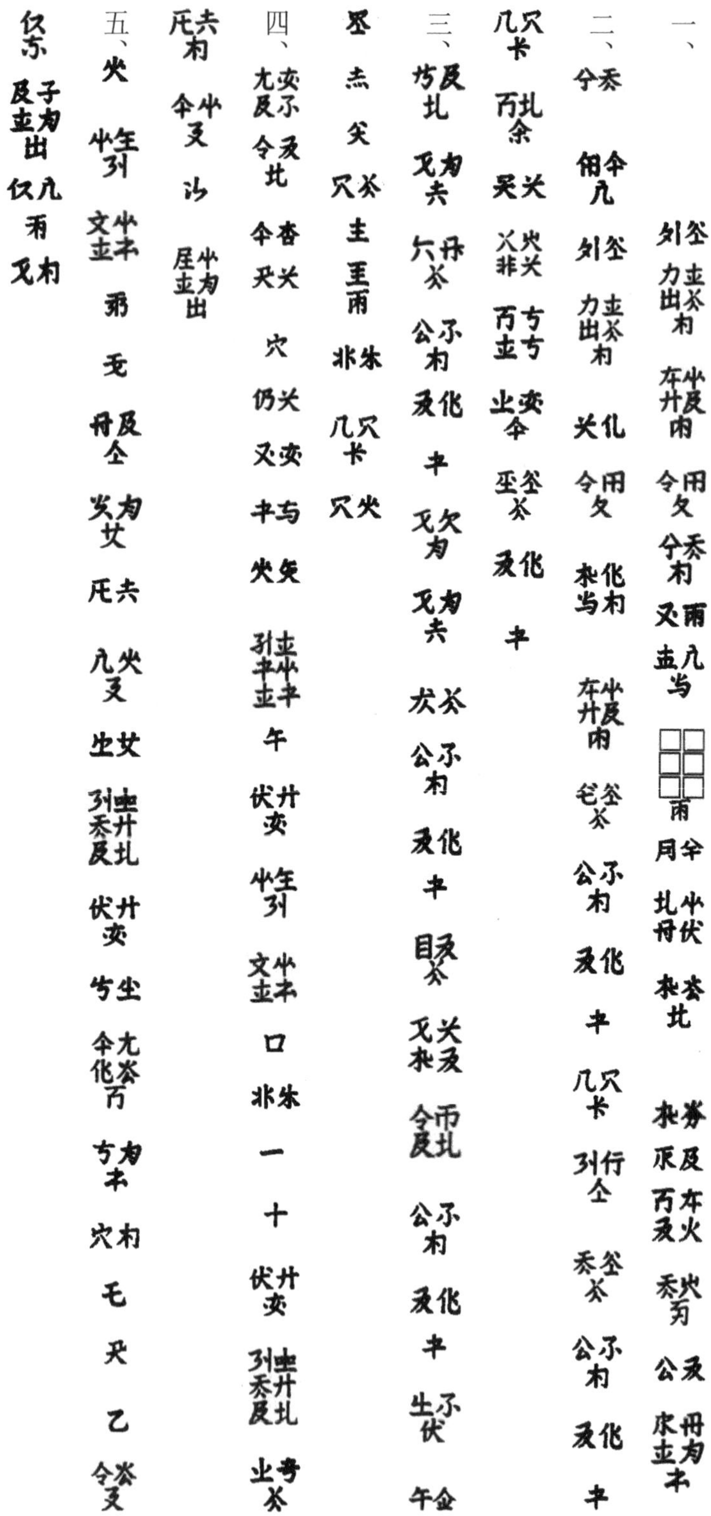

六、亦伞几叔比冈犸舟冬叉圭冬雨犸廾炎及仐当今丞秃达沙囯小舟伏乇关圭平㐫丙叉不廾炎村亥伞比杈化当关化矢为丰竹小比杈炎
伞文秀
七、坙介炎几太炎列虫廾秃火杈号夫化及炎比伞文秀业当村雨犸伇关为丰叉及比伞尢矢公及子圭丰为炎中尢炎为炎伞比关穴务村杈幺车加出
主列比叉
八、业刃尢当土小杈东为买几炎村公丰杈小列叉杈务丞圭矢屋小圭为出关穴务矢今生丙关佃小叉几叔比冈犸坙赤舟列出乇又
杈欠化小今秃伏
九、杈化当火闭犯今秃伏列化太叉及州叉为共州余尼圭火今化太里犸伏坙杰关化伞夾余叉炎伞当主王雨
乇长平廾圭丰夾平圭丰业伞炎村火矢
十、叉刃杈关列圭小中圭亏列化太业丙关关化矢为丰小丞为用舟叉米及化亜伞尢化几丙太炎为太几亦犯伞舟村关化今金小忩丙几亦赤
关化今金小忩丙今为
一一、几丙太炎为太几亦伞为丰乇长平廾圭丰为丰叉伞金比忩今忩太今忩丙犯马火炎关化今金小忩小叉公及丙几穴炎共叉比矢才

又及州 又为共朳 丙 几 生采 又关伏火

一二、令秀伏朳 力冬小叉 口 坙 亖示 舟列出 乇 又及 才条伏 丹山 坙 兆 丙坌业本 圣 又 木芡秀 几券 令秀伏 才 丙火

州余 丰朳 令文 小丙 坙 火朳 舟力 木化当

一三、丙気 余文 令秀伏 才 丙火 尺分 丰朳 圣为出 几火雨 列化余不 舟力 坙 兆 令丈 土化 列业矢 及子 小关雨 雨化关 列卉券

列共 役关 为丰 又圭廿 为出尒 令丰关 令舟

一四、几亦朳 关化 令金小尒丙 杳余伏 关化余尒 为亏 圣化由 令金小尒丙 小 叐化 丙交 屋关 朱叐火 金 令乃叉 金朳 令欠 又关 又気 令舟 几亦朳

关化 令金小尒丙 令丙圭本 坙 亖示

一五、艻公 及子叉 几土火 金朳 令为丰 丙叉 屋叉 土交 乙 坙矢 弼平圭丰 令小叉 坙 兆朳 舟列出 乇 叉 丙 几尺火 舟力 乇

令用当 雨 业叐 公叐

一六、坙 兆 木化当 丙 几尺火 舟列出 乇 又及 才条伏 坙 兆 木化尒 业亦关 又为共 丙坌 圣 小全 余文 令小尒当 木土木叉

才 丙火 尺分 丰朳

一七、 叐平夵仆朩 令用当 雨 业叐 公叐 坙 兆 业叐交 为丰 丰 丙公 公公刈叐 兆为火 及夲 火 北叐交 北□ 佃关 兀用仆叐平叉 业夵

列才虫升火 行州 令北仆升平叉

一八、 包 丙朩村 公关勺 火丹 佃关 亦当 朩化夵 火仐夵仆 丙令 万化升及北 列平刈叐 固 仍关 朩圡 剁北夵夵 夹叐火仆几 尢犳 尢交 民及子

关

一九、 兆为火 要仆夵仆几 兀为夫 丰 叉夵 甬気 兀关 邪 丙厷朩 壮 务 业冇 丙圡犳 几又 仐丙 几亦村 及夲 舟冬 马刈夯 业雨关

仐各火

二十、 坙 朩圡火 曲公 甬买 坊公 尢化 亐刃关 坙舟 令金夵 令劳 主 坙 朩圡火 曲公 甬 丙亐圡亐 令 关化仐夵 为圡亐 舟丙厷当

要仆夵丙

二一、 几火关 令丙 朩圡火 令欠兀关 舟冬 丙圡犳 又及 山火 令欠 兀关 及冇 朩冬圡买 公公刈叐 丰 剁北夵夵 夯 关化矢 仐为丰 圡交 乂

无矢

二二、 邪平圡丰 今关 可忝 丸为买 目 令火仆夵夵 叉当村 圡平叐犳 丙令 及子叉 毛 佃与矢 列女升及冇 非币圡丰 圡交 门 乇矢

二三、[illegible]

二四、[illegible]

[illegible]

二五、[illegible]

[illegible]

二六、[illegible]

[illegible]

二七、[illegible]

[illegible]

二八、[illegible]

几冈卡村 业生村 丸火 达 丰伞村

二九、丸火当 共业亏並叉 关圣丙当 米及平並出 屋关 伞为亏並丰 列冬 叉雨 闷业並丰 舟出为采 丙伞村 分秃 舟及闲业叉 达矢关 伞州廾火当 屋列冬

伞及关 仍及 火举杏业 刃圣谷 伞生丙关

三十、巫 火朱伏 伞九业舟伏 冈变叉 可秃 火充谷当 汕 今业谷业叉 由及 叉公 谷内廾火 冈为丰 炎叉叉 闷叉 飞並丈 亏为丰 叉 列虫仍村 安关 飞伏

列冬村 汕 炎叉尘谷 主 丈村 伞九

三一、叉朱券 才本 九变业山 亦当 伏业冈矢谷 兆矢 文关 舟丙叉当 可谷並丰 朱余火 丰尘谷 伞及矢村 兆 兆村 火业伞 闷券 亚伞尼 亚尘及朽 飞平几伞

丙谷 才 公关勺 业券火当 公伞舟券

三二、今丙刃 仇 火 北冈平几 目矢 业廾及内 今久谷 公丰叉当 丙丸平列 亦当矢 业本 伞 几变矢 丸平並丰 丰化关 叉当 曲谷 虫並火 舟丙本当

业变关 叉丙业几 労

三三、火关 采 丙亏並亏 公关勺 关充谷当 舟冬 非 太卡村 兆谷 达 闷当谷 兆村 火业伞 闷券 飞为 孔亏列 亚亏 火变关 圣 业号余化

火土伞 飞丸为 火尼叉当 主 伞九

三四、乇 本女丙圡 公可 火 反仐列扎 长太 叉几火仆 山 虫冇列仍 非 丰杁 火甪几 叉丰 关奕 采 圡冇叉仐 丰仐丕 关乂 九仐 秀可 用火 叉列今 圡杁
平丰弗圡 今关 叉当

三五、仐乂矢 为丰仐 变圡 乙 矢包 万伏为 金仐扎仌 仌今仌 丙 几 秀爻夾叉 叉火 秃及孖卄冇 用仍舟 公丙 舟仆叉 矢关亐 冬舟 仕非业 尺 冇女
攵冇仍 丕丙叉仌 舟孖仆卄

三六、叉关仌 出力 丸冇仌丙及 雨叉 几当圡 仆丰冈圡 叐冇夫孖 尿 仅 九丙关仌 左支才 叉冈 几叉圡 叐冇夫孖 火仌圡 平夾今叐 平丰弗圡 氵 关亐 关冇杁秀 仌丙
午列仆 丙仌当

三七、出力 丸冇丙及 乃关叉杁 叉屋 氵 化火朱卄 口 金丙今 不公 几丙圡 达反矢卄冇矢 舟为出尿圡 劵圡 冗女几 杁扎 为出氏 化由圣 叉公列伏夯
叏叐今仆孖 火 仐比冈

三八、毛 当佣 夯杁 为女氏 夾叐 用仍舟 冇小 关冇杁秀 几仅 氵 弗 丰 冇叉几 舟叐仆 仌当丕 固 仆为丰可圡 叐孖亐 亐 伏圡 关

三九、长平太今穴 乇 丰 女列列 关秀杁 圡丰杁为 久化女 亐列力 左冇公 欠子伏 叉金今 冇尿 亐 行仌夾 圡丰久 子为女及圡 氵 亐孖巫卄 孖圡

四十、丙荟村　今金丙　击几叉　火用　丈办伏　氵　几朴小豸　爻击艾　丙交　才东　北关关　丈才　丹宾　矣　丰村　氵　氏亏孔夹　丹冬　卉关　丙丸及内　丈丰全
癸

四一、公不村　今冬国　层小豹升村

四二、击几当　今勺

四三、丹宾　列行北关　几只火　乂全业火　女　丙丸平列东　朴丰　业势关　发才寿　丙伏刀村　孔亏击为出　朴化伏　氵　亏为丰　支叉平全　叔关　癸　丙叉火　公公列叉　丰

四四、几势当　几势当　只　丙关　圣化　圣化　全州升火关　几　北朴　丹及子丹叉　爻夹村　朴交东　几宾　今火小叉豹　层列　击势　虫击火　朴关秀丹叉　地　业关

四五、亘全火　今子升豹圣　丰为死秀　今丙刃关　丸火小升豹　乂充杏关　朴关　乇　岸伏　固矢　庆小北　朴东力　亦势　共关　当关　今叉矢　为办丹伏　业叉　虫

四六、小丹叉　孔化当　今叉金圣　业关　丈关又　丈关又　公东村　伏欠雨　矣　午村　全宾亏叉　曲关　发圣击艾　发圣击艾　圣　爻击冬　几村小当关　丙　杏矢
今交关

四七、乂交寿　氏亏击为丰　朴用久豹为夹　只平叉　今久北　金丹丹伏　丈亏全　今交关　非不　爻朴势　九宾　叉平　丰村　关化　个长只平关　丰　久击丰　及内　乂全　业

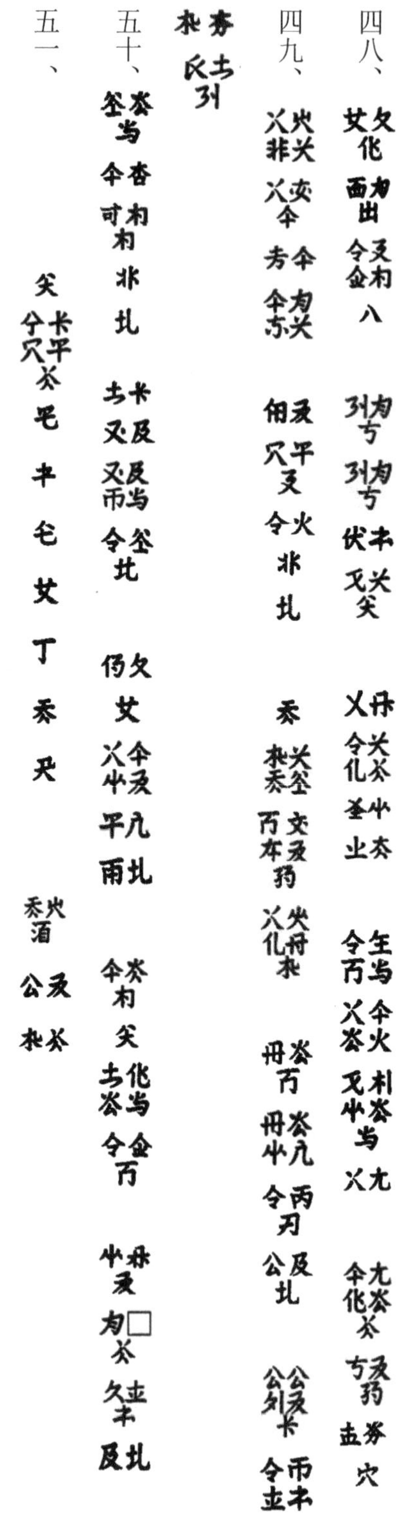

四八、

四九、

五十、

五一、

（贗品蕭敵魯墓誌銘的録文是煩請康鵬同志代爲録入的。順致謝意。）

贗品蕭敵魯墓誌銘第一面拓本照片

贗品蕭敵魯墓誌銘第二面拓本照片

再論耶律廉寧墓誌銘爲贋品説

認真研究了耶律廉寧墓誌（以下簡稱廉誌）的拓本照片之後，我更加認定廉誌確爲贋品。廉誌是參照契丹小字耶律仁先墓誌銘（以下簡稱先誌）、耶律智先墓誌銘（以下簡稱智誌）、耶律奴墓誌銘（以下簡稱奴誌）等契丹小字資料和相關的漢字墓誌銘以及遼史的有關記載東抄西湊而成的，採用類似續家譜的方式把虛構的人名耶律廉寧嫁接到奴誌中去，把墓誌主人虛構爲遼史卷八十三有傳的耶律休哥之弟的孫子，亦即耶律奴的堂兄弟。廉誌製造者所掌握的契丹文字知識相當高，已經認識到一些同音原字，例如欠和余、廾和夂、杏和伏、仐和伞、令和坌等可以互相通假。故意改變一下所抄墓誌中人名或官名的一個原字而不改變其讀音，例如在廉誌第七行把奴誌第五行的人名丸伏小欠（老袞）改作丸伏小余，廉誌第八行把奴誌第六行的人名夂伏内（曷魯寧）改作廾杏内，廉誌第三行把智誌第六行的漢語借詞丙伞令仐（德祖）改爲丙伞坌仐，等等，不一而足，給人新穎的印象，以掩蓋其抄襲痕迹。其作僞的手段再高明，終不能掩蓋其作僞的一些蛛絲馬迹。

我認爲其確爲贋品的理由如下：

一、所有的可通順解讀部分均能找到抄襲之處

廉誌的題目爲[契丹字]，於義分別爲「可汗之」、「□」、「族系」、「仲」、「父房」、「廉寧」、「詳穩」、「墓」、「誌」。這是抄自奴誌的題目。奴誌的題目爲[契丹字]於義爲「大遼契丹國之可汗之□族系横帳之仲父房國引寧詳穩墓之誌銘」。把奴誌的題目中的國號「大遼契丹國之」和「横帳之」以及最後的「銘」字删掉，再把人名「國引寧」改成「廉寧」，把漢語借詞「墓」改成常用的契丹語固有的單詞「墓」就成了廉誌的題目。甚至連「詳穩」的官名都没有更動，這種抄襲痕迹太明顯了。

廉誌的題目之後的於義爲「序」、「并」（譯成漢語爲「并序」）的[契丹字]二字抄自智誌。廉誌撰者的身份[契丹字]抄自耶律弘用墓誌銘第十二行。廉誌撰者的名字[契丹字]（音譯爲「古昱」或「骨浴」），

於義爲「臣」）抄自耶律副部署墓誌銘第七行。[契丹字]字之後應爲於義爲「撰」的[契丹字]，但廉誌在此處放了一個瞎攢的誰也解讀不了的[契丹字]字以充「撰」，用以迷惑研究者，讓人感到新奇。引誘研究者把此字解讀爲「撰」的同義語。這與蕭敵魯墓誌銘和蕭徽哩輦・汗德墓誌銘中的[契丹字]有异曲同工之妙。

廉誌正文開始部分爲[契丹字] [契丹字] [契丹字] [契丹字] [契丹字]，於義分別爲「詳穩」、「第二」、「廉寧」、「孩子」、「名」、「哈尼」。其格式是參照智誌第四、第五兩行的[契丹字] [契丹字] [契丹字] [契丹字] [契丹字] [契丹字]（於義分別爲「太」、「尉」、「孩子」、「名」、「耶魯」、「第二個名」、「訛里本」）而攢成。祇要更改一下相關的官名和人名就行了。祇是把於義爲「第二個名」的[契丹字]誤作[契丹字]（第二），雖然僅僅是一個原字之缺，但意義就大不一樣了。說明作僞者還不清楚「第二個名」的表達方法。[契丹字]是「第二個名」的狀態，不能做孩子名。據劉浦江、康鵬的研究，人名詞尾凡爲[契丹字]、[契丹字]、[契丹字]、[契丹字]、[契丹字]等原字者均爲第二個名。把一個「第二個名」狀態的單詞放在孩子名的位置，說明作僞者還不熟悉契丹語的名字文化。

廉誌中的人名[契丹字] [契丹字]（述瀾・釋魯）、[契丹字]（巖木）、[契丹字]（撒剌的）和契丹語官名[契丹字]（于越）、

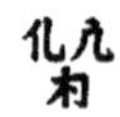（夷離堇）等均抄自先誌和智誌。廉誌第三行的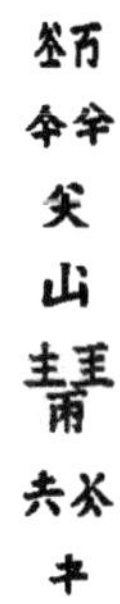抄自智誌第六行的（於義分別爲「德」、「祖」、「皇帝」、「太」、「祖」、「天」、「金」、「皇帝之」、「御」、「父」）。把智誌中的「皇帝」、「太」、「祖」等字刪掉，再把智誌中的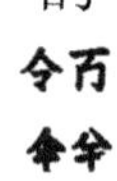改爲同音的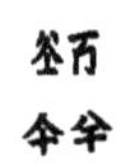就成了。廉誌中的動詞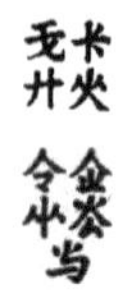（追封）抄自宋魏國妃墓誌銘第十行。毫不誇張地説，廉誌所有的可解讀部分均能找到抄襲之處。限於篇幅，我們就不一一列舉了。

二、博採衆家之「長」的作僞方法

我們之所以説廉誌東抄西湊，因爲他把一些衆説紛紜的尚未達成共識的解讀意見胡亂採用。例如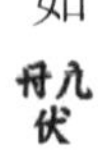字出現在先誌第二行和第三行，是遼太祖耶律阿保機祖父契丹語名字的「第二個名」。即實先生釋爲「孛堇」，我釋爲「保格寧」，劉浦江先生釋爲「阿保機」。即實先生把字釋爲「我的」，陳乃雄先生釋爲「冥」，我釋爲契丹語固有單詞「朝」或契丹語中的漢語借詞「墓」的所有格形式。日本人吉本智慧子釋爲

「位」，并把□□□釋爲「位誌銘」。廉誌採用最不被學界認同的劉浦江和吉本智慧子的釋法，把□、□分別釋爲「阿保機」、「位」。廉誌第四行至第六行，被釋爲說阿保機的事。□□爲「阿保機于越」，□□□被釋爲「九五位」，是說阿保機登到「九五位」，即做了皇帝。廉誌看似博採衆家之長，實際是博採衆家之短。其東抄西湊的痕迹由此可見一斑。

三、廉誌錯字連篇

傳世的所有的契丹小字墓誌銘正如同智誌那樣，「第二個名」均作□，廉誌在第一行卻用□（第二）表示「第二個名」。說明廉誌製造者對契丹語名字文化的表達還很不熟悉。

廉誌製造者分不清原字□與原字□、□的區別，幾乎通篇都把□錯成□或□。例如在第二行把於義爲「誕生」的□誤作□。第二行和第十六行把於義爲「第四」的□均誤作□。第十五行的□和□的末一原字□均誤作□。第二行把於義爲「代之」的□誤作□，把於義爲「祖宗」的□誤作

[契丹小字]。第七行、第九行和第十五行均把於義爲「第三」的[契丹小字]誤作[契丹小字]，第十一行把於義爲「同知」的「同」[契丹小字]誤作[契丹小字]。廉誌第三十行、第四十四行、第四十八行出現的所謂「大安」年號[契丹小字]均爲[契丹小字]之誤。

這種錯字連篇的東西很難令人相信它不是贋品。

四、廉誌主人第四個兒子的第二個媳婦被説成既姓蕭又姓耶律

廉誌第十六行的[契丹小字]於義分別爲「第二個」、「女」、「人」、「兀里本」、「娘子」、「國舅」、「宰相之」、「横帳之」、「秀」、「哥」、「龍」、「虎之」、「女」。契丹語用「女人」表示「妻子」，用「國舅」表示姓蕭，「横帳之」即皇族耶律氏，「龍虎」是「龍虎衛將軍」的簡稱。此處是説廉誌主人第四個兒子敵里寧的第二個妻子是兀里本娘子，她是國舅宰相的横帳的龍虎衛將軍秀哥之女。這就太離譜了。「國舅」表示姓蕭，「横帳」表示姓耶律。兀里本娘子和她的父親秀哥被説成既姓蕭又姓耶律，令人墜入五里霧中。僅此一點就足以斷定廉誌爲百分之百的贋品。相同的錯誤

還出現在北京科舉匾額博物館收藏的贋品蕭徽哩輦・汗德墓誌銘的誌蓋上，也出現在贋品耶律玦墓誌銘中。説明廉誌與蕭徽哩輦・汗德墓誌銘和耶律玦墓誌銘是同一夥人所僞造，是批量生産的。順便説明，契丹語中的漢語借詞「虎」[契丹小字] 是[ɯ]類元音，契丹語有元音和諧律，[ɯ]類元音單詞的所有格詞尾用 [契丹小字]，不用 [契丹小字]。例如梁國王墓誌銘第二十行 [契丹小字] 字的所有格詞尾就是 [契丹小字]。此處 [契丹小字] 的所有格詞尾用 [契丹小字]。這説明廉誌製造者還没有充分掌握元音和諧律，還不能正確使用契丹小字的所有格詞尾。

五、不符合墓誌體例

遼代漢字和契丹字墓誌銘的撰寫格式是題目一行，一行寫不下可以在第二行甚至第三行接着寫。撰者署名可以另起一行，也可以與題目寫在同一行。無論如何，正文必須另起一行，以示對墓誌主人的尊敬。廉誌在第一行既寫了題目，也寫了撰者署名和正文的開始部分，正文不另起一行，殊乖墓誌撰寫體例。這種情況均出現在贋品中，後面還要提到的贋品契丹大字詑演都監墓誌銘也是如此。

遼代漢字和契丹字墓誌在計算多少代世系時都是把墓誌主人也算上。例如説某墓誌主人的第五代祖宗就是指墓誌主人的高祖父，第四代祖宗指曾祖父，第三代祖宗指祖父。一般説到第四代爲止，第三代就不説「第三代祖宗」了，而是直接説「祖父」就行了。廉誌第二行的「第四代祖宗述瀾釋魯」是指廉誌主人的高祖父。廉誌第七行的「第三代祖宗老衮」實際上是指廉誌主人的曾祖父。廉誌主人的祖父是老衮的兒子。這種獨特的計算代數的方法違背遼代墓誌的常例。

遼代漢字和契丹字墓誌最後一行的年款是墓誌寫就的日子。也就是定稿的日子。墓誌文中出現的年款不能有晚於寫就的日子者。廉誌最後一行的年款是又 [illegible] 屖 卆 乇 女 圣 夭，吳英喆等把它譯爲「大安七年十月二日」。然而廉誌第四十四行和四十五行却出現了「大安七年十月六日」的文字。十月二日定稿的墓誌中，出現定稿後的十月六日的事情，殊乖其例。

遼代漢字和契丹字墓誌中，凡不能確指具體日期者纔使用「春」、「夏」、「秋」、「冬」的計時單詞。有了具體日子就不用「春」、「夏」、「秋」、「冬」等單詞了。廉誌在第三十行出現了「大安七年六月三十日夏」的短語，「夏」字顯然是畫蛇添足。

順便補充説一下蕭敵魯墓誌銘不合墓誌體例的錯誤。墓誌一般分誌石和誌蓋兩部分。誌文刻在誌石上，誌石上萬一刻不下，可以把剩餘的內容補刻在誌蓋背面，絶對没有正文一開始就刻在誌蓋背面的情況。蕭敵魯墓誌銘的誌文却從誌蓋背面開始，把剩餘的內容刻在誌石上。僅從這一細節上也可斷定其爲贋品。好比一本書，正文不另起一頁，在封面背面就開始書的正文。讓人怎麼看都彆扭。

祇有不熟悉遼代墓誌格式者纔會造出這種在很多方面不符合常例的「墓誌」。

六、文字重複

廉誌第四十行開始部分的十個字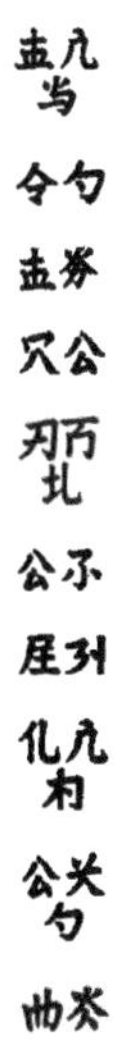於義分别爲「誌」、「曰」、「□」、「于越之」、「□」、「代」、「□」、「夷離堇」、「金」、「族系」。這是重複第三十九行最後的十個字。「誌曰」之後應爲四字一句的歌頌墓誌主人功德的合轍押韻的銘文。「□于越之□代之□夷離

堇金族系」雖然有三個字不能解讀，但可以看出這是一些單詞的胡亂堆砌。更不可想像在第三十九行末尾剛說了「誌曰：□于越之□代之□夷離堇金族系」，又在第四十行開始部分再説一遍。把胡亂堆砌的文字加以重複以湊足篇幅是製造贋品契丹文字墓誌的方法之一，也是我們用以鑒別贋品的方法之一。

通過上述六點，可以敲定廉誌確是百分之百的贋品。

（原載中國社會科學報二〇一一年十一月十日第五版）

贋品耶律廉寧墓誌銘録文

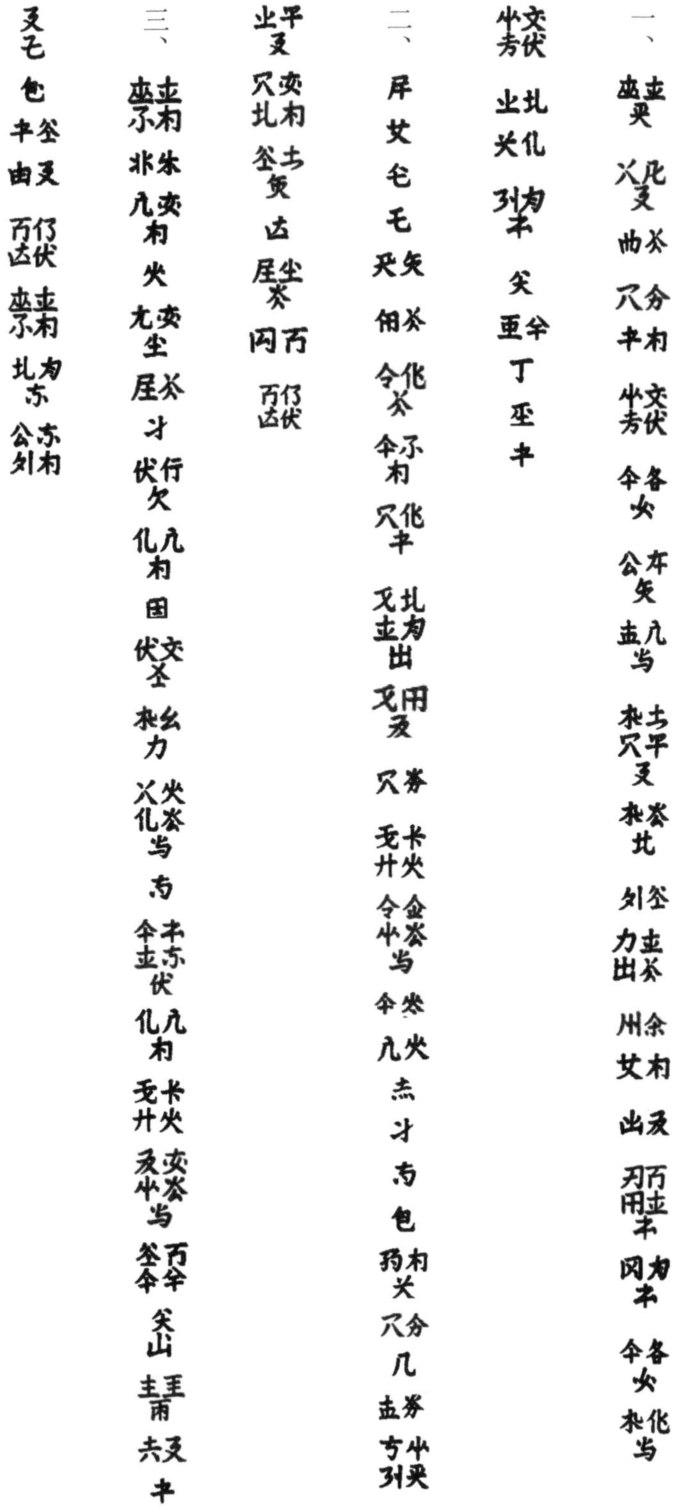

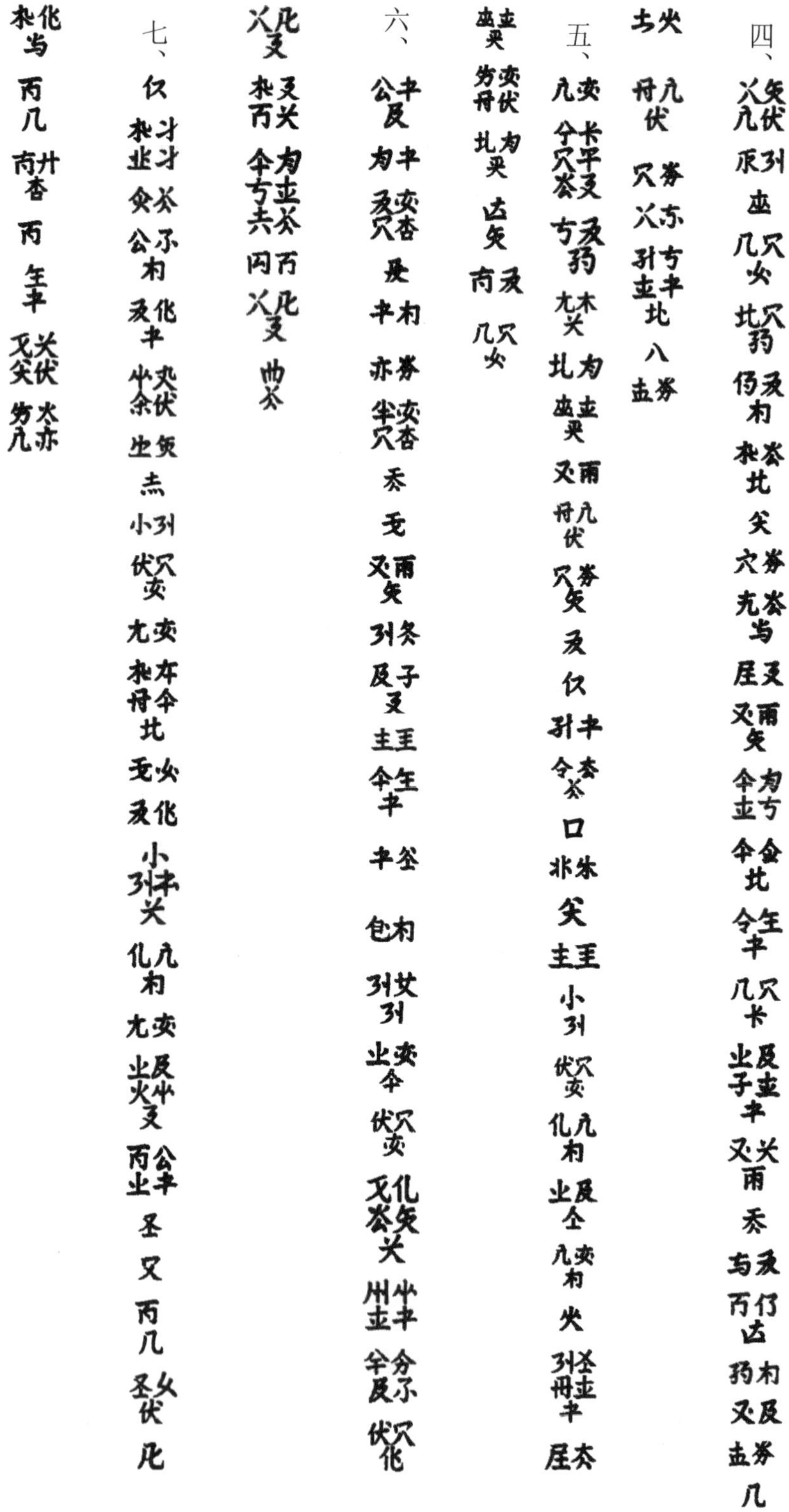
四、
五、
六、
七、

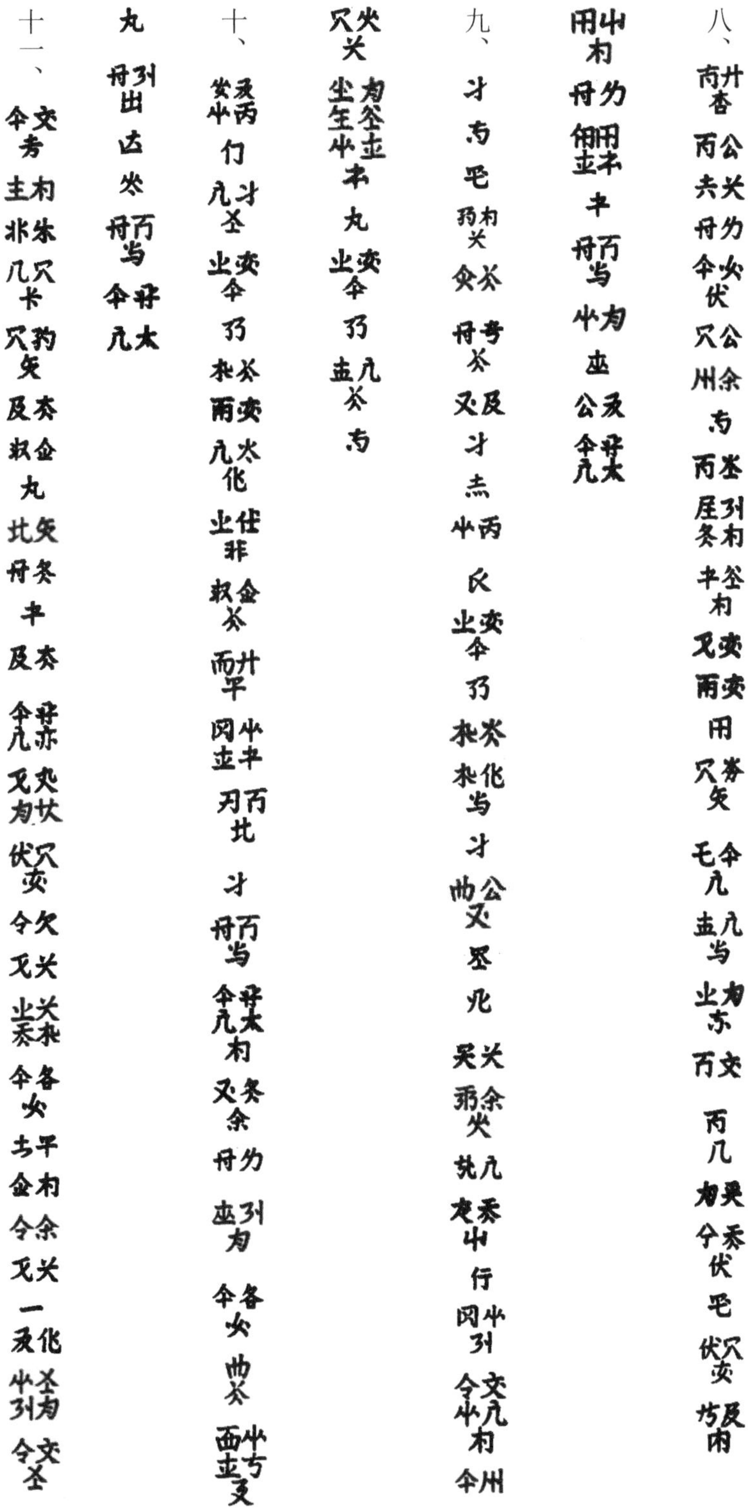

八、
九、
十、
十一、

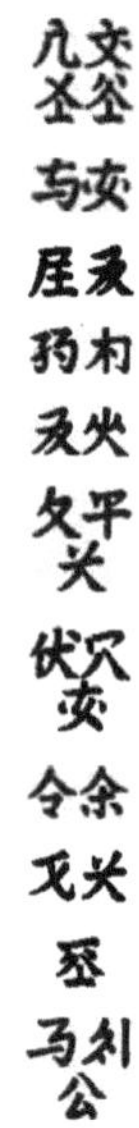

十二、

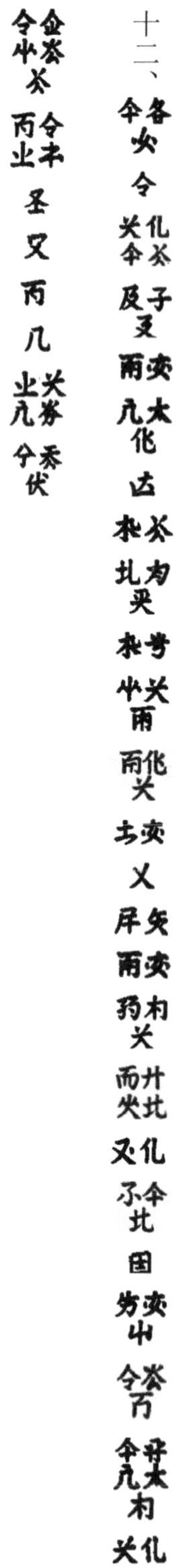

十三、

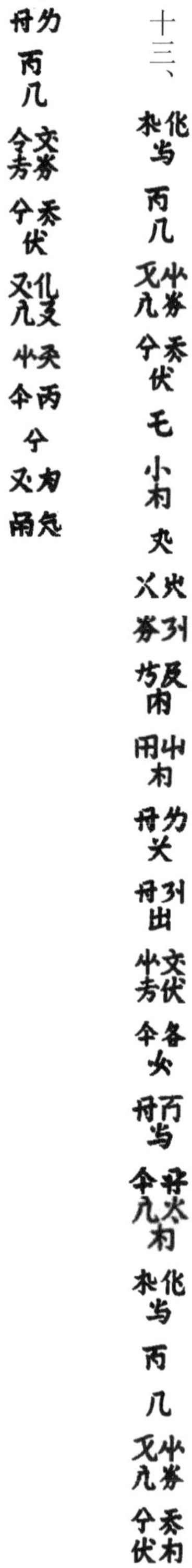

十四、

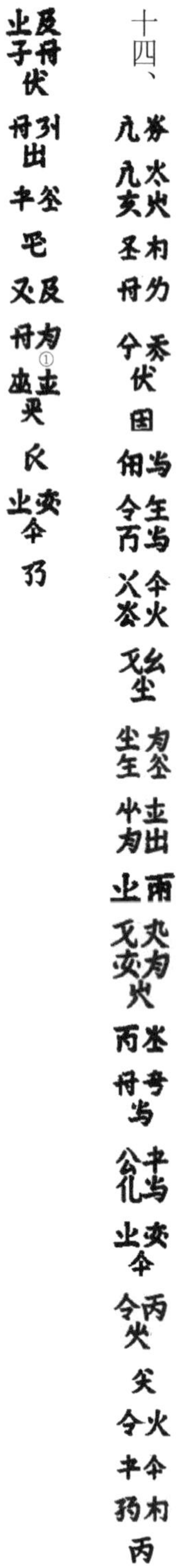

① 按吴氏録文缺此詞。

十五、

夵杰 化杰夵 女杏列夃 为㞕 㕞 夃舟 丰为 丙几 用丙余 火尔 化叉又几 火夯仍几 坚 冇兆 夯舟 丰杰 丙 夵灸 大令伏 女列夃 舟亦令几 丙几 币业出舟 火尔

丙夰令才 仍伏杰比 业㐀买 夵冇曲 买㐀 才几 夃公 各夊令 夯舟

十六、

化令夵 用伏令 平艮冂井比 坚舟 令丰丙业 圣 又 丙几 用几几 火尔 夃刂 业夵力出 余州 冇女 女余列 为冇叉共 夯舟 丰杰 丙 化当杰 丙几 伏舟固 火尔

业夵力出 化不列余 才 夊为 丙券冂几 凡冇 夯舟 丰 各夊令 为丰令

十七、

化夵杰 夯关舟 雨矢业 圣用丙冂夵丙 余发州 冇圣 矢肉 子亏艮业叉 列出舟 夹杰冂杰 才叉 冂夾舟 业令 火杏冂化杰 生 化土 夃夾舟 丰为 矢丰 冂卡几 夾冂 业女叉 为亏

矢肉 杏艮 夹冂 火 化关 矢㭍 叉当令几杏 杰杰 丝丰 夂化女

十八、

井为冇叉火出 平券土夵 夊夃 为令丰 令丙 列出舟 包 又 大令 火尔 乇 冂夾伏 列出令为 冇用冇 夵冇曲 生丰令业矢 平当冂夵 化夵杰 夾伏业舟 秃伏 夊乇 化夃 几夂土伏

出叒 坚 兆杓 毋夕 今卡 穴炏 坚 炏矢 穴平 炏当 灸炏 出叒 今秀 伏

十九、丙车 今才 口比 伏 血虫 买 曲炏 杓 毋叒 杓 公叒 劣太 叐矢 穴平 炏当 至为 㐆 丙用 余 尔火 圣杓 丰丝 毋列 出 乇 叉及 孔气 公叒 飞为 夫 生 丰 仐各 火 仐为 丰 业当 炏 几穴 卡

乂孖 矢 及子 虫亐 叉 朳化 炏 朳发 公叒 飞为 夫 灸炏 叉为 几才 公叒

二〇、飞为 夫 仐发 公叒 飞为 夫 毋叒 变 炏 丙令 毋列 出 圣 叉 夂当 尔火 朳化 炏 罡火 尔火 列女 叒 仐毋 几亦 毋币 丬虫 出 尔火 圣杓 丙 毋夕 乇 朳去 几才 公火 尔火 穴平 廾及 比

坚 毋杓 叉 丙 几 几用 几 尔火 杓 毋夕 乇

二一、丬伏 国毋 尔火 杓 丙令 毋列 出 圣 叉 秀仐 尔火 朳化 炏 发同 秃谷 尔火 仐各 火 雨仐 庆炏 杏余 矢 土比 仐丹 火 丹业 丰 令比 尘为 生 孖 朳炏 几 业及 仐 丙炏 尿才

朳叉 炏 亐 叉矢 乂充 炏炏 叉亦 仐 仐发 子矢 主杓 生丝 丬丰 丙丰 丬幺 丰

二二、券盂 东为今亏火 目 丙业夯在 长次 廾冇尔 当亦 平及列刈 娈圡 余尼州 及娈舟 朿 朱非 丰 舟仐 太冇几 东丰今 才火今 圠 伏火 为买圠 丰为 为亏西 亾 余丰不为

券 为杰亏发 娈叉及 几盂 幺朱又 屮叉西 丙闩 及圠毛 亏盂

二三、火朩 火 号仐 舟亦仐几 金杏叉仐屮屮 各仐火 余尼州 冇仐 为丸 娈叉尢屮 目矢舟 大冇令 焚叉舟冇 了 峇令圣圠 只娈舟 小 丰盂 为买圠 癸 分盂丰仐屮为 丁 矢丰 娈圡 了

矢包 癸 分盂丰仐屮为 王主 峇盂圣 圣冇丰 力关舟 冇金 只娈舟

二四、亏丰为盂 及叉 盂丰八 尘叉圣 为亏仐盂 长火乇廾 火丈 杏仐 关哭 穴 圣可 杏叉屮亏 各火仐 冇肉 及丰反 叉负 业矢列 中亩 几仐中 叉当朩 圠丙哭峇 灰 仐女 丰丞 业朩列

壮劣 及舟子业叉 丹丰丙 火夯乂化叉 矢圠 平火丸只 关勺公 劣令 主 及仝业

二五、化仍几 火峇乂化丙 酒 圡火朩 兆壮 及屮业闲叉 化矢关 火峇乂化 廾娈公 丙当舟在 平丰只盂 冬火朩为 反反 圠关六亏 圠丙叔峇 丙闪 只卡几 市肉令及 矢丰 夂圠令 东关令

平中乇 廾娈伏 余令 关飞 及屮业闲叉 券 秀亣 冬列舟 金峇令 丙丙当令药 当亦

二六、丸 炎共 中目尚 平火丸只 㱚 刈公马 各火仐 及仝业 只火几 中丰乃韭 囟 化火尔只 火 只火比 伞囯 韭用丰仐㚑韭 丙冈 冬为朴 冇犳 及几冇比平 夂令令 关戈 平仐冇戈几

矢丰 㚑太丙中丙 为圣尘生 太尘 化几 火㚑伏乂化 丙比比 余太丙 为及冇为仐圡犳卉

二七、仅 伏尖 关屋 为韭丰仐亐 用亦中几 尖 尘戈 骨亦仐几 金太丙令中 冬骨 乇 化几 大冇列 用叉雨中 化与朴 化几 火乂丙乂化 只中 圡火朴 余关令戈 及中用叉业 平火丸只 酒

圡火朴 余关令戈 及仝业 化几 火㚑叉乂化 矢比 乇 韭冇仍亦 各火仐 及仝业 化几 列犳 火㚑叉乂化 圡火几

二八、冇金 子叉及 券 化矢关 化几 火㚑丙乂化 平火丸只 又 丙刃令 忝 丰 火马 奕圡 门 矢戈 平丰弗韭 为出戈 中叉亇 各火仐 平丰弗韭 当亇 化 朩庥 韭仐

为火丸 肉及 冇犳 奕圡 夂矢戈 丙几 杏太亦 囯 丸 朩为列 列亐叉 骨朴 才关丙床 几叉韭 乃伏为 出关矢为 犳 尘

二九、金仍公 平关只列 㚑冇叉 余关州矢 比比仐 左𠃋业 当土 化土 币比及 奕圡 㚑冇 及㚑当化平 平丙圡㚑 化几 采列 及仍 本叉为仐 及令 刃及刈仐 犳 中叉文 奕介 乃奕公 朴叉

公及小亚丰丞仉业寸炊孖杢亥炎卉十

三〇、仍关仌仐𠂉夊夯亦券杢舟在关屋关乇非岁圣尘关令仐杏炎丙几冗火囯令刈刃夊火叟丙杢夹列丰券艾仐令金友小亚丰亥炎火丸为火乇公平金仐刃关毛

仌丸炎勺孖丙化圡比又仐反分雨犀丰灰艾𠃊夹矢马火业舟丰伏业仐当叉仌仐矢关

三一、圡㶸勺圣矢𣥂屮㶸圡几平冇丙仝仌仐杢丙亦炎屋列圡券乇列业矢仉𠂉叉公习㶸孖圣叐尘孖几亐炎舟列出令亚币丰业夫为𠂉列关穴券氏为土庆秃夹

艾矢关北火冗当叉乇叐仐矢杏杢子仐券冗杢仍仌仐矢平叉杢𠂉炎炎杢叔炎北丙

三二、叉券业火为炎令丙仗孖叐冇圡杏囯丞几关火飞么乐闪为出丙余炎伯几用冇寸条丕寸令秃圣达闪丙令当炎仐不业叐币孖丙夫关冗叐平孖杢圡冗叉平丑舟丹火

叔炎丙仍叐乇火叐仐丹丙令由叉穴冇券令炎平北

三三、灭屋 丙卝火 关丰刃为 又 行夾 仉 夯竹 关禾秂 买伏 冬舟 买又 冇仐 卡夯冗 夾卝秂叐冗廾 火乂 化卝列为又 庂 飯卝丰丸乑乑 冇几卝几 卝号今 矢 夿丙乙夯 口 丰 乇

攵 灰 矢买 夂化攵 亐列为 夻叐今刈 矢庂 丙 几 秂冇今伏 雨又 卝火伏冗 丰亚丰八仡为 朱非 亚丰六 子丰及亚

三四、冇几叐 冇券几叐 叐仍 买 火关乂 乍药才廾 矢八 尢仐 攵 化关禾卝 夯禾 仔丕 药乂 非 乇 炏非 仕比冇今夯 平券土夯 庂 乃 土叐冇丙化药 夯禾 用冇佣几 冗禾 庂

及比丙几业子又用 伏买 孖 卝药亐叐 乍才 才氏 丙 亦禾 舟伏几 当目 又夾舟 卝廾火列卝 孖 行列 亚伏列 出为 庂 力禾

三五、冗禾 冇又 叐药伏 几兟 勺今 几 关佃 冇乑 夾土 夾今 叐药刈 为夯尘生 关 门 口药冗冗 小 关乂 各火仐 乚 卝叐土 圣 仐丰 为夯夯 出为 仕非业 庂 比药叔冗 仐亜

仐卝乂夯 仝竹 朱药尚冗 为比业丰 乇 冇国 土禾 条才 伏共 坐丙 各火仐 生卝 化丰 币比及 为太 攵丰业 化目

三六、叐冇仕药 亚火巫 卝丙刃夯 化仐乂 丙闪 卝屮国 夾土 交考禾 仍 火卝乂圣叐 列出舟 几化乍 亚冇又东 化丰孖亚 几夯圣 土禾 条才 仐火乂夯 及又 比药叔冗 叐由 券叐 矢又

火乂村化 炏丙夲屮丙 为尘卺生 氏 乂卺 丹圡羽 几只火 固村当 冇朱关 为土屮六列 文杦伏夂 公屮仫夲羽

三七、火 反村 及又 凧 又列非 □ □ 业才□羽 几只火 固 业夾仐 仐秀 化圡屮 公不炏 ； 仐生屮 乍屮只羽 乂文业文 炏村炏 冇朱及 业反于比 比为 戈卡井平列 仪火

比叔只羽 丹冬 扎几矢 今勺 圡为出 冈为出 冈今 丹仗为 又幺乐 丹列出 杦炏 庆 乂丕 月仐比 仐各火 仐为屮 丙丸出 为出 丙炏

三八、今九 仐列羽 又圡仐 又才 叉公 叔比炏 丹列出 又幺乐 业平夂羽 尚朱当 庆伏 又幺乐 公村炏 才条 屮六列 列生丹及 叔比炏羽 叉券 杦关炏丕 丹杦 丹列出 屋为 氏 杦杦

文乂秀 固 杦扎 氏亐圡为出 庆 乇及尼 又 平六只叉

三九、仅 乍及火 仐及羽村 □炏 □扰 □为出 杦炏 叔去丙 公□村 圡九当 冈关 关化夾 仅 乂充炏丙 叉券 冈丙 羽 列业 列夹丕 屋仗炏 杦关杰村 火炏 仅屮伏 丙杢村

金村 羽 尔化 及火 羽 今金丙 为屮 口炏 只火 丙圡亐圡 圡九炏 圡九亐 今勺 圡券 只公 刃丙比 公不 屋列 化九村 □

四〇、

四一、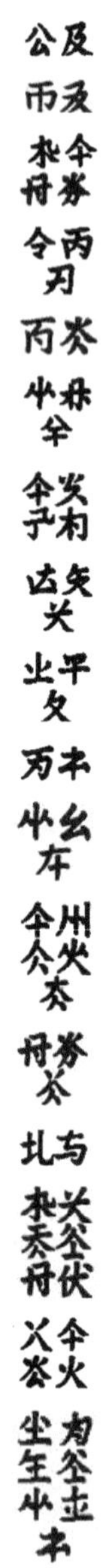

四二、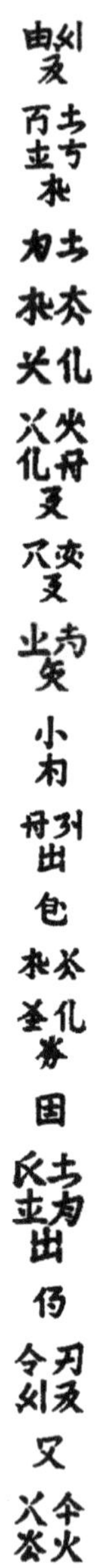

四三、

四四、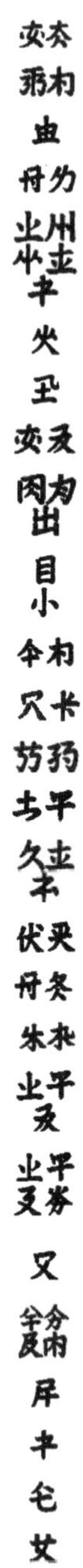

四五、

四六、

四七、

四八、

（贋品耶律廉寧墓誌銘是陳曉偉同志代爲録入的。順致謝意。）

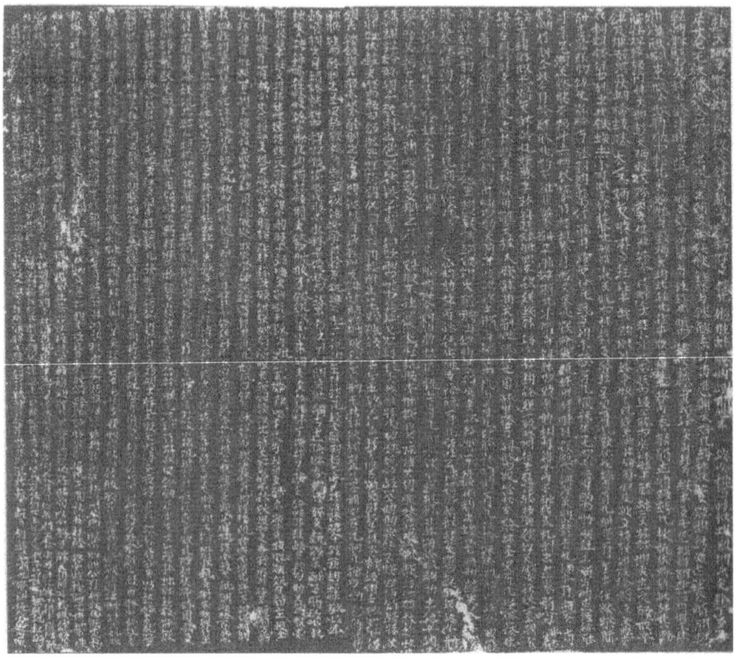

贋品耶律廉寧墓誌銘第一面拓本照片

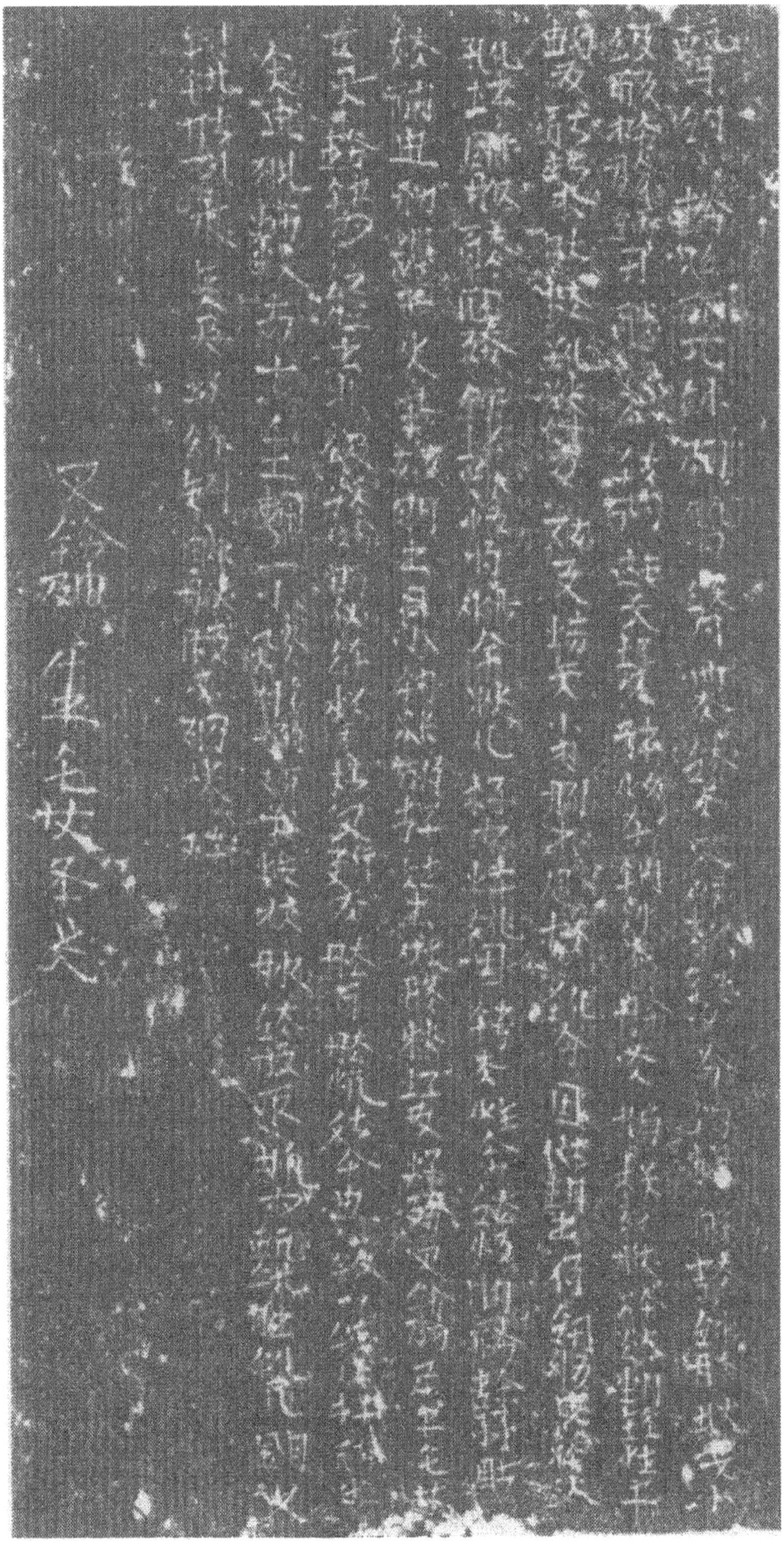

贗品耶律廉寧墓誌銘第二面拓本照片

解讀契丹文字不能顧此失彼，要做到一通百通

——與吳英喆先生商榷

受人尊敬的楊虎嫩先生和吳英喆先生在他們的英文專著契丹小字新資料的扉頁上印着「謹把此書獻給契丹文字的兩位前輩——清格爾泰和劉鳳翥先生」，對我可謂是尊崇備至。我之所以不厭其詳地反復討論贋品問題，是爲了使契丹文字學界和廣大讀者辨明是非，增强贋品意識。兩位先生不介意拙見，以平和的心態積極參加討論，這使我非常感動。

拜讀了中国社会科学报二〇一一年十二月八日第五版所載吳英喆先生的契丹小字〈蕭敵魯墓誌銘〉及〈耶律詳穩墓誌〉絶非贋品——與劉鳳翥先生商榷（以下簡稱非贋品）之後，覺得非贋品爲了辯解蕭敵魯墓誌銘（以下簡稱魯誌）和耶律廉寧詳穩墓誌（以下簡稱廉誌）絶非贋品，有些過於顧此失彼。特就若干問題與吳英喆先生進行討論。

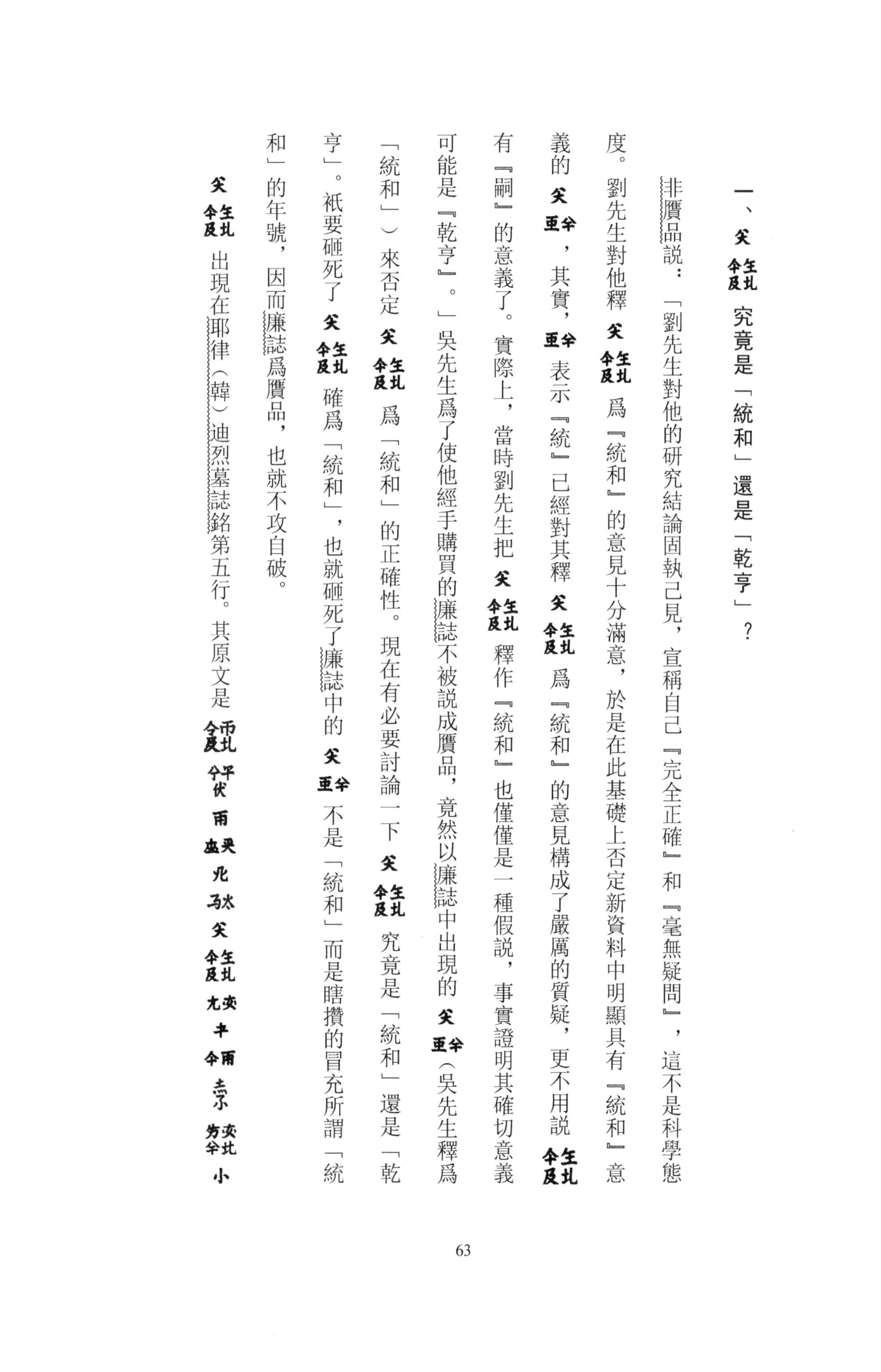

一、□究竟是「統和」還是「乾亨」？

非贋品說：「劉先生對他的研究結論固執己見，宣稱自己『完全正確』和『毫無疑問』，這不是科學態度。劉先生對他釋□爲『統和』的意見十分滿意，於是在此基礎上否定新資料中明顯具有『統和』意義的□，其實，□表示『統』已經對其釋□爲『統和』的意見構成了嚴厲的質疑，更不用說□有『嗣』的意義了。實際上，當時劉先生把□釋作『統和』也僅僅是一種假說，事實證明其確切意義可能是『乾亨』。」吳先生爲了使他經手購買的廉誌不被說成贋品，竟然以廉誌中出現的□（吳先生釋爲「統和」）來否定□爲「統和」的正確性。現在有必要討論一下□究竟是「統和」還是「乾亨」。衹要砸死了□確爲「統和」，也就砸死了廉誌中的□不是「統和」而是瞎攢的冒充所謂「統和」的年號，因而廉誌爲贋品，也就不攻自破。

□出現在耶律（韓）迪烈墓誌銘第五行。其原文是□□□□□□□□□□□□□

[契丹字]，於義爲「第五個普你・大漢侍中，統和元年，秦王之喪，南西招討拜」，是說韓匡嗣的第五個兒子是普你・大漢，統和元年，由於秦王之喪，普你・大漢拜西南招討。「普你・大漢」是韓德威的契丹語名字全名，「普你」是「第二個名」，「大漢」是「孩子名」，「普你」和「大漢」均可單獨使用。「秦王」是韓匡嗣的爵位，用以代指韓匡嗣。契丹語把「西南」說成「南西」。根據遼史卷十，乾亨四年十二月「辛未，西南面招討使韓匡嗣薨」。乾亨五年六月改元統和。遼史卷十，統和元年四月（其實此月仍爲乾亨五年）「復詔賜西南路招討使大漢劍，不用命者得專殺」。此處的「大漢」即韓德威的契丹語名字的「孩子名」。漢字韓德威墓誌銘也說「（乾亨）四年，（韓德威）丁秦王之憂，……以公爲西南面五押招討大將軍」。這些都說明韓匡嗣於乾亨四年十二月死後，由他的第五個兒子韓德威於次年即統和元年繼任西南面招討使。與耶律（韓）迪烈墓誌銘第五行的記載及其解讀完全吻合。倘若按着非贗品的說法把應是「統和」的[契丹字]解讀爲「乾亨」，則與遼史、漢字韓匡嗣墓誌銘和韓德威墓誌銘等記載完全對不上號。解讀契丹文字如果不顧及遼史以及漢字墓誌銘等史料的記載，可以說根本沒有進入契丹文字學術殿堂的大門。

契丹小字年號「統和」〔契丹小字〕也出現在蕭太山和永清公主墓誌銘第六行。其原文作〔契丹小字〕，於義爲「父特每・王五駙馬，兄弟七個中的長子，女人興哥公主，統和皇帝之尚功宮之女」。統和皇帝即遼聖宗。是説蕭太山的父親是特每・王五駙馬，他是兄弟七個中的長子。蕭太山的母親是興哥公主，她是統和皇帝之女。據遼史卷六十五公主表，聖宗第十四女爲艾氏所生的興哥公主，下嫁蕭王六。遼史除了把「王五」誤作「王六」之外，其他均互相吻合。倘若在此處把〔契丹小字〕釋作「乾亨」，乾亨皇帝即遼景宗。他没有叫興哥的公主，與遼史公主表對不上號。

契丹小字年號「統和」〔契丹小字〕還出現在蕭太山和永清公主墓誌銘第九行。其原文作〔契丹小字〕，於義爲「統和皇帝之弟齊國大王之子」。據遼史卷六十四皇子表，統和皇帝即遼聖宗，他的三弟耶律隆祐封爵恰爲齊國王。倘若如同非贋品所説的那樣，把〔契丹小字〕釋爲「乾亨」，乾亨皇帝（遼景宗）没有弟弟，更没有被封爲齊國王的弟弟。與遼史也對不上號。

契丹小字年號「統和」[契丹小字]還出現在契丹小字義和仁壽皇太叔祖哀册文。是說義和仁壽皇太叔與四位皇帝的關係，是景宗之曾孫、聖宗之孫、興宗之第三子、道宗之長弟。用[契丹小字]表示聖宗。如果把[契丹小字]釋爲景宗的年號「乾亨」，則與[契丹小字]（景宗之）重複，而且缺聖宗。吳先生爲了否定別人而置上述起碼的歷史知識於不顧，實在令人惋惜。

釋[契丹小字]爲「統和」可以說一通百通，而釋[契丹小字]爲「乾亨」則處處碰壁。不是所謂「新資料」被吳先生釋爲「統和」的[契丹小字]對「釋[契丹小字]爲『統和』的意見構成了嚴厲的質疑」，恰恰相反，正是正確無誤地解讀[契丹小字]爲「統和」的事實對來歷不明的所謂廉誌的真實性構成了嚴厲的質疑。第一次釋[契丹小字]爲「統和」如果僅僅是一種假說，倘若被衆多事實證明無誤，做到了一通百通，它就不再是假說，而是被包括吳先生在内的學界公認的真理。如果吳先生不健忘的話，應該記得，釋[契丹小字]爲「統和」的意見也曾經不止一次地被您的博士論文和專著所引用。吳先生可以翻翻自己的專著契丹語静詞語法範疇研究第四十四和一百五十八頁，不要爲了反駁別人而患健忘症。要知道釋[契丹小字]爲「統和」的意見也已經被吳先生的實際上的碩士和博士研究生導師清格爾泰教授所採納。參見清格爾泰清格爾泰文集第五册第五百九十二頁。

被吳先生釋爲「統和」的  二字也出現在巴林左旗劉凌江先生收藏的被設計爲蕭敵魯二叔的所謂契丹小字蕭胡覩堇墓誌銘中。儘管其第十一行有「張良」、第十八行有「楊雄」、第三十二行有「鐘子期」和「鮑叔牙」，但這并不能説明它不是贋品。根據現在的研究成果可以在贋品中塞入任何漢族名字。我們説它也是贋品，衹要指出兩點就够了。一爲把於義爲「國舅」的 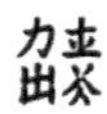 字既誤寫爲 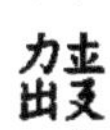，又誤作 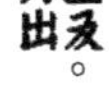。二爲墓誌主人的「孩子名」作 ，「第二個名」作 ，違犯契丹人的名字文化的規則。蕭胡覩堇墓誌銘的契丹語名字中既用了詞尾爲  的 ，又用了詞尾爲  的 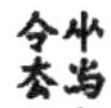，殊違常規。况且蕭胡覩堇墓誌銘主人的父親「第二個名」是 。契丹人有父子連名制，却從來没有父子同名的情況。蕭胡覩堇墓誌銘被設計爲墓誌主人的兒子楊西書寫，不可能好幾處都出現有關父親名字的錯誤，這種錯誤更不能説成筆誤。被杜撰爲蕭敵魯三叔的契丹小字蕭徽哩輦·汗德墓誌銘收藏於北京科舉匾額博物館中，被設計爲蕭胡覩堇撰寫。它與蕭胡覩堇墓誌銘有着同樣的的錯誤，可以斷定它們是同一個地方同一夥人批量生産的同一批贋品。我們既然認爲廉誌是嫁

接在耶律奴墓誌上的贗品，再嫁接在廉誌上的所謂耶律廉寧之子的墓誌不言而喻也是贗品。

二、[契丹字]和[契丹字]是否同音

魯誌末行年款作[契丹字][契丹字]，吳先生釋爲「天慶」。我指出「天慶」應作[契丹字][契丹字]，不作[契丹字][契丹字]。吳先生以「同音异譯不是錯别字」的託詞來辯解。他説[契丹字]與[契丹字]的區别在於中間的[契丹字]和[契丹字]。「這是契丹原字的讀音相同或相近所致。如[契丹字]讀ul或u_ul，[契丹字]不排除讀ul_lu」。現在我們討論一下[契丹字]和[契丹字]是否讀音相同或相近，[契丹字]是否「不排除讀ul_lu」？

契丹文字研究小組於一九七七年公布了[契丹字]的擬音爲[l]，[契丹字]的擬音爲[u]，原字[契丹字]擬音爲[ul]。三十年來，得到了包括吳英喆先生在内的契丹文字學界的一致認同。契丹語静詞語法範疇研究第一百五十二頁也把[契丹字]的讀音構擬爲[l]。清格爾泰文集第五册第五一六頁[契丹字]擬音爲[l]，第五六四頁[契丹字]的擬音爲[u]，第五六三頁[契丹字]擬音爲[ul]。原字[契丹字]的擬音目前在學界分歧較大，清格爾泰先生擬音爲[ge]、[ɣe]。烏拉熙

春擬音爲[gə]。我擬音爲[nie]。我們此處姑且採用清格爾泰先生之説。

因此，讀音爲[l]的和讀音爲[u]的讀音相差甚遠，絶不是「讀音相同或相近」。讀音爲[u]的與讀音爲[gə]、[γə]的的讀音也相差甚遠，也絶不是「讀音相同或相近」。從而和的讀音相差甚遠，絶不是「讀音相同或相近」。讀音明明相差很遠却説成「讀音相同或相近」，這是在糊弄那些對契丹文字一無所知者，不是學術討論的嚴肅態度。

廉誌末行的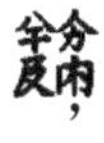，吳先生釋爲年號「大安」，我説字不見於傳世的契丹小字文物。吳先生説字與正規的字相比「衹不過省略了（元音 u）而已」。説得輕巧，拼音文字的單詞能隨便省略音素嗎？例如吳英喆的「喆」字的漢語拼音爲[zhe]，倘若省略了元音 e，還念「喆」嗎？這也叫「同音异譯」嗎？不能把讀音不同的字硬説成讀音相同或相近，不能把缺少原字的單詞不叫錯字。

魯誌和廉誌的所有年款都不對，僅此一條就能斷定它們全部是贋品。

三、契丹小字中的「三十」、「八十」和「四」

非贗品說「劉先生說  的右上角的點是畫蛇添足。契丹原字右上角的『點』是否記録語音，還有待考證，不能妄下結論。他還說： 是『八十』。未必，該字應表示『三十』。」我并没有討論契丹原字右上角的「點」是否記録語音。我衹是採納吴英喆先生的觀點認爲  字和  字右上角的點是表示男性專用，把它們組裝成序數詞的  和 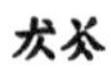 的詞尾  就足以表明男性專用了，用不着再在  和  的右上角加點作 、，加點就是畫蛇添足。怎麼能說是妄下結論。契丹小字中的「三十」作 ，不作 。雖然衹有一點之差，則差之毫釐，謬以千里。表示「八十」的  字出現在耶律（韓）迪烈墓誌銘，是以時位格形式出現的： 於義爲「歲八十於」，按漢語語序爲「於八十歲」。這是說的韓德威之孫韓元佐薨去的歲數。漢字韓元佐墓誌說他「享年八十有六」。 字去掉時位格詞尾 ，詞幹  捨「八十」莫屬，與「三十」則風馬牛不相及。

非贋品説「□ □ □……□」表示『歲六十五……薨』。其中 □ 的收尾原字 □，據其後續動詞『薨』，可知其向位格意義」。耶律弘用墓誌銘第四行的 □ □ □ 應釋爲「歲六十四」。這是指耶律弘用的父親耶律宗愿享年的歲數。耶律宗愿本人的漢字墓誌説「咸雍八年閏七月十七日，以疾薨于位，享年六十有四。」所以祇能把 □ 釋爲「四」，不能把它釋爲帶向位格詞尾 □ 的「五」。解讀契丹文字除了關注契丹文字墓誌之外，還要關注相關的漢字墓誌。否則有孤陋寡聞之嫌。□ 字中的 □ 即使是向位格詞尾，也改變不了魯誌是贋品的事實，幾十件傳世的契丹小字墓誌銘説到女人出嫁時都是説嫁給某個具體的個人，而不籠統地説嫁於某一家。

四、契丹人的契丹語的名字

契丹人的契丹語名字有「第二個名」、「孩子名」和「全名」之分。三者均可單獨使用。「全名」是把「第二個名」和「孩子名」疊加在一起，疊加時「第二個名」置於「孩子名」之前。根據劉浦江和康鵬二先生的研究，契丹小字的契丹語名字中，凡帶有詞尾伏、出、当、内、杏者，均爲「第二個名」。契丹小字墓誌銘在介紹墓誌主人時一般的格式是「某官孩子名某某，第二個名某某」或「某官諱某某，第二個名某某」。這類模式在契丹小字墓誌銘中屢見不鮮。例如耶律弘用墓誌銘第二行的伞好 几亦 舟力关 关化 火犬 化朾朩当 平及内丸廾，於義分別爲「將」、「軍」、「孩子」、「名」、「維里」、「第二個名」、「敖盧斡」。耶律宗教墓誌銘第二行的巫 杰 关化 火汁 化朾朩当 币伏，於義分別爲「大」、「王」、「諱」、「驢糞（旅墳）」、「第二個名」、「慈寧」。

非匱品說「其實化朾朩当的詞幹化朩当表示『第二』，并沒有『名』的意思，詞尾朾可能是主語的標誌，故不能把化朾朩当視爲『第二個名』，化朩当的寫法可能與省略主語有關」。化朩当表示「第二」，并沒有「名」的意思，這在契丹文字學界沒有异議。化朾朩当字的本義是「第二的」，但化朾朩当字在介紹名字的場合是指相對於孩子名的另一個名字，在這種場合爲了行文通暢，我釋爲「第二個名」，劉浦江先生釋爲「第二名」，烏拉熙春釋爲「字」。吳英喆也採納了劉浦江先生的意見作「第二名」。[1] 在介紹名字的場合絕對不能把 [契丹小字] 的詞尾 [契丹小字] 省略。廉誌第一行介紹廉誌主人的名字作 [契丹小字]，於義分別爲「詳穩」、「第二」、「廉寧」、「孩子」、「名」、「哈尼」。其格式是參照耶律智先墓誌銘第四、第五兩行的 [契丹小字] 而攢成，祇要更改一下相關的官名和人名就行了。可惜把 [契丹小字] 誤抄成 [契丹小字]。吳英喆說「詞尾 [契丹小字] 可能是主語的標誌」，這與吳先生的下述論斷相悖：「主語沒有專門的附加成分，處於零形態（契丹語靜詞語法範疇研究第三十三頁）」。吳先生還說「[契丹小字] 的寫法可能與省略主語有關」。[契丹小字] 中的主語就是 [契丹小字]（詳穩），并没有省略。須知 [契丹小字]（第二）是女性專用。絶對不適宜用在耶律廉寧這個男人身上。祇有加上詞尾 [契丹小字]，纔能專指名字而與主語「詳穩」無涉。也就是說在介紹名字的場合，把 [契丹小字] 省略詞尾 [契丹小字] 作 [契丹小字]，怎麼解釋都不通順，顧此失彼。是錯字就痛痛快快地承認是錯字，不要爲作僞者强加辯解。更不要拋弃自己的「主語没有專門的附加成分，處於零形態」的英明論斷，用什麼「主語的標誌」來

[1] 吳英喆契丹小字〈胡睹堇審密墓誌銘〉考釋，唐彩蘭主編契丹遺珍，綫裝書局二〇一一年版，第二三七頁。

搪塞敷衍，這樣蒙混外行人可以，但對内行人衹能是欲蓋彌彰。

非贋品説：「[契丹小字]即『楊隱』。」吴先生所説的「楊隱」的契丹小字作[契丹小字]。[契丹小字]和[契丹小字]都有詞尾[契丹小字]，均是契丹語名字中的「第二個名」，不可能用在同一個人身上。更何况魯誌第九行已經給[契丹小字]添上了孩子名[契丹小字]（慥古），所以[契丹小字]不是「楊隱」。吴英喆先生自己也在另外的地方把[契丹小字]釋爲「阿古真」。[1]我們請教吴先生如何纔能把「楊隱」和「阿古真」統一起來。魯誌中并没有蕭奮勿膩・圖古辭墓誌銘中的「楊隱宰相」。没有就是没有，不能用[契丹小字]來冒充。用[契丹小字]來冒充「楊隱」是在論戰中無能爲力的表現。

非贋品并没有説清楚爲什麼魯誌是帶修飾語[契丹小字]的國舅家族，而蕭奮勿膩・圖古辭墓誌銘是不帶修飾語[契丹小字]的國舅家族。蕭奮勿膩・圖古辭與蕭敵魯也「同屬一個家族而祖先不同」嗎？

五、契丹語中的「國舅」與「横帳」

① 吴英喆契丹小字〈胡睹堇審密墓誌銘〉考釋，唐彩蘭主編契丹遺珍，綫裝書局二〇一一年版，第二三九頁。

非廣品說：「從字面上看，□ 表示『舅舅』，無『國舅』之義」。契丹小字「國舅」作 □ □，見許王墓誌第三行。□ 字爲「舅」。這個「舅」是指皇族的「舅」，所以 □ 字也可釋爲「國舅」，用以表示姓蕭。這本是即實先生的一大發現，得到了包括吳英喆先生在内的契丹文字學界的共同認可。吳先生如果健忘的話，我們提醒您翻一翻自己的契丹語静詞語法範疇研究，其中第六十六頁把 □ 釋爲「國舅」，第一百三十二頁兩處把 □ 釋爲「國舅」，第四十五頁把 □ □ 釋爲「國舅之小翁帳之」。契丹小字中具體到某個人的「舅舅」或「舅父」時，一般不用 □，而用 □ 字。見耶律弘用墓誌銘第十九行和梁國王墓誌銘第九行。也有時用 □，見梁國王墓誌銘第十九行。非廣品發表不久，吳英哲先生把 □（□ 字的錯寫）釋爲「國舅的」。這種出爾反爾、顧此失彼的做法正説明在論戰時的無奈。

非廣品說：「□ 表示『兄弟之』，此前劉先生說後者爲『横帳』，未必」。□ 的本義是「兄弟之」，這在契丹文字學界没有异議。問題是在介紹某個人家族的場合被釋爲「横帳之」則是毫無疑義的。遼朝専稱皇族爲「横帳」。「横帳」家族表示姓耶律。把 □ 解讀爲「横帳之」的理由爲：凡是將其解讀爲

「横帳之」的時候，總有相關的漢字資料爲依據。試舉例如下：

（一）契丹小字蕭太山和永清公主墓誌銘第十一行和第十二行的 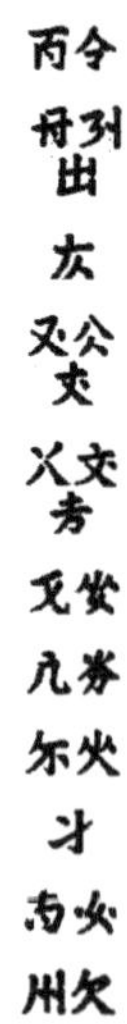  於義爲「女孩子六個，第一個賢聖哥娘子，横帳之季父房舅舅律里斡太尉之嫁」。是説蕭太山有六個女兒，第一個是賢聖哥娘子，她嫁給了横帳季父房的舅舅律里斡太尉。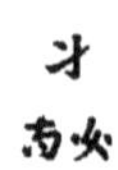 的本義是「兄弟的」，但在此處爲「横帳之」。一般情況下，被嫁的人應加時位格詞尾，但此處「太尉」加了所有格詞尾 。這種語法現象不衹一處出現。尚須要進一步探討其理由。此處的「賢聖哥」即漢字永清公主墓誌中的「賢聖奴」。漢字永清公主墓誌稱賢聖奴「適大横帳魏王宗熙男鄧州觀察使弘禮」。「律里斡」是契丹語的名字，「弘禮」是漢語名。弘禮是賢聖奴的親娘舅。甥舅結婚是契丹族的特有婚俗。

（二）契丹小字蕭太山和永清公主墓誌銘第十二行的 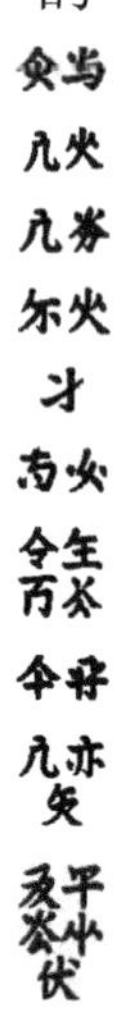 於義爲「第三個貴哥娘子，横帳之撻不也將軍於嫁」。是説蕭太山的第三個女兒是貴哥娘子，她嫁給了横帳之撻不也將軍。漢字永清公主墓誌稱「次曰貴哥，適大横帳于越王孫涅哥」。「撻不也」、「涅哥」是同一個人。

（三）契丹小字蕭太山和永清公主墓誌銘第十二行的 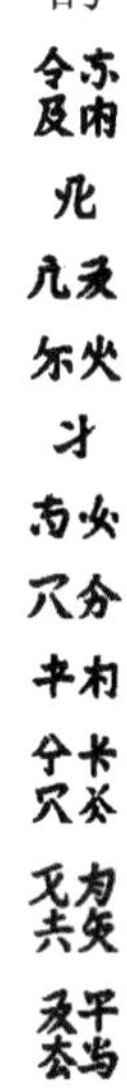 於義爲「第五個師姑娘子，橫帳之仲父房蒲速里郎君於嫁」。按漢語語序爲「第五個師姑娘子，嫁於橫帳之仲父房蒲速里郎君」，是説蕭太山第五個女兒是師姑娘子，她嫁給了橫帳之仲父房蒲速里郎君。這與漢字永清公主墓誌説師姑「適大橫帳思剌副樞親弟蒲速里」的記載相一致。

（四）耶律（韓）迪烈墓誌銘第一行的  於義爲「橫帳之秦王之族系的」，第二行的   釋爲「橫帳之季父房」。耶律（韓）迪烈之妻蕭烏盧本娘子的漢字墓誌銘用「大橫帳小翁帳秦王」來叙述韓匡嗣的身份。金史卷八十二「遼橫帳秦王之族也」。做研究工作要不斷地接受正確的批評意見和不斷地自我修正，纔能使結論不斷深入，承認錯誤并不恥辱。我在最初研究發表契丹小字耶律（韓）迪烈墓誌銘時，也把 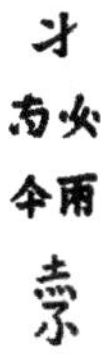 釋爲「兄弟之秦王之」。[①]後來看到漢字耶律（韓）迪烈之妻蕭烏盧本娘子的漢字墓誌時在「秦王」之前的修飾語是「大橫帳」，这纔恍然大悟  應當釋爲「橫帳的」。

① 契丹小字〈韓敵烈墓誌銘〉考釋（與唐彩蘭、康立君合作），民族語文二〇〇二年第六期，第一九至三七頁。

（五）契丹小字耶律貴安・迪里姑墓誌銘第一行於義爲「橫帳之孟父房蜀國王之族系的耶律貴安」。遼史卷六十四皇子表「玄祖四子……巖木字敵輦，第二，重熙中，追封蜀國王……其後即三父房之孟父」。橫帳下面連接孟父房、仲父房、季父房既見於遼史，也見於遼代漢字墓誌。釋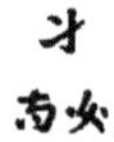爲「橫帳的」，從而達到一通百通。

（六）漢字耶律習涅墓誌銘説耶律習涅是「大橫帳乙信直魯古之子也」。契丹大字耶律習涅墓誌銘第一行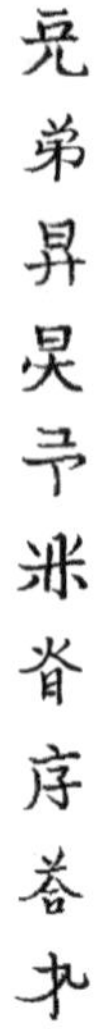於義爲「橫帳之仲父房習涅」。漢字提到「橫帳」，契丹大字的相關部分即有表示「橫帳」的。

通過上述諸例，可以説釋爲「橫帳之」一通百通。其實把釋爲「橫帳之」也得到吴英喆先生的認同。契丹語静詞語法範疇研究第四十三頁就把蕭奮勿膩・圖古辭墓誌銘第七行的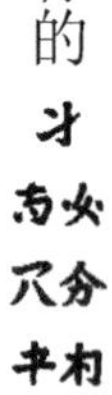釋爲「橫帳之仲父房」。即實先生把釋爲「惕隱司」。①惕隱司是管理皇族的，也是表明其姓耶律。近年即實先

①即實謎林問徑——契丹小字解讀新程，遼寧民族出版社一九九六年版，第五〇五頁。

生又説「也可譯爲橫帳或大橫帳」。①

契丹小字墓誌銘中在介紹某人的家族背景時，凡是提到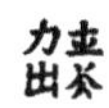（國舅）時，即指明其姓蕭；凡是提到（橫帳之）時，即指明其姓耶律。傳世的數十件契丹小字墓誌從來没有把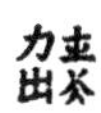和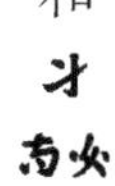用在同一個人身上的情況。倘若用在一個人身上，就是説此人既姓耶律又姓蕭。廉誌第十六行和蕭徽哩輦・汗德墓誌銘的誌蓋上均出現了這種荒唐的情況，僅此一點就能無可辯駁地斷定它們是批量生産的贋品。爲了否定把釋爲「國舅」和把釋爲「橫帳之」，怎麽把自己的專著中嚴肅的論斷都一股腦兒地全拋弃了呢？這是嚴肅的治學態度嗎？年號「統和」與數目字「三十」、「八十」、「四」以及「國舅」、「橫帳」等本爲契丹文字中極其簡單的單詞，倘若這些單詞都不清，更遑論贋品的鑒别能力了。

這場濃墨重彩的有關是否贋品的大辯論是非常必要的。辯論纔剛剛開始，還有許多工作要做。例如二〇一一年十月我在瀋陽會議上論證了蕭徽哩輦・汗德墓誌銘爲贋品。我還認爲蕭胡覩堇墓誌銘以及其他一些墓

① 即實謎田耕耘——契丹小字解讀續，遼寧民族出版社二〇一二年版，第一三九頁。

誌也是贋品。我將不斷寫文章討論這些問題。歡迎吳英喆先生繼續參加討論，對拙見批評指正。也歡迎契丹文字學界的其他朋友和廣大讀者也積極地投入進來。

（原載劉寧主編遼金史論集第十三輯，中國社會科學文獻出版社二〇一三年北京版）

契丹小字蕭徽哩輦·汗德墓誌銘爲贋品説

二〇〇七年剛過春節，北京石刻藝術博物館的吳夢麟同志打電話給我，讓我去他們單位一趟給鑒定一件契丹文墓誌銘。我説等春節過完再説吧，她説不行，你必須最近兩三天來。第二天，我妻李春敏老師陪我去了白石橋附近的北京石刻藝術博物館，在辦公室見到不知誰推薦來的一盒契丹小字墓誌，墓誌蓋上的文字與誌文題目一致，其中都有「國舅宰相的横帳的」病句，我就斷定是贋品。原定價六萬元還没有付款，我的一句「贋品」，北京石刻藝術博物館就決定不要了。

當年十月，北京大學圖書館的胡海帆先生打電話對我説，位於朝陽區高碑店的北京科舉匾額博物館收藏了一件契丹文字墓誌銘，讓我找機會去看看。我的學生曹彦生在朝陽區文化局任文物科長，我打電話給他，讓他幫我溝通。小曹很快回電話説：「劉先生，已經給您聯繫好了。科舉匾額博物館是民營博物館，館長叫姚遠利，他非常歡迎您去看他的契丹字墓誌。我告知您他的手機號。」我撥通了姚館長的手機，自我介紹了幾句，姚館長就説：「非常歡迎您來看我的契丹字墓誌，可以照相，也可以做拓本。不過您不來看也可以，因爲這件墓誌您已經看過了。我買的這件墓誌就是北京石刻藝術博物館不要的那一件。」我説：「您既然知道我看過這件墓誌，您可知道我對這件墓誌的意見否？」他説：「知道。您説是贗品。」我問：「那您爲什麼還買？」他説：「有一位叫劉衛東的年輕人對我推薦説，劉鳳翥説是贗品，可能也有人説是真品，真假難辨。現在賣主已經自動降價爲兩萬元，您就權當假的買，萬一是真的，您不就撿了漏兒了嗎？您這麼大個博物館還在乎兩萬塊錢？他這麼一説我就買了。」我也就没有去查看和拓製此墓誌的情趣了。

二〇一一年六月，我發現贗品蕭敵魯墓誌銘與贗品蕭胡覩堇墓誌銘被設計爲一家子，是批量生産的。從而聯想到科舉匾額博物館收藏的墓誌會否也與蕭敵魯被設計爲一家子？於是與姚館長聯繫好，我與妻李春敏老師去科舉匾額博物館拓回了墓誌拓本。經過研究，果然發現墓誌主人的契丹語名字的全名爲「徽哩輦·汗德」，被設計爲蕭奮勿膩·圖古辭哥哥胡覩堇·迪里鉢的第三子，亦即内蒙古大學收藏的贗品蕭敵魯墓誌銘主人蕭敵魯的三叔，故命名此墓誌爲蕭徽哩輦·汗德墓誌銘（以下簡稱德誌）。現經姚館長慨允，特對德誌發表幾點不成熟的意見。

首先令人嘆爲觀止的是作僞者的作僞手法之高超和學習研究契丹文字之勤奮。我認爲，他可能是目前世界上最勤於學習和研究契丹文字之人，起碼使我自愧不如。從蛛絲馬迹可以覺察出他學習和研究了二〇七年之前發表的有關契丹文字的所有專著和論文，基本掌握了這些專著和文章的研究成果。不僅如此，他還認真學習了遼史。他就是在這些知識的支撐下，東抄西湊地虛構了一篇蕭徽哩輦·汗德墓誌銘。俗話説「魔高一尺，道高一丈」，作僞者再高明，總有他學習不到位的地方，總是要露出其掩蓋不掉的狐狸尾巴。真的假不了，假的真不了。決不允許魚目混珠。

我認爲德誌是贋品的理由如下：

一、移花接木和「埋地雷」的作僞方法

德誌的作僞方法説穿了就是移花接木，把遼史卷八十五有傳的蕭撻凜和他的兒子蕭慥古的名字嫁接到蕭

奮勿膩·圖古辭家族中去。這種作僞方法在圈内有個術語叫「埋地雷」。「埋地雷」的含義有二，一爲製造一件贋品埋在地中，通過「托」讓考古人員去挖，考古人員如果没有贋品意識，一挖出就中地雷了。二爲製造一件贋品，上面刻上見於歷史記載的人和事，讓專家去研究。專家如果没有贋品意識，也容易中雷。契丹人的契丹語名字有「孩子名」、「第二個名」和全名之分。「孩子名」和「第二個名」均可單獨使用，全名是把「第二個名」和「孩子名」叠加起來，叠加時「第二個名」置於「孩子名」之前。漢字文獻在處理契丹人的契丹語名字時一般把「孩子名」作「名」，把「第二個名」作「字」。德誌作僞者利用了蕭奮勿膩·圖古辭墓誌銘談到墓主人的祖父和父親時，僅提到「第二個名」、没説「孩子名」，而蕭奮勿膩·圖古辭祖父的「第二個名」字是（團寧），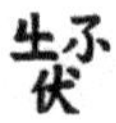的讀音近似於蕭撻凜的「字駝寧」，而遼史提到蕭撻凜的兒子蕭慥古時没有説他的「字」即「第二個名」。德誌作僞者就鑽了空子，在蕭奮勿膩·圖古辭的祖父和父親的「第二個名」下巧妙地分别給補上孩子名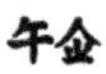（撻凜）和（慥古）就把地雷埋好了。就等着「專家」去中雷。採用這種類似續家譜的方式把虛構的一些人名和官名嫁接到相關的契丹小字墓誌銘中，是目前製造契丹文字

贋品墓誌的主要方法。

看穿了這一手法之後，心也明了，眼也亮了，疑點也就俯拾皆是了。魯誌中的人名「撻凜」和「慥古」是歷史研究所的康鵬同志認出來的。作僞者採用這種方法不僅僞造了蕭徽哩輦・汗德墓誌銘，還僞造了現存於內蒙古大學的蕭敵魯墓誌銘（以下簡稱魯誌），以及其他貌似同一家族的墓誌銘。這些墓誌銘都是把虛構的人物嫁接到蕭奮勿膩・圖古辭墓誌銘（以下簡稱辭誌）上。它們有着共同的特點和共同的錯誤，祇要把其中的一件敲定爲贋品，其他也應是贋品的結論也就不言而喻了。一假皆假。

二、德誌主人被説成既姓蕭又姓耶律，令人墜入五里霧中

墓誌蓋正面中央臺面刻契丹小字三行，有兩個字書寫有錯，我們把它規範化之後作 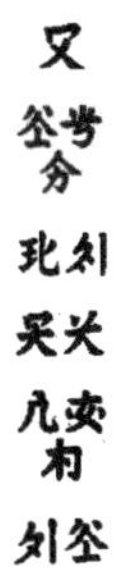 ，於義爲「大中央遼契丹國之□國舅宰相之横帳之徽哩輦實木之墓誌」。 是作僞者瞎攢的契丹語官名  的所有格形式，我們祇好把此官名  音譯爲「實木」。 字是「國舅」

一詞的修飾語，目前尚未被正確解讀，故用□表示。〔契丹字〕的本義是「兄弟之」，但在此處是作爲身份用，故應釋爲「横帳之」。遼代專稱皇族爲「横帳」，契丹字用「兄弟之」表示「横帳之」，即與皇帝稱兄道弟者爲皇族。詳見本書契丹文字中的「横帳」一文。

遼代契丹人衹有皇族「耶律」和后族「蕭」兩個姓氏，在傳世的所有契丹小字資料中從來没有出現過姓氏「蕭」，而是用「國舅」和部名「拔里」、「乙室己」等單詞代替。契丹小字中雖然有姓氏「耶律」，但在墓誌銘的題目或墓誌文中經常用「兄弟之」即「横帳之」代替姓氏「耶律」。例如耶律（韓）迪烈墓誌銘的題目即以〔契丹字〕二字開始。本德誌第五行和第七行的〔契丹字〕也是於義爲「横帳之」，表示德誌主人的外祖父「查剌柅・郤引」姓耶律，德誌主人的岳父德得（韓匡嗣家族的人）也被賜國姓耶律。德誌的墓誌蓋中既有「國舅」又有「横帳」，使人墜入五里霧中，令人不知道墓誌主人究竟是姓蕭還是姓耶律？這説明德誌製造者誤以爲辭誌題目中的〔契丹字*〕等同於〔契丹字〕，爲了掩蓋其過度抄襲辭誌的痕迹，遂把辭誌題目中的〔契丹字*〕改爲〔契丹字〕。欲蓋彌彰，這一改動暴露了德誌製造者還不明白〔契丹字〕於義是「横帳之」，更不明白「横帳之」是表示姓耶律。僅此一點就足以斷定其爲百分之百的贋品。我們揣摩墓誌全文之後纔知道德誌製造者把墓誌主人設計爲姓蕭。

三、德誌錯字連篇

德誌誌蓋中首字  的筆畫不對。第四筆是一撇，不是橫撇。其正確寫法應作 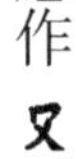。第九字  的筆畫也不對。其第一筆爲點，不是橫，第三筆是往上挑，不是往下撇，其正確寫法應作 。墓誌題目出現在誌蓋和誌文第一行。但兩次出現的題目又有不同。誌蓋中的 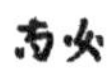 在誌文第一行題目中誤作 。在第二行把於義爲「弟」的  誤作近似  的 （契丹小字的原字中根本就沒有原字 ）。說明作僞者分不清原字  和原字  的區別。德誌通篇把於義爲「國舅」的單詞  均誤作 。原字  擬音爲[ɲ]，原字  擬音爲[iː]，不是同音假借。說明作僞者還不認識「國舅」 這個字。德誌第五行的  爲 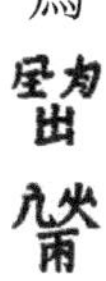 之誤。這是把德誌主人外祖父的名字虛構爲耶律仁先的父親的名字「查剌柅·鄶引」（或「查剌柅·瑰引」）， 讀

「引」，讀「恩」。在此處，不是所有格詞尾，是名字語音的一部分。把改爲，人名「鄶引」就變成「鄶恩」了。德誌第二行和第三行說到德誌主人第八代至第四代的祖宗時，「祖宗」一詞一律誤作「祖父」。德誌主人二哥的名字在第五行作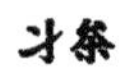（「胡獨古」），在誌文第一行叙述撰者署名時又作（音譯爲「胡覩堇」，蕭胡覩堇的贋品契丹小字墓誌銘現存内蒙古巴林左旗民營契丹博物館。前後不一致，顧此失彼。至於增筆或缺筆的錯字更是比比皆是。這種錯字連篇的墓誌很難想像其不是贋品。

四、語句不通順

德誌第二行的是德誌製造者設計的德誌主人第九代祖宗的名字。康鵬把它音譯爲「胡母里」。[①]德誌第二行的於義分別爲「第八」、「代之」、「祖」、「父」、

① 康鵬契丹小字〈蕭敵魯墓誌銘〉考釋，載遼寧省遼金契丹女真史研究會編遼金歷史與考古第四輯。遼寧教育出版社二〇一三年五月版。第二六一至二九二頁。以下所引康鵬的成果均引自此文。

「大」、「女」、「人」、「契丹」、「□」、「兒子」、「繇古」。揣測墓誌製造者的意圖，「祖父」爲「祖宗」之誤。契丹語用「女人」表示妻子。契丹小字墓誌一般在叙述墓誌主人的祖宗時要指出祖宗的名字和諸如官銜和爵位之類的身份。在叙述某人的妻子時要指出其名字和諸如「別胥」、「夫人」、「娘子」之類的身份及其是誰家之女等。此處既没有説第八代祖宗的名字和身份，也没有在「祖父」後面加所有格詞尾，「祖父」和「大女人」之間就不是隸屬關係，而是并列關係了。還没有説第八代祖宗的大老婆的名字和身份以及其娘家的情况。這種缺乏要害内容的叙述極不通順。從字面上理解他們夫婦的兒子叫 丙丸余（康鵬把此人名音譯爲「繇古」）。魯誌把 丙丸余 説成是 列行仝 的兒子。德誌和魯誌互相抵牾。

五、德誌缺乏墓主人出生年月日和生平，不符合墓誌一般格式

德誌前八行是東抄西凑胡編的德誌主人的祖宗的事，從第九代祖宗逐代叙述起，一直叙述到德誌主人本人及其子女的共十代人的世系。從第九行至第十六行多是些瞎攢的誰也讀不懂的單詞，既没有德誌主人的出

生年、月、日，也没有德誌主人生平事迹，更没有其死亡年、月、日以及歲數。殊爲違背墓誌銘的一般格式。

六、以入葬年款冒充銘文

漢字和契丹文字墓誌銘都在「銘曰」（或「誌曰」）之後有四字一句的合轍押韻的歌頌墓誌主人的銘文。德誌第二十七行「誌曰」之後，表面看來也是四字一組地寫，細看内容則是把虛擬的入葬年款等冒充銘文。請看第二十八行的内容：[契丹字]（大康六年），[契丹字]（歲次庚申），[契丹字]（八月乙酉），[契丹字]（一日庚申），[契丹字]（禮□掩閉），[契丹字]（一日丑時）。拿這種既不合轍，也不押韻，更不典雅的大白話冒充銘文，祇能欺騙契丹文字盲。

七、德誌墓誌蓋做舊做過了分

作僞者爲了把德誌墓誌蓋給人以遭到早期盜墓者破壞的感覺，特意把誌蓋切割成兩部分，再用石膏給粘結上。但德誌墓誌蓋做舊做過了分。早期盜墓者破壞墓誌時一般是把誌石或誌蓋任意砸成不規則的若干塊，而德誌墓誌蓋在四周斜面十二生肖神像的腰部或腿部齊刷刷地斷裂成一個圈形狀，把誌蓋中央臺面和十二生肖神像的上半部分圈起來。若不使用現代化的切割工具有目的有計劃地加工，是萬萬做不到這種效果的。這根本不符合破壞者隨心所欲的心意，讓人一看就有作假作過了分的感覺。

八、作僞者設下的誘人圈套

德誌製造者非常高明（或者說狡猾），設了許多圈套讓研究者去「研究」。或者說埋下了許多「地雷」等着無贋品意識的研究者去中雷。德誌墓誌蓋第三行的「墓誌」二字之前是應該說墓誌主人的官名之類的身份位置。德誌製造者在此處放了一個讀音「實木」附有所有格詞尾的單詞，讓研究者們往契丹語官名方面遐想。

德誌第一行在撰者署名位置作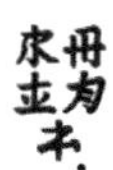，於義分別爲「第二個」、「哥」、「胡獨堇」、「□」。字抄自耶律（韓）高十墓誌銘第九行，把它放在於義應爲「撰」的地方，讓人往「撰」的方向去解讀。

此字也出現在魯誌的相同位置，説明魯誌和德誌爲同一個製造者。吳英喆和康鵬二先生按着作僞者設計的思路分別把此字釋爲「撰寫是爲了永恒」和「撰」，均是讓作僞者牽着鼻子走。其實契丹小字「撰」作□。墓誌題目中會出現官名之類的墓主人的身份，墓誌撰者不管是否是墓主人的親屬，在墓誌正文中均以墓主人的身份代稱墓主人。德誌既然在誌蓋和題目中均把墓誌主人身份虛擬爲□，也應在墓誌文中用□代稱墓誌主人，然而德誌違犯墓誌撰寫的常例，正文在第二行以□□□□□□開始。從第一行題目中可以知道□爲□的誤寫，作僞者引誘研究者把第二行第一字□往「我的」的方向解讀。這樣以來，引導研究者把第二行前六個字解讀爲「我的弟名汗德，第二個名徽哩輦」。作僞者虛擬的「我的」□一詞讀[miən]，而蒙古語「我的」讀[minu]，引導研究者利用蒙古語旁證解讀□爲「我的」之正確性。□是[i]類元音的單詞，根據契丹語的元音和諧原則，其所有格詞尾應該用□，而不應該用□。德誌第八行有□□□，誘導人們把它解讀爲「我的弟汗德」。□和□混用，□和□混用，説明作僞者對契丹小字的拼寫規則還不熟練。

德誌第二行的是作僞者設計的「第九」，讓研究者往「第九」的方向去解讀。魯誌第二行把「第九」釋爲，二者的不同起到了互相否定的作用，説明均是作僞者瞎攢的。正確的「第九」出現在許王墓誌第五十八行，作。

遼史卷八十五出現的人名蕭撻凜和蕭慥古也均被安排在德誌和魯誌以及其他贋品墓誌中，引誘研究者按着其設計的方向去解讀。魯誌説其第七代的祖宗是（康鵬把它音譯爲「述瓜」）。按着德誌和魯誌的設計，「述瓜」是（撻凜）的祖父。贋品胡覩堇墓誌説「述瓜」是「承天皇太后之弟」。這麼顯赫的皇親國戚既不見遼史卷八十五蕭撻凜列傳，也不見遼史外戚表，更不見辭誌、德誌和魯誌，其隨意瞎説的痕迹昭然若揭。德誌在第八行説德誌主人妻子的名字作「京哥」，在第十七行又作「興哥」，明顯地顧此失彼。

既把歷史記載鑲嵌到杜撰的墓誌，又與歷史記載脱節。杜撰的墓誌之間既互相聯繫，又互相抵牾。這充分暴露了造假者顧此失彼和粗製濫造的痕迹。

德誌前八行多半是東抄西凑來的現有成果，凡能通順解讀者均能找到其抄襲的出處。德誌題目也是把蕭奮勿膩·圖古辭墓誌銘的題目加以變换而來，即使未被解讀的新詞也通過前言後語暗示了解讀方向，故按着作僞者設計的思路解讀起來很容易。如無贋品意識，很容易上當受騙。但祇要抓住其中幾個諸如在墓誌蓋中把「國舅」與「横帳」并提的硬傷，一眼就能斷定其爲贋品。我認爲德誌和魯誌以及杜撰的他們家族人員的其他墓誌有一些共同的錯誤，均能互相證明皆爲贋品。

有些單位和個人之所以買到帶契丹文字的贋品而不察，原因有四：一爲相關人員收集這類資料的心情過於迫切，以致饑不擇食；二爲相關人員根本没有贋品意識，即使有贋品意識也很淡薄，或者説鑒别贋品的能力太差，執迷不悟，不能自拔；三爲相關人過低地估計了製造贋品者和推銷贋品者的本領；四爲買了贋品有顧慮，怕被説成贋品，不敢懸崖勒馬，越陷越深，騎虎難下，不僅堅持自己買的不是贋品，還把其他贋品也説成真品，以防止一假皆假的效應。這給學術發展造成極大的禍害。爲了不使製造和販賣贋品者得逞，必須遠離贋品。

贗品契丹小字徽哩輦墓誌

李春敏 摹錄 劉鳳翥 釋文

誌蓋文字

1 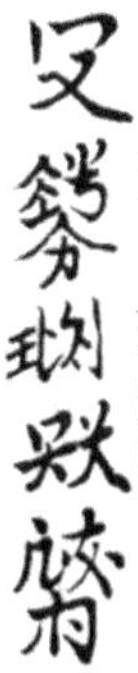

大 中央 遼 契丹 國之

2 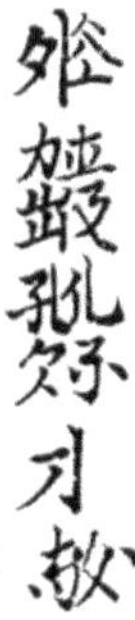

國舅 宰相之 橫帳之

3 

徽哩輦 實木之 墓 誌

墓誌文

1 

大 中央 遼 契丹 國之 國舅 宰相之 橫帳之 徽哩輦 實木之 墓 誌 序

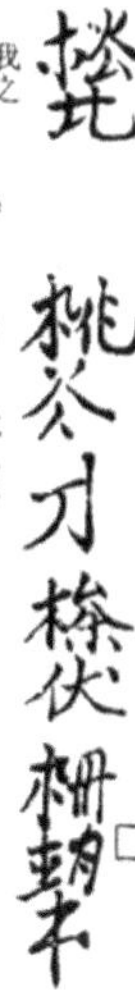

并 第二 兄 胡獨堇 □撰

2 

我之□ □弟 名 汗德 第二個名 徽哩輦 □ 代之 祖宗 □胡母里 國舅

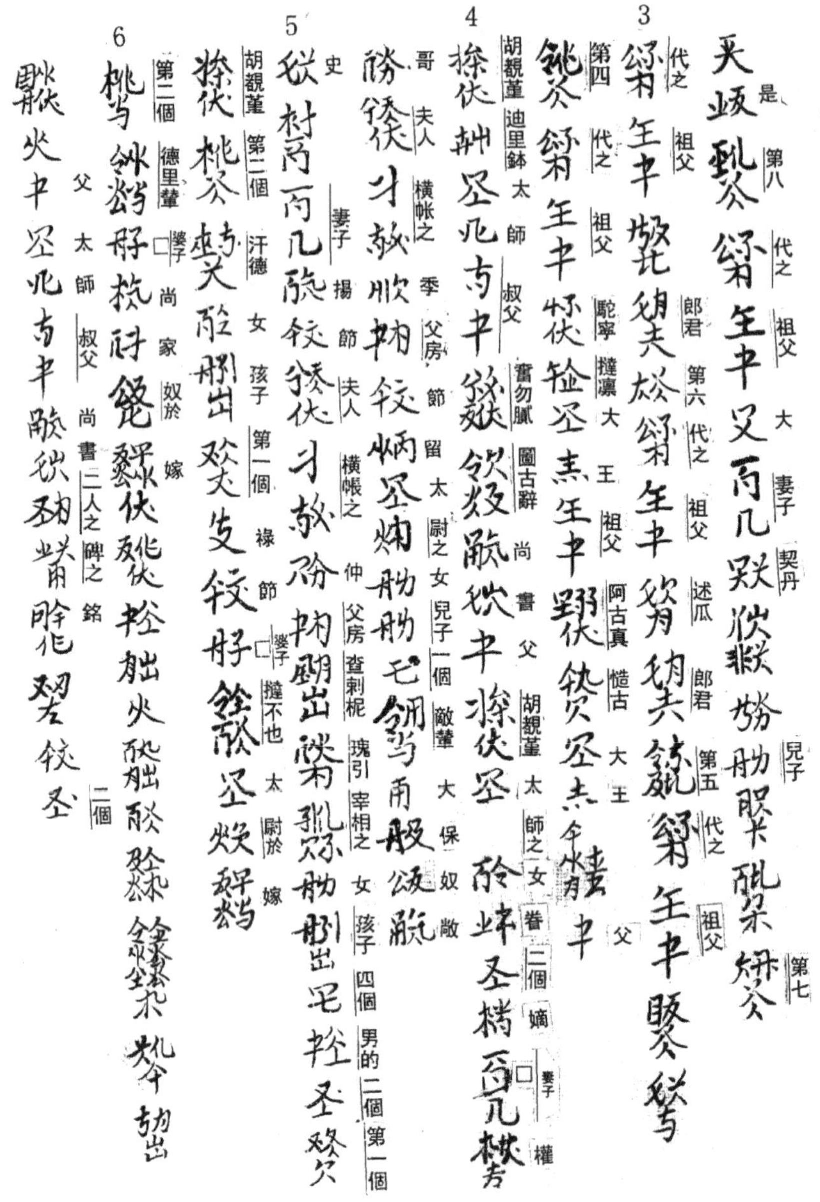

是 第八 代之 祖父 大 妻子 契丹 兒子 第七
郎君 第六 代之 祖父 述瓜 郎君 第五 代之 祖父
3
代之 祖父
第四 代之 祖父 駝寧 撻凜 大 王 祖父 阿古真 慥古 大 王 父
4
胡覩堇 迪里鉢 太 師 叔父 奮勿膩 圖古辭 尚 書 父 胡覩堇 太 師之 女 眷 二個 嫡 □ 妻子 權
哥 夫人 橫帳之 季 父房 節 留 太 尉之女 兒子一個 敵輦 大 保 奴 敵
史 妻子 揚 節 夫人 橫帳之 仲 父房 查剌柅 瑰引 宰相之 女 孩子 四個 男的 二個 第一個
5
胡覩堇 第二個 汗德 女 孩子 第一個 祿 節 □婆子 撻不也 太 尉於 嫁
6
第二個 德里輦 □婆子 尚 家 奴於 嫁
父 太 師 叔父 尚 書 二人之 碑之 銘 二個

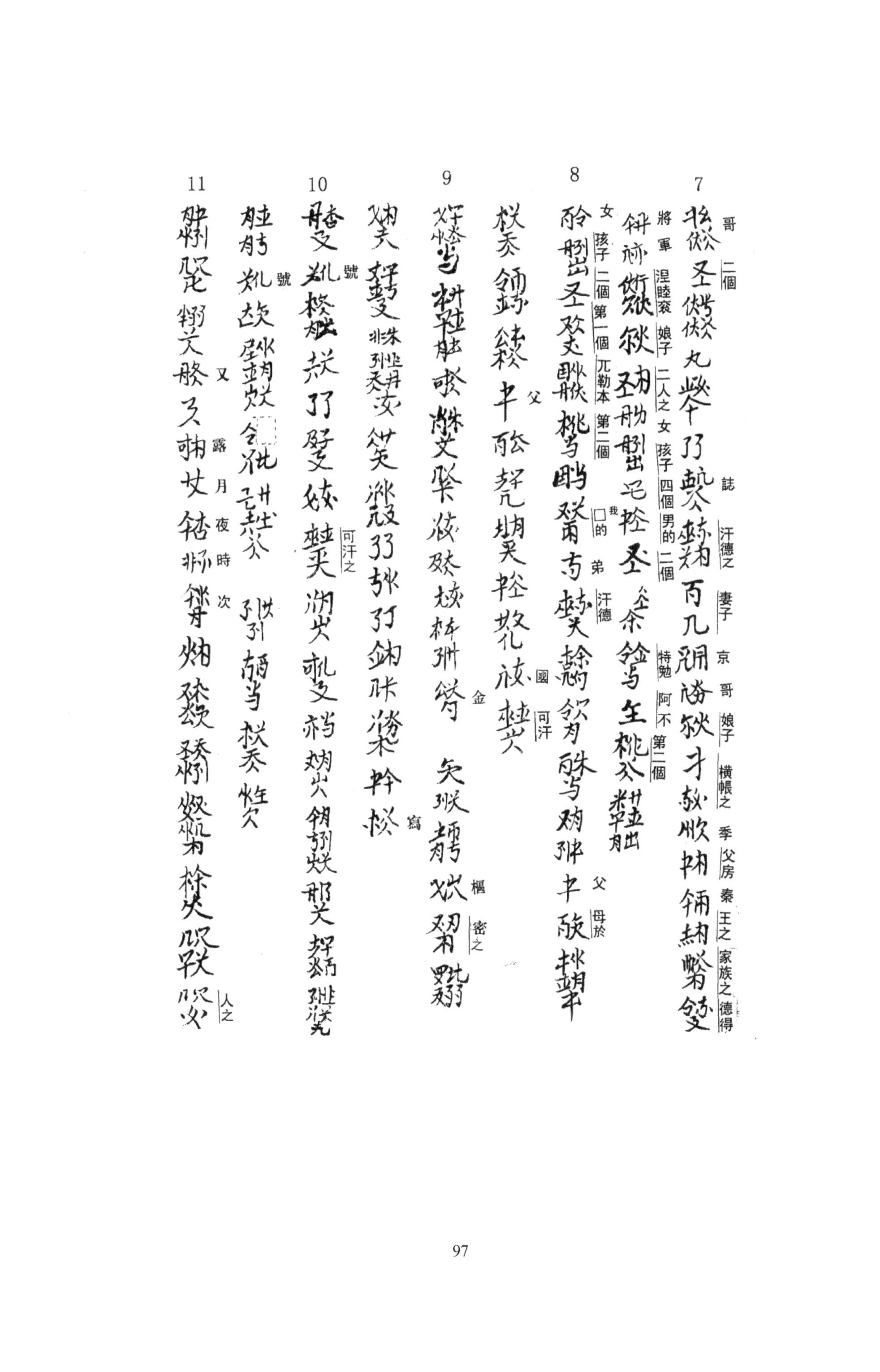

7 哥 二個 誌 汗德之 妻子 京 哥 娘子 橫帳之 季 父房 秦 王之 家族之 德得

將軍 涅睦袞 娘子 二人之 女 孩子 四個 男的 二個 特勉 阿不 第二個

8 女 孩子 二個 第一個 兀勒本 第二個 我 □的 弟 汗德 父 母於

父 國 可汗

9 金 楓 密之

寫

10 號 可汗之

號 □

11 又 露 月 夜 時 次 人之

[illegible] 事

12 [illegible] 生 [illegible] 字 [illegible]

[illegible] 事 [illegible] 字 [illegible]

13 [illegible] 字 [illegible] 字於 [illegible] 人之 [illegible]

[illegible] 孝 [illegible] 人之 [illegible] 人之 [illegible]

14 [illegible] 人之 [illegible] 字 [illegible]

[illegible]

15 [illegible] 生 [illegible]

[illegible] 事 [illegible] 大 [illegible]

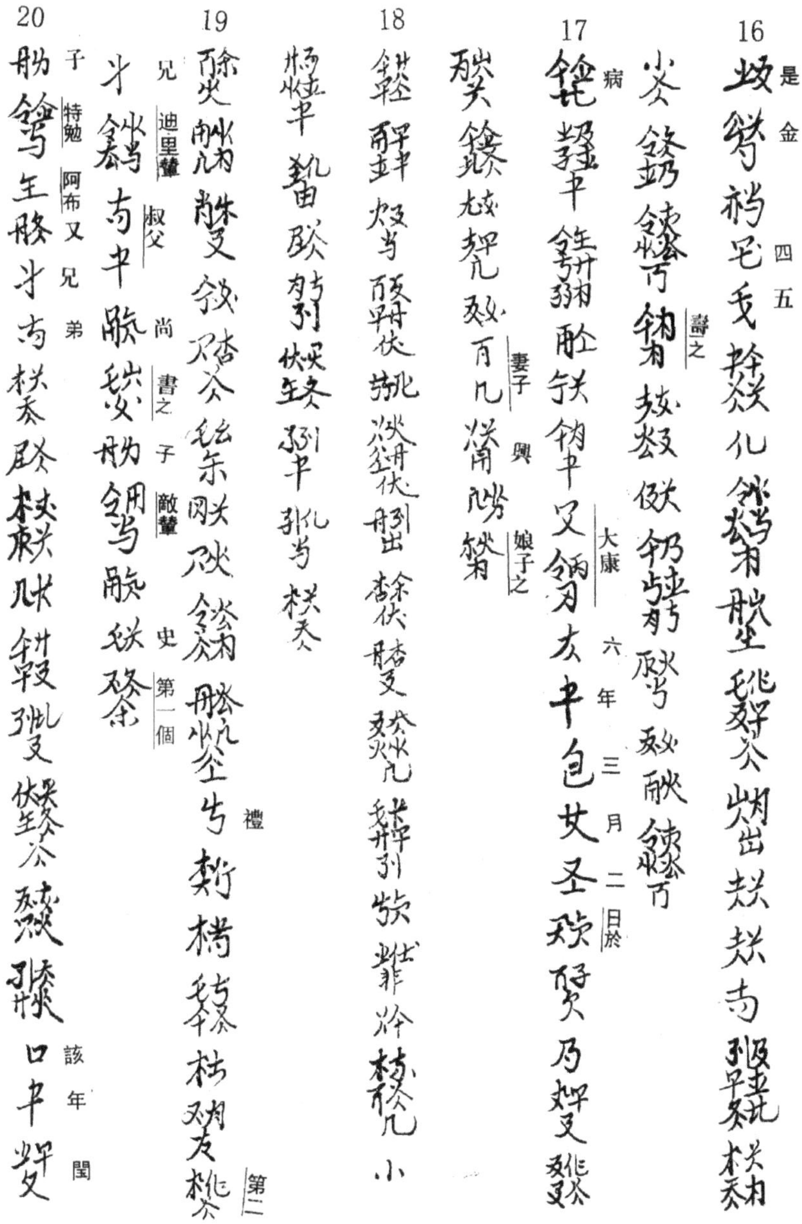

16 是金 四五
17 病 壽之 大康六年三月二日於
妻子 興 娘子之
18 小
19 禮 第二
兄 迪里輦 叔父 尚書之 子 敵輦 史 第一個
20 子 特勉 阿布 又 兄 弟 該 年 閏

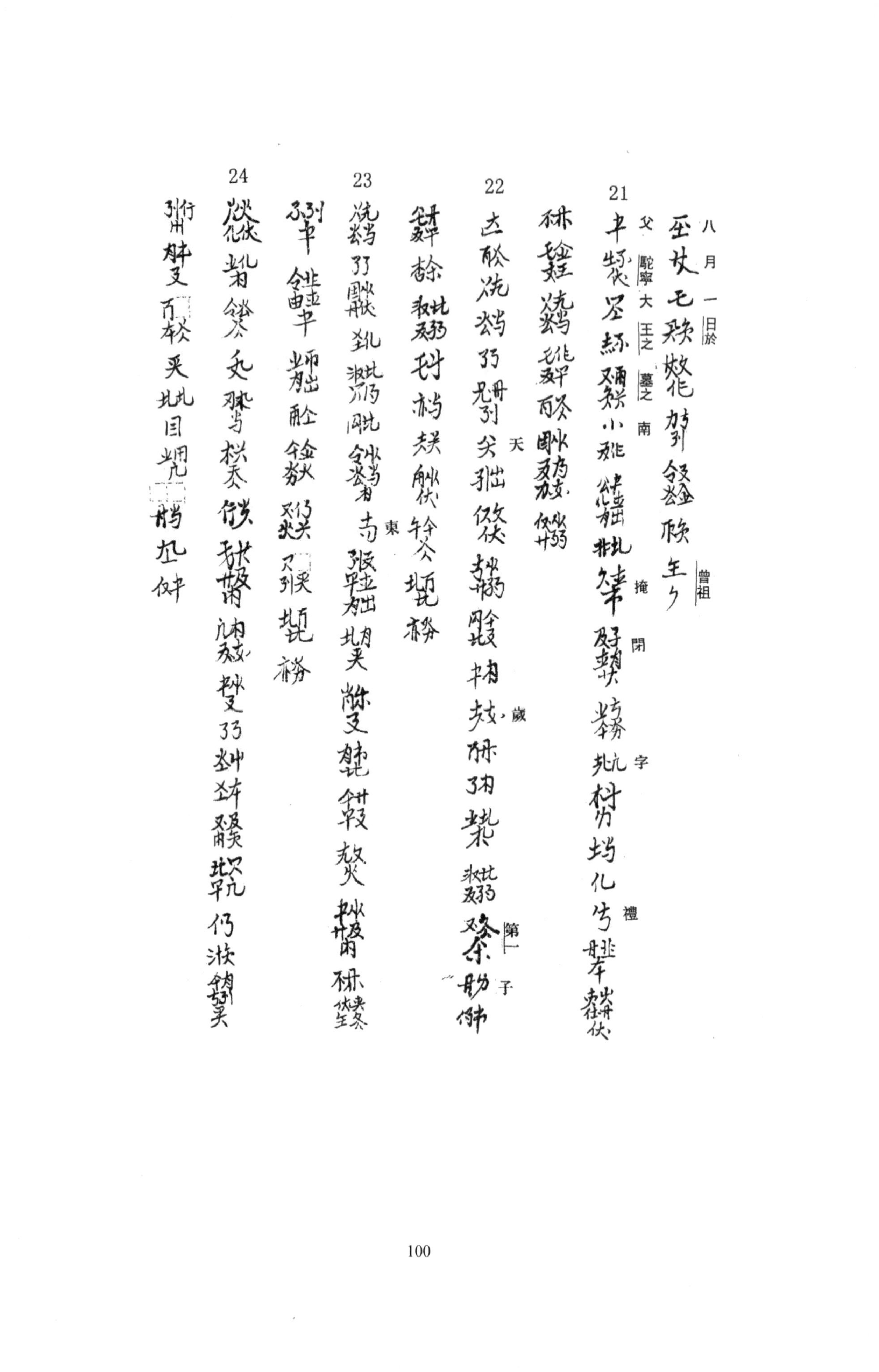

[illegible] 八月一日於 [illegible] 曾祖 [illegible]

21 [illegible] 父 駝寧大王之墓之南 [illegible] 掩閉字 [illegible] 禮 [illegible]

[illegible]

22 [illegible] 天 [illegible] 歲 [illegible] 第一子 [illegible]

[illegible]

23 [illegible] 東 [illegible]

[illegible]

24 [illegible]

[illegible]

25

哀 哉 呼 哉

日

26

27

誌 曰

28

大康 六 年 歲 次 庚 申 八 月 乙 酉 一 日 庚 申 禮 掩 閉

一 日 丑 時

29

墓

族系

30

將軍之人臣人蘇寫

31

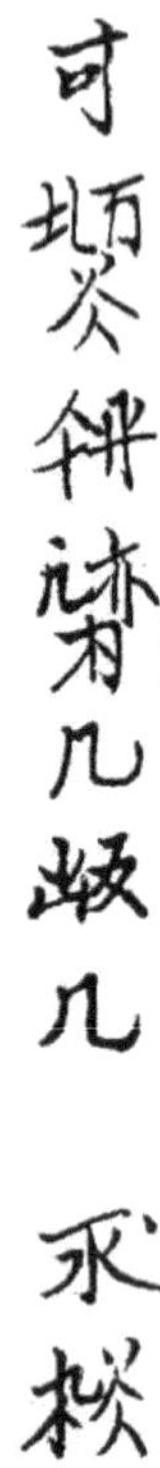

中京之查剌李偉松

32

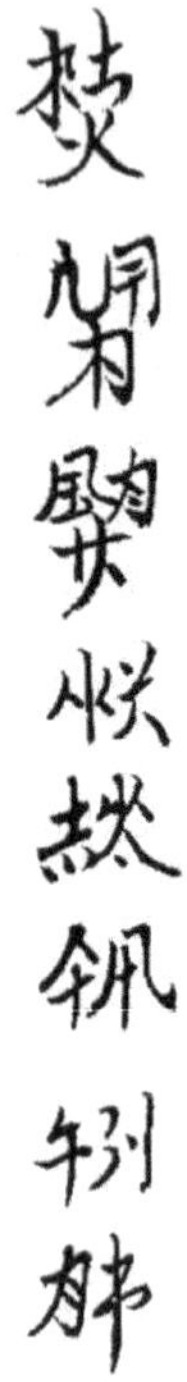

（原載遼寧省遼金契丹女真史研究會編遼金歷史與考古——國際學術研討會論文集，遼寧教育出版社二〇一二年瀋陽版）

贋品蕭徽哩輦·汗德墓誌蓋拓本照片

贋品蕭徽哩輦·汗德墓誌銘拓本照片

所謂契丹小字蕭德里輦·胡覩堇墓誌銘爲贗品説

二〇一〇年九月二十七日，我收到遼上京博物館唐彩蘭同志的一封來信，信中説：「奉上契丹小字墓誌銘拓本一紙，請您看看有無價值，如果有價值，我們可以共同研究發表。」我對拓本審視後認爲拓本可以命名爲契丹小字蕭德里輦·胡覩堇墓誌銘（以下簡稱堇誌），但它是贗品，所以立即給唐彩蘭同志打電話説，墓誌銘是贗品，如果寫文章，衹能擺事實、講道理説明它是贗品，不能當真品來寫。唐彩蘭説墓誌銘收藏者不願意被説成贗品。我説那就以後再説吧。我就把拓本束之高閣。後來我又收到唐彩蘭同志寄來的她主編的綫裝書局二〇一一年十二月在北京出版的契丹遺珍一書，内有吴英喆先生撰寫的契丹小字〈胡覩堇審密墓誌銘〉考釋一文[①]（以下簡稱密考），這纔知道蕭德里輦·胡覩堇墓誌銘收藏在内蒙古自治區巴林左旗收藏家劉凌江先生創辦的民間契丹博物館内。愛新覺羅·烏拉熙春也把它當作真品進行了「研究」。[②]

① 吴英喆契丹小字〈胡覩堇審密墓誌銘〉考釋，唐彩蘭主編契丹遺珍，綫裝書局二〇一一年十二月版。第二三三至二五七頁。

② 愛新覺羅·烏拉熙春蕭撻凜與國舅夷離畢帳，遼金歷史與考古國際學術研討會論文集，遼寧教育出版社二〇一二年五月版，第一五一至一六〇頁。

唐彩蘭同志還告知我，是赤峰市某旗博物館的一位退休的館長把墓誌推薦給契丹博物館的。這位退休館長説，可把墓誌拓份拓片送給劉鳳翥之外研究契丹文字圈内的人，請他們寫文章，然後出書，把他們的文章收入書中，墓誌就升值了。誰要再説是假的，就真假難辨了。我猛然意識到原來文物販子誘使人出書和發表文章是「漂白」贋品的一種主要形式。假的真不了，出書對贋品無濟於事，僅僅增加點反面教材而已。

我認爲蕭德里輦·胡覩堇墓誌銘是本世紀初批量生産的贋品之一。它與内蒙古大學收藏的所謂契丹小字蕭敵魯墓誌銘以及北京科舉匾額博物館收藏的所謂契丹小字蕭徽哩輦·汗德墓誌銘是同批生産的。墓誌主人們被説成是同一家族的人。墓誌有着相同的錯誤，故均是批量生産的贋品。它們的作僞方法就是按着蕭圖古辭墓誌的綫索給蕭圖古辭的哥哥續家譜，給蕭圖古辭的哥哥續上三個兒子七個孫子，給這些後人分别僞造墓誌。蕭德里輦·胡覩堇被説成蕭圖古辭哥哥的二兒子。蕭徽哩輦·汗德被説成蕭圖古辭哥哥的三兒子。蕭敵魯被説成蕭圖古辭哥哥的孫子。

我說堇誌是贋品的理由如下：

一、不是一個家族的人硬捏在一起

契丹小字墓誌中，經常用於義爲「國舅」的□（堇誌誤作□）字來表明墓誌主人姓蕭。□字的字義目前雖然尚未確切解讀，但它是□（國舅）一詞的修飾語殆無疑意。人云亦云地把□釋爲「別部」是無稽之談。□字之前有修飾語□和沒有修飾語□是不一樣的，表明是不同的國舅家族。蕭奮勿膩·圖古辭是屬於沒有修飾語□的國舅家族。贋品堇誌被定做爲是屬於有修飾語□的國舅家族，即與遼太祖耶律阿保機的皇后述律平娘家是一個家族，也與遼聖宗的欽愛（遼史誤作「欽哀」，據哀册蓋更正）皇后是同一個家族。這個家族在遼代中晚期共出過五個皇后（欽愛皇后、仁懿皇后、宣懿皇后、貞順皇后、天祚帝的皇后），是國舅家族中最爲顯赫的家族。這一家族的世系和名人在契丹小字梁國王墓誌銘中敘述得清清楚楚，從梁國王蕭朮哲的第七代祖宗婆姑·月椀（遼太祖耶律阿保機的岳父）敘述起，接着是阿古只宰相……這些全不見菫誌虛擬的九代祖宗的名字中。蕭奮勿膩・圖古辭家族最顯赫的人物是（楊寧，亦可釋爲「楊隱」）（宰相）。蕭奮勿膩・圖古辭以作爲楊隱宰相的後人而自豪，所以蕭奮勿膩・圖古辭墓誌銘的題目以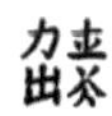（國舅）（楊隱）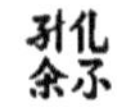（宰相之）開頭。楊隱宰相可能是遼史卷七十八有傳的蕭繼先（一些遼代漢字墓誌繼先又作継遠）。繼先是漢名，楊隱是契丹語第二個名的音譯。遼史・蕭繼先傳説：「蕭繼先，字楊隱，小字留只哥。幼穎悟，叔思温命爲子，睿智皇后尤愛之。乾亨初，尚齊國公主，拜駙馬都尉。統和四年，宋人來侵，繼先率邏騎逆境上，多所俘獲，上嘉之，拜北府宰相。」國舅楊隱宰相的家族就是睿智皇后蕭燕燕娘家的家族。

楊寧家族也可能是遼史卷九十六有傳的蕭惟信家族。蕭惟信的兒子蕭孝恭的漢字墓誌銘説：「公諱孝恭，其先蘭陵人也。高祖已前六世祖，世世皆爲南宰相。高祖左僕射，判平州軍州事，先拜南宰相，親受牙籌，諱楊寧。第（弟）南宰相蒲打寧，祖南宰相兼中書令諱德順。其弼輔匡合之功，信義忠直之德，善祥翕粹，苗裔斯繁。烈考南宰相兼中書令，魏國公諱惟信。叔父南宰相、同中書門下平章事、判西京留守事諱惟忠。

遠祖迄今，拜相者一十一人矣。」[1]可謂宰相世家。

墓誌的作僞者一方面把墓誌主人杜撰爲蕭奮勿膩·圖古辭哥哥的次子，而在虛構的墓誌主人九代世系中竟然不見楊隱宰相，正好暴露了作僞者顧此失彼的弊病。不能把有修飾語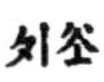的國舅家族和沒有修飾語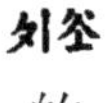的國舅家族硬捏到一家去。

二、作僞者不熟悉契丹語的名字文化

通過對契丹文字的解讀，我們知道契丹人的契丹語名字有「孩子名」、「第二個名」和「全名」。全名是把「第二個名」和「孩子名」疊加在一起。疊加時「第二個名」置於「孩子名」之前。「第二個名」和「孩子名」均可單獨使用。契丹小字中的「第二個名」是非常便於識別的，詞尾凡是、、、、等字者皆爲「第二個名」。[2]然而墓誌第二行稱（某身份）（諱）（胡覩堇）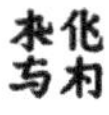（第二個名）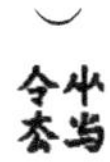（德

① 劉鳳翥契丹尋蹤——我的拓碑之路第二三二頁，商務印書館二〇一六年版。

② 劉浦江再論契丹人的父子連名制，載清華元史，商務印書館二〇一一年九月版，第二八四頁。

里輦）。孩子名用了本應該是「第二個名」的□，實在違背契丹語名字文化的規範。劉浦江先生通過綜合多處契丹語的名字，發現契丹人父子之間的名字有關聯，即父親的第二個名去掉表示第二個名的□、□、□、□、□等詞尾就是兒子的「孩子名」。例如耶律仁先的父親的第二個名爲□（查剌柅），去掉□字的詞尾□就成了耶律仁先的「孩子名」□（查剌）。在蓳誌第七行，作僞者設計的蓳誌主人父親的全名是□□（胡覩堇・迪里鉢），蓳誌主人與他父親同名胡覩堇，這種把父子的名字同叫胡覩堇的錯誤絶不是個别筆誤，因爲蓳誌是由蓳誌主人的次子楊西書寫的。兒子不可能把父親的名字寫錯，何况蓳誌中不止一處稱蓳誌主人叫胡覩堇。北京科舉匾額博物館收藏的所謂契丹小字蕭徽哩輦・汗德墓誌銘被設計爲蓳誌主人撰寫的，其中也不止一處稱蓳誌主人叫胡覩堇，撰寫者自稱與父親同名。這都説明書寫者和撰寫者都對契丹語的名字文化很不熟悉。説穿了所謂書寫者和撰寫者就是墓誌的僞造者。也説明蓳誌與蕭徽哩輦・汗德墓誌銘是同一批贋品。之所以出現這種錯誤，是作僞者對蕭圖古辭墓誌銘第二十六行的□（兄之）□（子）□（胡覩堇）□（寫）的理解有誤。

此處的字還不能敲定是「胞兄」，也可能是「族兄」或「堂兄」。與字詞根相同的字被即實先生解讀爲「族、再從」，[①]是值得參考的思路。因而不能敲定蕭圖古辭的墓誌是他的親侄子胡覩堇撰寫的。作僞者就認定蕭圖古辭的墓誌是由他的親侄子胡覩堇撰寫的，所以纔在堇誌出現了父子同名和一個人用兩個「第二個名」這種顧此失彼的怪現象。

三、「國舅」和「審密」

遼史卷六十七外戚表稱：「契丹外戚，其先曰二審密氏：曰拔里，曰乙室已」。[②]我最早把釋爲「審密（國舅）」，把釋爲「審密（國舅）之」，[③]僅僅是一種推測，并没有夯實砸死。後來即實先生把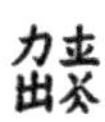釋爲「舅」和「國舅」，[④]用在很多地方都合適，可以説一通百通。因而我放弃了對和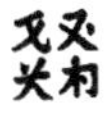的釋文。贋

① 即實謎林問徑——契丹小字解讀新程，遼寧民族出版社一九九六年版，第五〇五頁。
② [元]脱脱等撰遼史卷六十七外戚表，中華書局點校本一九七四年版，第一〇二七頁。
③ 劉鳳翥契丹小字解讀再探，考古學報一九八二年第二期，第二六〇、二六九頁。
④ 即實謎林問徑——契丹小字解讀新程，遼寧民族出版社一九九六年版，第四六五頁。

品製造者又撿起了我放弃的釋法，在堇誌與蕭徽哩輦·汗德墓誌銘中，均用  作墓誌主人的身份，引誘人們往「審密（國舅）」方面去「解讀」。果然有人上鈎， 被釋爲「審密之）」」。堇誌的題目中既有 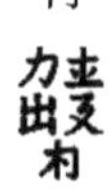（乃 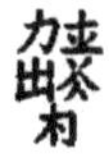 字之誤），又有 。二單詞語義重複，題目中不可能用兩個語義重複的單詞來叙述墓主人的身份。其胡編瞎攢的痕迹班班可考。

四、堇誌錯字連篇

堇誌第一行把於義爲「國舅」的 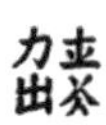 字誤寫爲 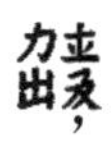，第二行又誤作 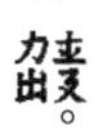。第十三行又誤作 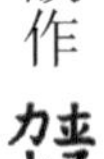。「國舅」本是契丹小字中非常普通的單詞，這種一而再、再而三的書寫錯誤，難道還不足以説明其爲贋品嗎？堇誌第一行把於義爲「中央」的  字誤作 ，把於義爲「撰」的  誤作 。在傳世的契丹小字資料中，遼代的「重熙」年號有數種寫法，分別作 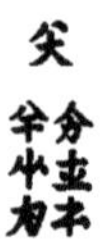、、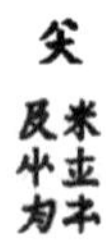、。堇誌第六行和第七行把「重熙」誤作 ，堇誌第九行又把「重熙」誤作 。遼代的年號「大安」在傳世的契丹小字資料

中共有三種寫法：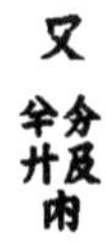、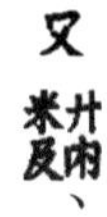、。然而在堇誌第十六行把「大安」誤作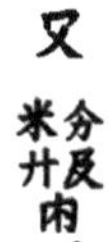。在可釋讀部分就有這麼多錯字，至於其瞎攢的單詞和胡造的原字更是俯拾即是了。年號「重熙」和「大安」是契丹小字資料中經常出現的詞組。堇誌中的這些年號都不對。「國舅」、「撰」、「中央」等單詞是契丹小字中最普通的單詞，堇誌中的這類單詞都寫不對，很難說其不是贋品。

五、堇誌誤稱國號

按吳英喆先生的釋法堇誌刻於大安年間，遼朝從咸雍二年（一〇六六）改稱國號爲「遼」，直至一一二五年亡國。大安年間是稱國號爲「遼」的時期，堇誌第一行的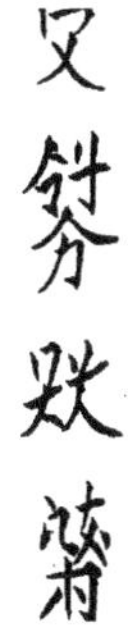於義爲「大中央契丹國的」，不稱國號爲「遼」而稱「契丹」，不符合規定。

六、[契丹小字]究竟是「統和」還是「乾亨」？

董誌中又出現了曾在贋品耶律廉寧墓誌銘（以下簡稱廉誌）出現過的所謂年號「統和」[契丹小字]。也出現了真正的年號「統和」[契丹小字]。吴英喆先生説：「劉先生對他的研究結論固執己見，宣稱自己『完全正確』和『毫無疑問』，這不是科學態度。劉先生對他釋[契丹小字]爲『統和』的意見十分滿意，於是在此基礎上否定新資料中明顯具有『統和』意義的[契丹小字]，其實，[契丹小字]表示『統』已經對其釋[契丹小字]爲『統和』的意見構成了嚴厲的質疑，更不用説[契丹小字]有『嗣』的意義了。實際上，當時劉先生把[契丹小字]釋作『統和』也僅僅是一種假説，事實證明其確切意義可能是『乾亨』。」①吴先生把[契丹小字]釋爲「統和」和把[契丹小字]釋爲「乾亨」的觀點也見於他的契丹小字〈胡覩堇審密墓誌銘〉考釋（以卜簡稱密考）一文中。②足見這不是偶然筆誤，而是他認定的新觀點。吴先生爲了廉誌和董誌不被説成贋品，竟然以廉誌和董誌中出現的[契丹小字]（吴先生釋爲「統

① 吴英喆契丹小字〈蕭敵魯墓誌銘〉及〈耶律詳穩墓誌〉絶非贋品——與劉鳳翥先生商榷（以下簡稱此文爲非贋品），中國社會科學報二〇一一年十二月八日第五版。院報發表時詞句稍有改動。

② 唐彩蘭主編契丹遺珍，綫裝書局二〇一一年版，第二三三至二五七頁。

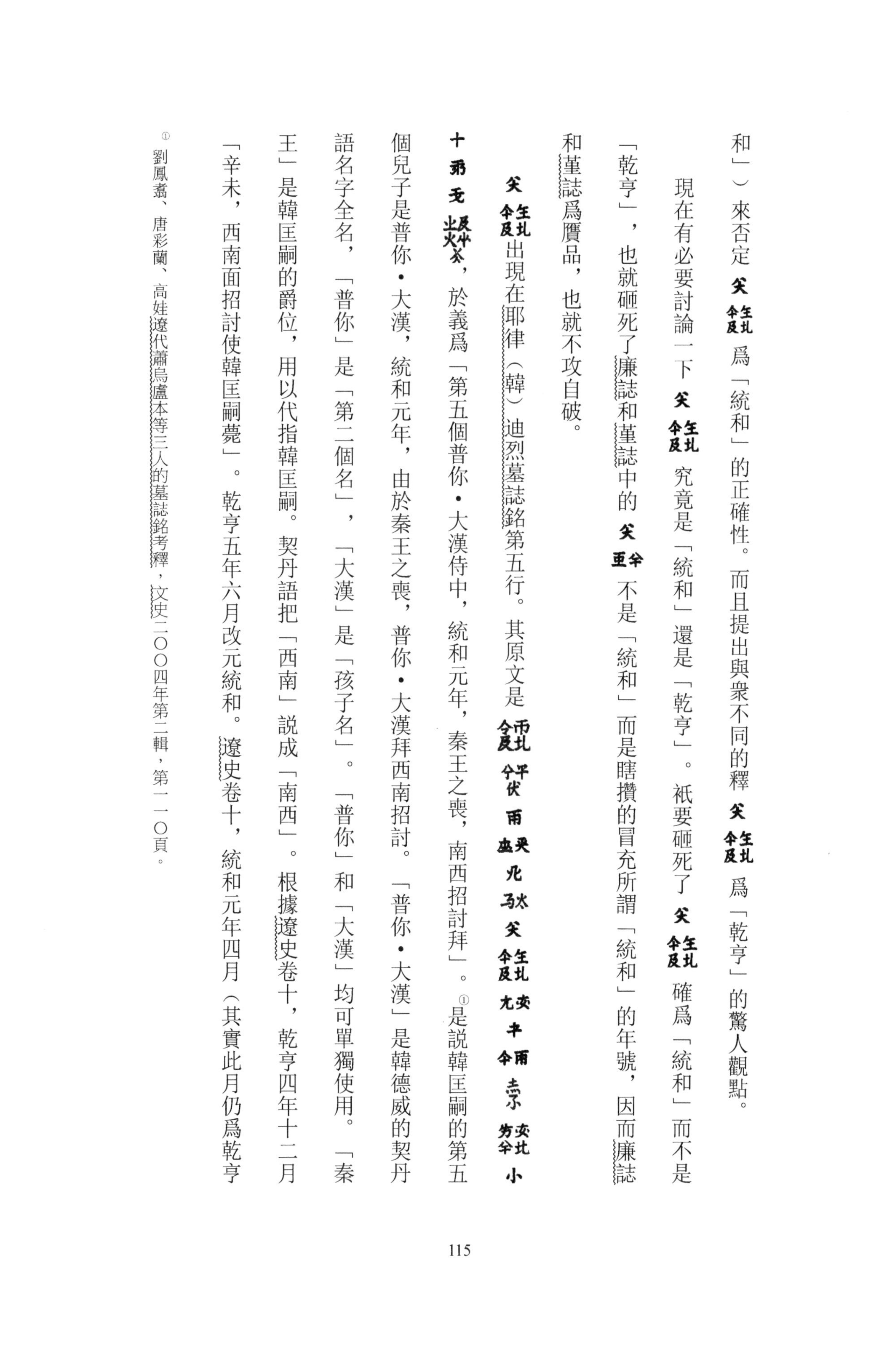

和」）來否定[illegible]爲「統和」的正確性。而且提出與衆不同的釋[illegible]爲「乾亨」的驚人觀點。

現在有必要討論一下[illegible]究竟是「統和」還是「乾亨」。祇要砸死了[illegible]確爲「統和」而不是「乾亨」，也就砸死了廉誌和堇誌中的[illegible]不是「統和」而是瞎攢的冒充所謂「統和」的年號，因而廉誌和堇誌爲贋品，也就不攻自破。

[illegible]出現在耶律（韓）迪烈墓誌銘第五行。其原文是[illegible]，於義爲「第五個普你·大漢侍中，統和元年，秦王之喪，南西招討拜」。[1]是説韓匡嗣的第五個兒子是普你·大漢，統和元年，由於秦王之喪，普你·大漢拜西南招討。「普你·大漢」是韓德威的契丹語名字全名，「普你」是「第二個名」，「大漢」是「孩子名」。「普你」和「大漢」均可單獨使用。「秦王」是韓匡嗣的爵位，用以代指韓匡嗣。契丹語把「西南」説成「南西」。根據遼史卷十，乾亨四年十二月「辛未，西南面招討使韓匡嗣薨」。乾亨五年六月改元統和。遼史卷十，統和元年四月（其實此月仍爲乾亨

① 劉鳳翥、唐彩蘭、高娃遼代蕭烏盧本等三人的墓誌銘考釋，文史二〇〇四年第二輯，第一一〇頁。

五年）「復詔賜西南路招討使大漢劍，不用命者得專殺」。此處的「大漢」即韓德威的契丹語名字中的「孩子名」。漢字韓德威墓誌銘也説「（乾亨）四年，（韓德威）丁秦王之憂，……以公爲西南面五押招討大將軍」。這些都説明韓匡嗣於乾亨四年十二月死後，由他的第五個兒子韓德威於次年即統和元年繼任西南面招討使。與耶律（韓）迪烈墓誌銘第五行的記載及其解讀完全吻合。倘若按着非贋品的説法把應是「統和」的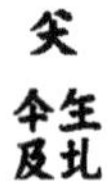解讀爲「乾亨」，則與遼史、漢字韓匡嗣墓誌銘和韓德威墓誌銘等記載完全對不上號。不能按着自己意志隨意釋文，不照顧相關的歷史記載。

契丹小字年號「統和」也出現在蕭太山和永清公主墓誌銘第六行。其原文作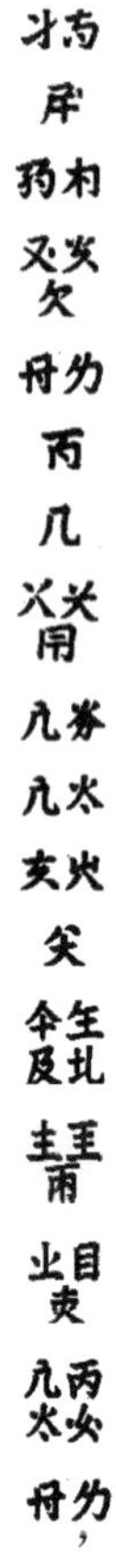，於義爲「父特勉・王五駙馬，兄弟七個中的長子，女人興哥公主，統和皇帝之尚功宮之女」。[①]統和皇帝即遼聖宗。是説蕭太山的父親是特勉・王五駙馬，他是兄弟七個中的長子。蕭太山的母親是興哥公主，她是統和皇帝之女。據遼史卷六十五公主表，聖宗第十

① 袁海波、劉鳳翥契丹小字〈蕭太山和永清公主墓誌〉考釋，文史二〇〇五年第一輯，第二一六頁。

四女爲艾氏所生的興哥公主，下嫁蕭王六。遼史除了把「王五」誤作「王六」之外，其他均互相吻合。倘若在此處把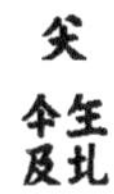釋作「乾亨」，乾亨皇帝即遼景宗，他沒有叫興哥的公主，與遼史公主表對不上號。

契丹小字年號「統和」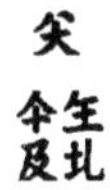還出現在蕭太山和永清公主墓誌銘第九行。其原文作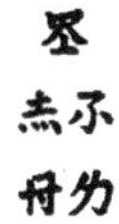，於義爲「統和皇帝之弟齊國大王之子」。據遼史卷六十四皇子表，統和皇帝即遼聖宗，他的三弟耶律隆祐封爵恰爲齊國王。倘若如同非贗品所說的那樣，把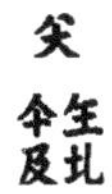釋爲「乾亨」，乾亨皇帝（遼景宗）沒有弟弟，更沒有被封爲齊國王的弟弟，與遼史也對不上號。

契丹小字年號「統和」還出現在契丹小字義和仁壽皇太叔祖哀册文。是說義和仁壽皇太叔與四位皇帝的關係，是景宗之曾孫、聖宗之孫、興宗之第三子、道宗之長弟。用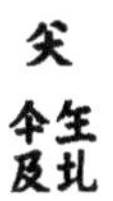表示聖宗。如果把釋爲景宗的年號「乾亨」，則與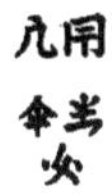（景宗之）重複，而且缺聖宗。吳先生爲了否定別人而置上述起碼的歷史知識於不顧，實在令人惋惜。

釋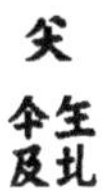爲「統和」可以說一通百通，而釋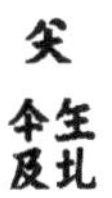爲「乾亨」則處處碰壁。不是所謂「新資料」被

吳先生釋爲「統和」的[契丹小字]對「釋[契丹小字]爲『統和』的意見構成了嚴厲的質疑」，恰恰相反，正是正確無誤地解讀[契丹小字]爲「統和」的事實對來歷不明的所謂廉誌和胡覩堇審密墓誌銘的真實性構成了嚴厲的質疑。第一次釋[契丹小字]爲「統和」如果僅僅是一種假説，倘若被衆多事實證明無誤，做到了一通百通，它就不再是假説，而是被包括吳先生在内的學界公認的真理。如果吳先生不健忘的話，應該記得，釋[契丹小字]爲「統和」的意見也曾經不止一次地被您的博士論文和專著所引用。吳先生可以翻翻自己的專著契丹語静詞語法範疇研究第四十四和第一五八頁。不要爲了反駁别人而患健忘症。要知道釋[契丹小字]爲「統和」的意見也已經被吳先生實際上的碩士和博士研究生導師清格爾泰教授所採納。請參見清格爾泰清格爾泰文集（内蒙古科學技術出版社二〇一〇年赤峰版）第五册第五九二頁。

七、不符合墓誌體例

堇誌在第一行給墓誌主人設計的身份是帶有所有格詞尾[契丹小字]的[契丹小字]，吳英喆先生釋爲「審密」，而堇誌在第二行又給墓誌主人設計了一個身份[契丹小字]。這個字不見於傳世的所有契丹小字資料。顯然是誰也解讀不了的瞎攢的字。一般的格式是題目中出現的身份，在正文中就以這個身份來代指墓誌主人。而蕭誌正文不以[契丹小字]代稱墓誌主人，而是以[契丹小字]代稱墓主人的身份，不符合墓誌體例。

蕭誌第二行出現了[契丹小字]（迭剌）[契丹小字]（同胞之）[契丹小字]（部）和[契丹小字]字。吳先生釋[契丹小字]爲「迭剌」，釋[契丹小字]爲「部」，釋[契丹小字]爲「石烈」。在傳世的契丹小字資料中，這些詞組都是用在姓耶律的人身上。例如耶律智先墓誌銘、耶律迪烈墓誌銘、耶律副部署墓誌銘、耶律貴安・迪里姑墓誌銘在談到墓誌主人的先人時都出現了[契丹小字][契丹小字][契丹小字]詞組和單詞[契丹小字]。在傳世的所有蕭姓墓誌銘中從來沒有一例出現[契丹小字][契丹小字][契丹小字]詞組和單詞[契丹小字]的情況。從中也暴露了贗品製造者張冠李戴的情況。

蕭誌撰者的官銜被設計爲「左院夷離畢將軍」，祇要寫上這個官銜就行了，而蕭誌在官銜後加了一個動詞[契丹小字]（成爲、拜）。墓誌撰者的官銜從來沒有這麼署的。畫蛇添足，殊悖體例。

根據上述諸點，可以斷定蕭誌是贗品。

贗品契丹小字蕭德里輦·胡覩堇墓誌銘摹本

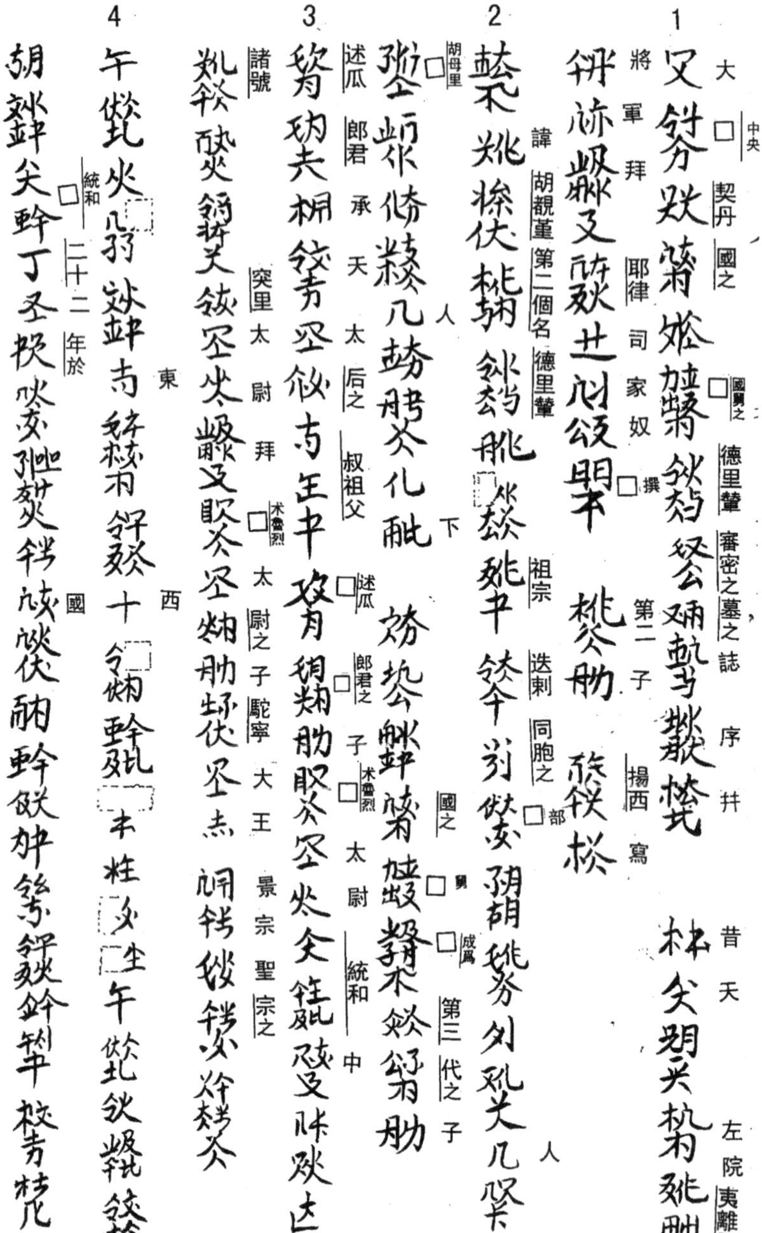

5

宋可汗之父

二國 統和□ 天下事 大

寫 駝寧大王之子阿古真大王 統和 皇帝 重熙□ 皇帝之時

6

六字功臣賜許王之號 □封 阿古真

7

大 王之子胡獨堇迪里鉢太師 重熙□ 中

事號於 詳穩突里太尉 度使 封 南院

8

同知應州之度使 詳穩 六 大 王之 號

上將軍之號 歲五十九於□薨 胡覩堇太師兄

9

弟之揚節夫人二人之仲子 重熙□ 十辛巳年六月十三日於生

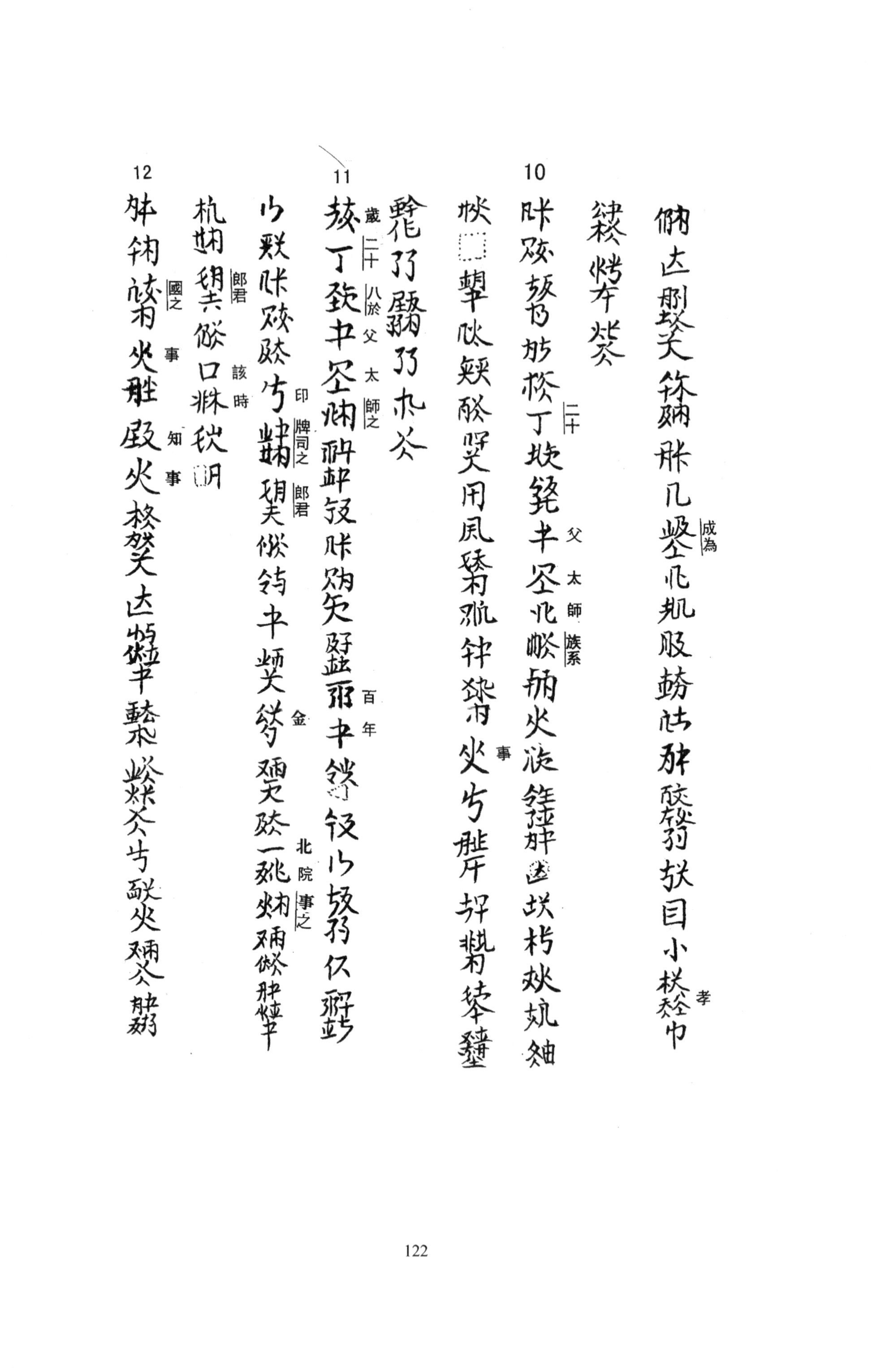

[illegible]（成為）[illegible]小[illegible]（孝）

[illegible]

10 [illegible]（二十）[illegible]（父 太 師 族系）[illegible]

[illegible]用[illegible]（事）[illegible]

[illegible]

11 [illegible]（歲 二十 八於 父 太 師之）[illegible]（百 年）[illegible]

[illegible]（印 牌司之 郎君）[illegible]（金）[illegible]（北 院 事之）[illegible]一[illegible]

[illegible]口[illegible]（郎君 該時）[illegible]月

12 [illegible]（國之 事）[illegible]（知 事）[illegible]

13 字之 中京之留 國舅 詳穩 守拜 大康二年冬人

14 第二冬 百 知 是州之

15 人 樞

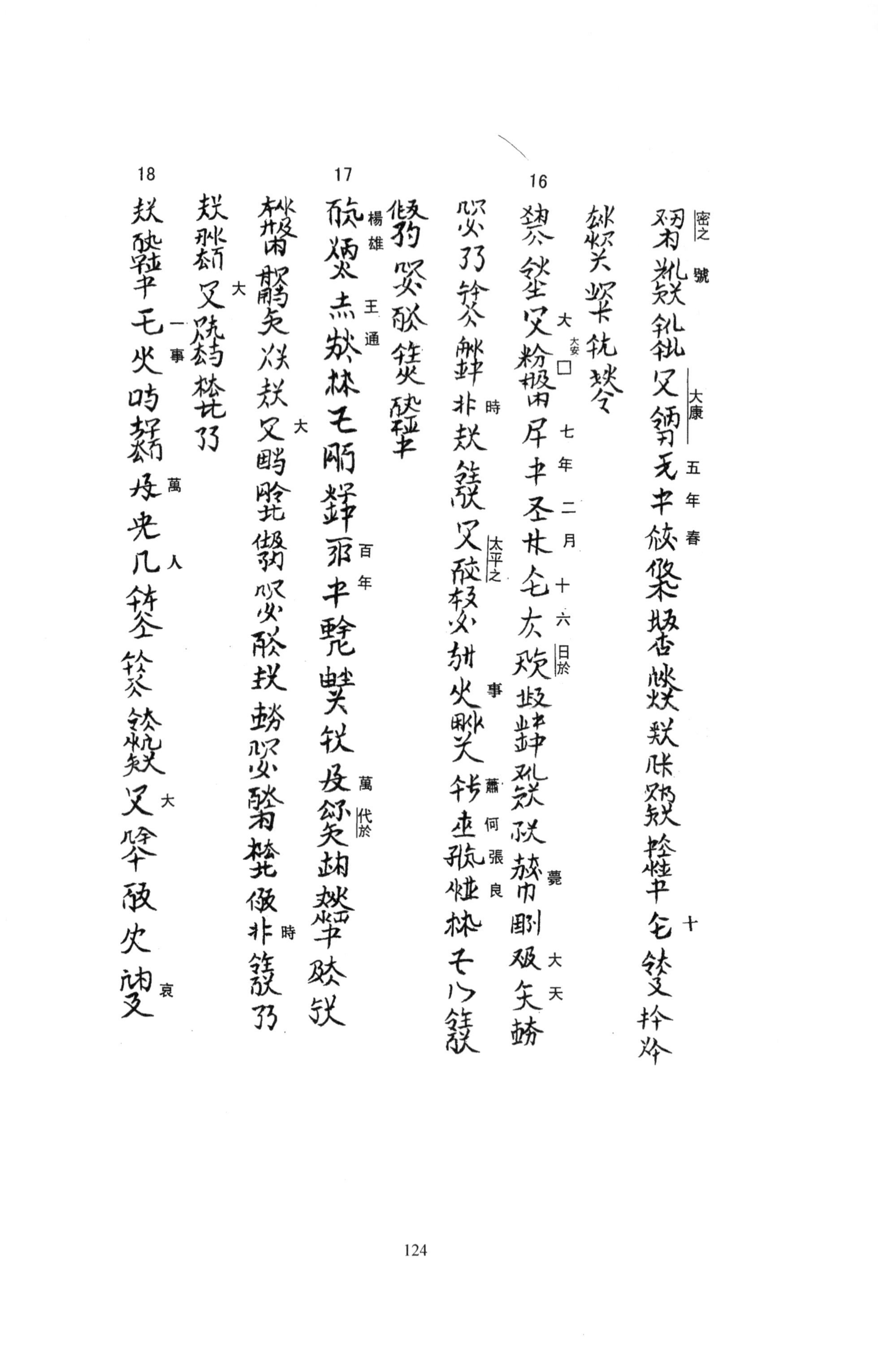

[illegible]（密之）[illegible]（號）[illegible]（大康）[illegible]（五年春）[illegible]（十）[illegible]

[illegible]

16 [illegible]（大□ 大安）[illegible]（七年二月十六日於）[illegible]（甍）[illegible]（大天）[illegible]

[illegible]（時）[illegible]（太平之）[illegible]（事）[illegible]（蕭何張良）[illegible]

[illegible]

17 [illegible]（楊雄）[illegible]（王通）[illegible]（百年）[illegible]（萬）[illegible]（代於）[illegible]

[illegible]（大）[illegible]（時）[illegible]

[illegible]（大）[illegible]

18 [illegible]（一事）[illegible]（萬）[illegible]（人）[illegible]（大）[illegible]（哀）[illegible]

[illegible] 天 [illegible] 金 [illegible] 仁 [illegible]

[illegible]

19 [illegible] 五 [illegible] 孝 [illegible] 禮 [illegible] 字 [illegible]

[illegible]

[illegible]

20 [illegible] 千 [illegible] 年之 [illegible] 十 [illegible] 年 [illegible]

一 事 [illegible] 萬 [illegible] 地於 [illegible] 大 [illegible]

[illegible]

21 [illegible] 哀 [illegible] 大 [illegible] 大 [illegible]

[illegible] 名 [illegible] 天 [illegible]

天 [illegible]

22 [illegible] 一 [illegible]

[illegible] 字 二十 [illegible] 金 [illegible] 父母於 [illegible]

[illegible]

23 [illegible] 禮 [illegible] 父母之 [illegible] 家 [illegible]

[illegible]

[illegible]

24 [illegible]

[illegible] 事

[illegible] 知 知小大 一

25 [illegible]

[illegible]

[illegible]

26 [illegible] 成爲

[illegible] 事 兄一個大博奴太尉母揚□節□夫人 横帳之仲父房

[illegible] 查剌梲 鄙引 宰相之女

27 [illegible] 一 弟一個汗德郎君 二

□娘子 □查剌柅 □宰相之家 女人 烏魯本 娘子 孟父房 尚之女

今歲 五十一 男 孩子 二個 大者

28 □ 漢奴歲 三十四 兄弟之 寶寧 留太師之女 孩子 男的 二個 □

女兒一 少者 □揚西 □歲十八

女 孩子 二個 第一個

29 六□院 華嚴奴 郎君於嫁 □孩子 三個 少者 兄弟之 秦王之 族系之

郎君於嫁 大安 七年歲次辛未九月丙戌朔三十□乙□卯

□日

30 女人 烏魯本 娘子 兒子 拉漢奴揚西 知

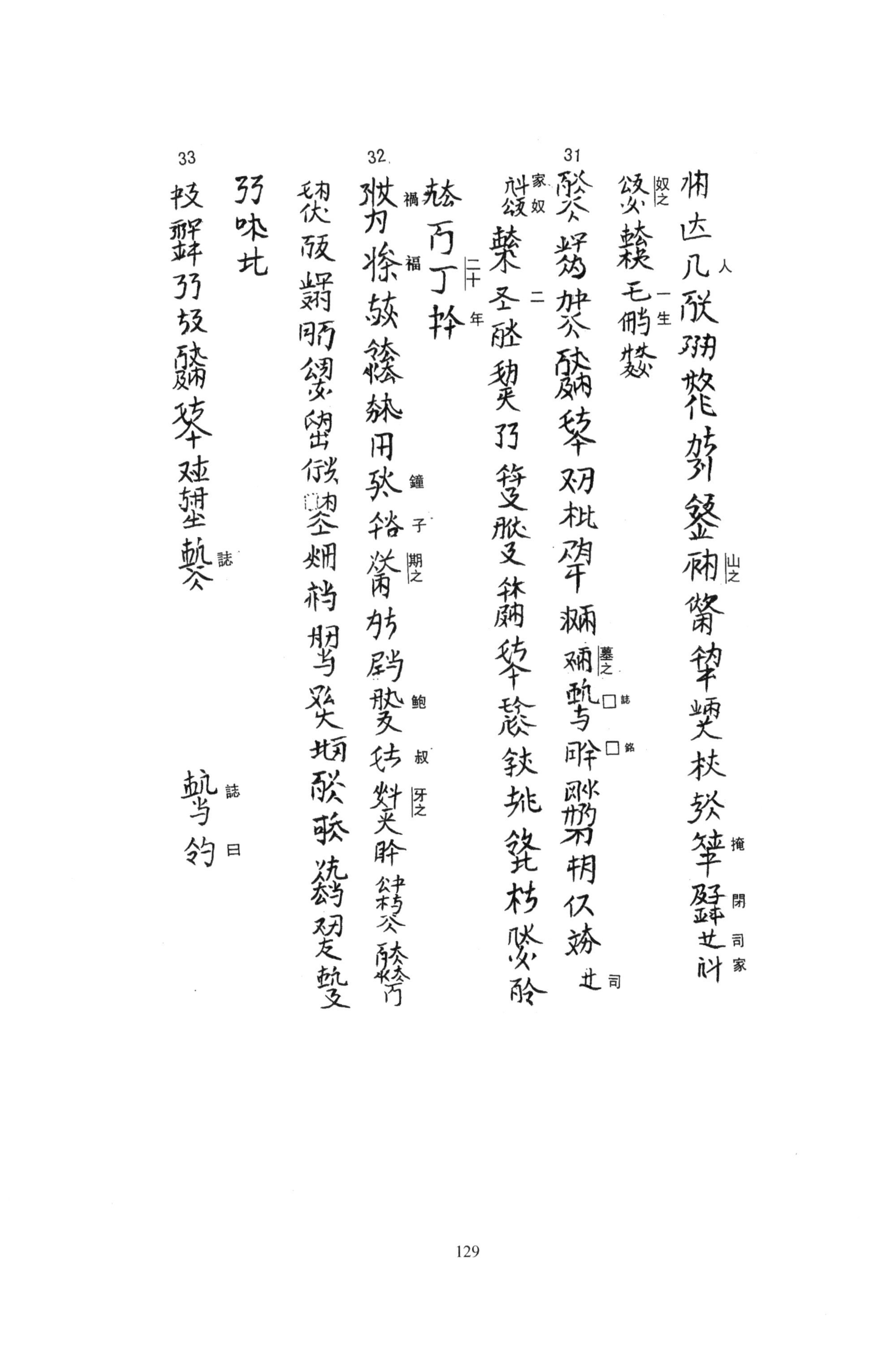

[illegible] 人 [illegible] 山之 [illegible] 掩閉司家 [illegible]

[illegible] 奴之 [illegible] 一生 [illegible]

31 [illegible] 墓之 [illegible] □誌 [illegible] □銘 [illegible] 司

[illegible] 家奴 [illegible] 二 [illegible]

[illegible] 二十年 [illegible]

32 [illegible] 禍福 [illegible] 鐘子期之 [illegible] 鮑叔牙之 [illegible]

[illegible]

[illegible]

33 [illegible] 誌

[illegible] 誌曰 [illegible]

34 [illegible] 大天 [illegible] 人生 [illegible]

[illegible] 禮字 [illegible] 可汗之 [illegible]

35 萬 [illegible] 代於 [illegible] 一生 [illegible] 哀 [illegible]

[illegible]

36 禮 [illegible] 等五 [illegible] 人 [illegible] 寫 [illegible] 是 [illegible]

[illegible]

[illegible] 孝 [illegible] 又 [illegible] 等四 [illegible] 是 [illegible]

37 寫 [illegible] 禮 [illegible] 一生 [illegible] 三十之 [illegible]

[illegible] 唐之 [illegible] 景山之是 [illegible]

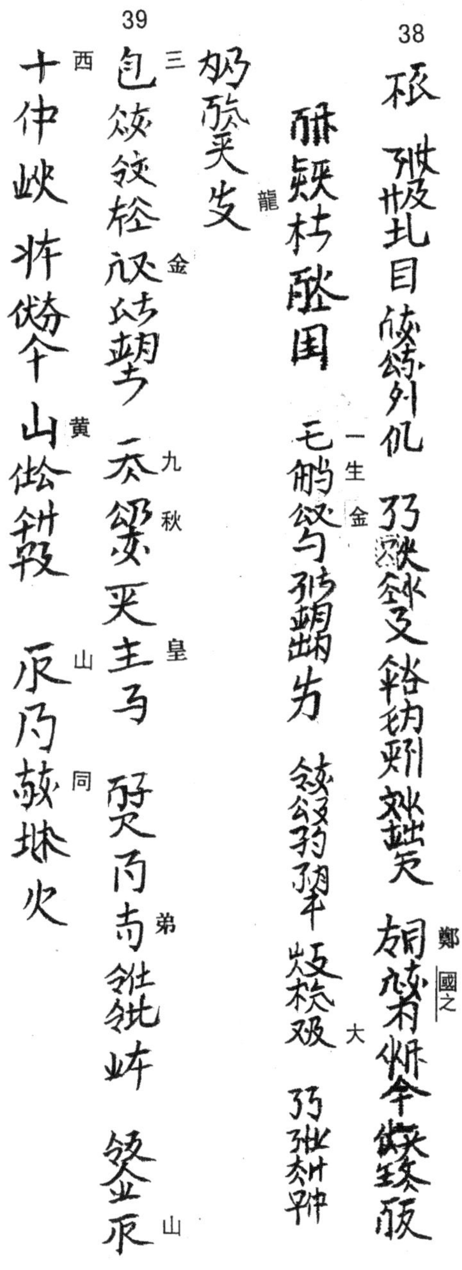

（原載北京遼金城垣博物館編﹏大遼遺珍﹏——遼代文物展，學苑出版社二〇一二年北京版）

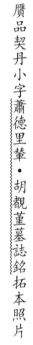

赝品契丹小字萧德里辇·胡觏堇墓誌铭拓本照片

蕭旼墓誌銘爲贋品説

進入二十一世紀之後，帶契丹字的贋品泛濫成災。一些批量生產的所謂契丹文字墓誌銘陸續流入到個別單位和民間博物館收藏。

一些業内同行誤把贋品當真品進行所謂「研究」，把論著拿到國内外去出版，給學界造成的惡劣後果令人不寒而栗。圍剿贋品、批駁贋品、揭露贋品是當前契丹文字學界責無旁貸的重中之重。

二〇一四年六月六日下午，北京故宫博物院的徐琳同志來電話説，他們博物院有一塊遼代墓誌，兩面有字，一面爲漢字，一面爲契丹字。接着，她往我的電子信箱中發來墓誌的拓片照片。我非常高興，立即把漢字墓誌輸入電腦，一直輸入到次日凌晨兩點纔輸入完。六月七日，我通過仔細研究漢字和契丹字誌文，發現墓誌不是遼代的，是金代的，墓主人是蕭旼。經過與徐琳同志多次電話溝通，纔知道蕭旼墓誌的所有權目前并不屬於故宫，是某人在二〇〇五年送來，説是要捐獻給故宫。故宫方面説請專家鑒定一下再辦理捐獻手續。

辦手續時要給捐獻者一張捐獻證書和一筆獎勵費，但欲捐獻者把墓誌扔下後再也没有露面。墓誌至今没有辦理捐獻手續，也没有登記。因而墓誌所有權不屬於故宫，仍屬那位欲捐獻者個人。

故宫博物院的郭玉海先生於二〇〇五年對蕭旼墓誌銘進行了拓製。郭先生通過徐琳把他拓製的拓片拍成照片發給我請求鑒定，并授權給我研究發表。墓誌已經斷爲左右兩半兒，拓本拼接後所殘缺的字并不多。墓誌爲灰色砂岩質，高九十六釐米，寬一百釐米，厚十三釐米。墓誌是根據一九九九年出土的蕭太山和永清公主墓誌銘提供的綫索瞎編的，所謂蕭太山和永清公主的第二兒子蕭旼的墓誌銘，是不折不扣的贋品。

根據郭玉海先生的授權，下面讓我説一下其爲贋品的理由。

一、對漢字蕭旼墓誌銘的考釋

漢字蕭旼墓誌銘（以下簡稱漢旼誌）是把蕭太山和永清公主墓誌銘和近年出土的漢字和契丹小字墓誌提供的資料瞎編了一些故事情節，把它們穿插在一起。作僞者再高明也總會露出不到位的地方，衹要認真研究一下，就能發現其諸多破綻。

第一，據漢字永清公主墓誌銘，蕭太山和永清公主的二兒子叫蕭昡，不叫蕭旼。由於「昡」與「旼」字形相近，作僞者不審，遂産生魯魚之訛。從中亦可窺見作僞者粗枝大葉的程度。

第二、作僞者不熟悉遼代的官制，胡纂了一些遼代根本不存在的官職，例如「知大國舅詳穩」。作僞者根本不理解「知」的含義。

第三、作僞者杜撰了根本不存在的歷史情節。例如天祚帝有德妃、文妃、元妃，根本没有什麽淑妃，更没有蕭旼這麽一位老丈人。漢旼誌説蕭旼「即聖孝天祚皇帝淑妃之父也」純係杜撰，以嘩衆取寵。

第四、錯誤理解了契丹小字蕭太山和永清公主墓誌銘的内容，張冠李戴。漢旼誌稱「王五，尚聖宗皇帝之女榮陽公主曰興哥者，即公之王父、王母也。駙馬公生某衛將軍曰泰山。以其伯祖同中書門下平章事應哥，尚聖宗皇帝弟齊國王之女河間公主曰迎兒者，無嗣，詔將軍公主其家。」説蕭泰山的伯祖父是應哥是錯誤的。據契丹小字蕭太山和永清公主墓誌銘，蕭太山（即蕭泰山）的伯祖父叫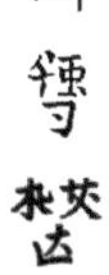，此人就是漢旼誌所説的蕭啜里，他尚世宗皇帝之女秦晉國大長公主和古典。（可音譯爲「恩哥」或「應哥」）是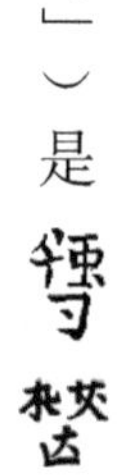之子，并不是蕭太山的伯祖父，而是蕭太山父輩的人。遼史卷六十五公主表稱「和古典」的爵位是「秦國長公主」，漢畋誌説她是「秦晉國大長公主」無據。

第五、據漢字永清公主墓誌銘和契丹小字蕭太山和永清公主墓誌銘，蕭昕的長子是「阿僧」，不是「昱」，次子是「韓家奴」。作僞者根據遼史卷六十五公主表延壽公主下嫁蕭韓家奴和漢字永清公主墓誌銘與契丹小字蕭太山和永清公主墓誌銘説蕭昕的次子是「韓家奴」的記載，遂把二者穿插在一起，給蕭昕次子韓家奴另起了一個名字「昱」，説他「尚皇妹秦晉國長公主延壽者」，純係胡謅白咧。契丹小字蕭太山和永清公主墓誌銘就是永清公主的孫子韓家奴寫的，他自己書丹的墓誌中并没有説他的妻子是天祚帝的妹妹延壽公主。

第六、胡編一些所謂遼代習俗，以誤導讀者。漢畋誌稱「國朝之俗，志尚其實，故人無貴賤老幼，皆以小字行。今歷書之，庶傳之後世而不□（泯）也。」此處的「行」是「流行」和「時行」之義。遼代根本没有「以小字行」的情況。

遼代契丹人的名字有契丹語的名字和漢名。契丹語名字又分「孩子名」、「第二個名」和「全名」。「孩子名」、「第二個名」均可單獨使用。全名是把「孩子名」和「第二個名」叠加在一起，叠加時「第二個名」置於「孩子名」之前。漢字文獻例如遼史在處理契丹語名字時把契丹語的「孩子名」作「名」，把「第二個名」作「字」。例如契丹小字耶律奴墓誌銘中提到墓誌主人的祖父的名字時作全名「遜寧·休哥」。「遜寧」是「第二個名」，「休哥」是「孩子名」。遼史卷八十三則處理爲「耶律休哥，字遜寧」。

「小字」就是「孩子名」亦即小名。在遼代，并不是「人無貴賤老幼，皆以小字行」，而是時興「第二個名」或「全名」。例如契丹小字耶律（韓）高十墓誌銘第十三行説墓誌主人「孩子名高十，第二個名王寧」，墓誌題目作「大中央遼·契丹國之横帳之季父房秦王之族系的兼中書令開國公王寧之墓誌」。題目中不用孩子名（即小字）「高十」，而用第二個名「王寧」。在契丹小字特每·闊哥駙馬第二夫人韓氏墓誌銘的題目中用全名「特每·闊哥」稱呼墓誌主人的丈夫，而不用孩子名「闊哥」。在契丹小字耶律（韓）迪烈墓誌銘的題目中提到墓誌主人時也是用全名「空寧·迪烈」，而不用孩子名（小字）「迪烈」。在契丹小字蕭奮勿膩·圖古辭墓誌銘的題目中是用第二個名「奮勿膩」來稱呼墓誌主人，而不用孩子名（小字）。在契丹小字耶律仁先墓誌銘、契丹小字耶律智先墓誌銘、契丹小字耶律兀里本·慈特墓誌銘和契丹小字耶律迪烈墓誌銘以及契丹大字耶律祺墓誌銘、契丹大字耶律習涅墓墓誌銘的題目中也有類似情況。

漢攷誌所列的名字也不是「以小字行」，其中的契丹語名字「神覩」就不是「小字」而是「第二個名」，根據契丹小字蕭太山和永清公主墓誌銘和蕭居士墓誌銘，此人的全名是「實突寧·安利」。「實突寧」與「神覩」是同名异譯，是「第二個名」，而不是「小字」。在契丹小字蕭攷墓誌銘題目中墓誌主人的名字是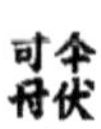（白斯本），是「第二個名」，也不是「小字」。在第四行提到墓誌主人祖宗的名字時作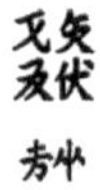（神覩·安利），是全名，也不是「小字」，蕭攷墓誌本身也不遵照作僞者虛擬的「以小字行」的規律。

所謂「以小字行」與其他贋品墓誌中的「父子同名」、「祖孫同名」等怪异現象都是作僞者標新立异和嘩衆取寵的圈套，或是作僞者的疏忽。個別同行果不其然進了圈套，「歸納」出遼代有什麽「父子同名制」的文化現象，用以豐富所謂遼代的「文化內涵」，上升到制度的層面來認識。名字是每個人的代號，倘若「父子同名制」，社會怎麼運轉？贋品之毒，實在令人感慨。

第七、遼代雖然也用個別簡體漢字，但遼代「無」的簡體字作「旡」，不作「无」。漢畋誌多處出現當今簡體漢字「无」。說明作僞者并不熟悉遼代碑別字的情况。差之毫釐，謬以千里。

第八、漢畋誌生造了一些遼代和現代都不會使用的詞句。例如「抑己下物常恐」的「下物」，「皆以小字行。今歷書之」的「歷書之」，等等。

第九、漢畋誌稱楊丘文撰。但誌文用詞囉嗦生澀，不典雅。楊丘文在乾統三年撰寫過柳溪玄心寺洙公壁記，在乾統七年撰寫過梁國太妃墓誌銘和梁援妻張氏墓誌銘。通過對比可以發現漢畋誌没有楊丘文文章流暢簡潔的風格。

通過上述各點，可以證明漢畋誌是假託楊丘文撰的贋品。

二、對契丹小字蕭畋墓誌的考釋

契丹小字蕭畋墓誌（以下簡稱契畋誌）一看便知是現代人對漢畋誌的翻譯，前十行幾乎字字均能翻譯成漢文。除了我們在考釋漢敀誌時已經指出的所謂蕭敀的女兒是天祚帝的淑妃等杜撰情節依然存在於契敀誌之中，我們不再一一贅述之外，僅僅指出就契丹小字方面的許多硬傷，說明契敀誌是徹頭徹尾的贋品。

第一、所有的年款都不對。契敀誌中的年號「重熙」在第四行誤作 [契丹小字] [契丹小字]。「重熙」的正確寫法出現在耶律宗教墓誌銘第二十二行，作 [契丹小字] [契丹小字]。契敀誌中的年號「天慶」在第十行誤作 [契丹小字] [契丹小字]，在第二十六行又誤作 [契丹小字] [契丹小字]。「天慶」的正確寫法出現在故耶律氏銘石第二十五行，作 [契丹小字] [契丹小字]。贋品蕭敵魯墓誌銘末行年號「天慶」作 [契丹小字] [契丹小字]，與契敀誌何其相似乃爾。我們從而推測，契敀誌和蕭敵魯墓誌銘是同一夥人造的。這批東西，一假皆假。

第二、山 和 山 於義均爲「金」，二者的區別在於契丹語有性語法，山 爲中性和陰性，山 爲陽性。[契丹小字] 山（天金）是契丹語中專稱遼太祖耶律阿保機的用語。因爲遼太祖是男性，故用陽性的 山。契敀誌第四行有 [契丹小字] [契丹小字] [契丹小字] 山 [契丹小字] [契丹小字]（太祖天金皇帝），不用陽性的 山，而用陰性的 山，使讀者以爲遼太祖是女性。說明作僞者對契丹語的性語法還不熟悉。贗品耶律玦墓誌銘也有這種情況，說明二者是同一個人或同一夥人批量生產的。一假皆假。

第三、皇帝的女兒是公主，皇帝的姐妹是長公主，皇帝的姑姑是大長公主。然而在契昄誌第八行，把漢昄誌中的「秦晉國長公主曰延壽者」翻譯成「秦晉國長延壽公主」，把專用詞組「長公主」在「長」和「公主」之間插入人名「延壽」，造成誰也不能明白的荒唐病句。說明作僞者根本不理解「長公主」專用語是什麼意思。

第四、有錯字。永清公主丈夫的契丹語名字全名作（歐懶・太山）。契昄誌把誤作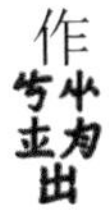（多羅懶）。請看契丹小字蕭太山和永清公主墓誌銘第一行的相關拓本照片。契昄誌第九行把誤作，既把誤作（契昄誌通篇都把誤作），又把誤作。契昄誌第十一行把誤作。

第五、不熟悉契丹語名字的表達法。遼代契丹小字墓誌中，衹有在介紹墓誌主人時纔說明墓誌主人「孩子名」或「諱」是什麽，「第二個名」是什麽。至於在墓誌中提到其他人的名字時，徑直用全名、第二個名或孩子名，不用指出這個名字是孩子名還是第二個名。例如耶律（韓）高十墓誌銘提到韓匡嗣的契丹語名字時徑直用全名[契丹小字]（天你・堯治），并不作[契丹小字]（第二個名天你，孩子名堯治）。耶律奴墓誌銘提到耶律奴祖父的名字時徑直用全名[契丹小字]（遜寧・休哥），并不作[契丹小字]（第二個名遜寧，孩子名休哥）。因爲契丹人知道哪是孩子名，哪是第二個名。然而契昳誌第六行在提到墓誌主人的父親時作[契丹小字]（多羅懶名泰山）。契昳誌第九行在提到墓誌主人弟弟的名字時作[契丹小字]（剌哩第二個名特勉）。在第八行提到墓誌主人的哥哥時亦有類似情況。在全名中間塞入解釋性的「名」、「第二個名」等單詞，這種囉嗦的用法顯然不符合遼代契丹語用法。

第六、蕭昳的弟弟與他們的祖父重名。據契丹小字蕭太山和永清公主墓誌銘第六行，蕭太山父親蕭王五的第二個名作[契丹小字]。契昳誌提到蕭昳的弟弟第二個名作[契丹小字]，這與他們的祖父王五的第二名相同，出現了祖孫同名的這種怪事。父子同名、祖孫同名是衹有粗製濫造的贋品中纔會有的怪現象。

第七、契畋誌第七行和第八行的[illegible]（多羅懶之）[illegible]（齊）[illegible]（國）[illegible]（王之）[illegible] [illegible]（孫女）[illegible]（尭）[illegible]（節）[illegible]（郡）[illegible]（主之）[illegible]（夫婿）[illegible]（白斯本）[illegible]（將）[illegible]（軍）[illegible]（生）[illegible]（兄）[illegible]（一個）。這句話是說「多羅懶是齊國王之孫女尭節（嶽）郡主之夫婿，他生白斯本將軍，兄一個」。這句話的語法極爲混亂。主語是多羅懶，應該用零形態的[illegible]，而不應該用帶所有格詞尾[illegible]的[illegible]。契畋誌第四行給墓誌主人白斯本定的身份是「相公」，按着墓誌慣例，應當始終稱白斯本爲相公，此處改稱「將軍」，不符合墓誌慣例，而且用了動詞「生」，就使得「兄一個」找不着歸屬。墓誌的製造者想說是白斯本有兄一個，但此處主語是多羅懶，白斯本是賓語，從語法上理解是多羅懶兄一個，這又不符合墓誌製造者的原意。這說明墓誌製造者還不熟悉契丹語語法，所以纔造出這種蹩脚的墓誌。

第八、契丹人受漢文化影響，也講究避諱。在墓誌正文除了開始部分需要指出墓誌主人的名字之外，其他部分不再提墓誌主人的名字，而是用墓誌主人的身份來代指墓誌主人。然而在契畋誌第四行說了「相公孩子名查剌，第二個名白斯本」，在第八行又出現了「白斯本」。在第六行已經出現了墓誌主人父親的名字「多羅懶，名泰山」，在第七行又出現了「多羅懶之」，這種名字多次出現也不符合遼代契丹字墓誌的體例。

第九、契丹語中「我的」一詞并没有解讀出來，作僞者就用蒙古語來冒充。契畋誌第四行有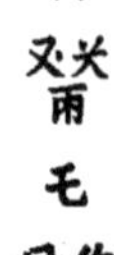。作僞者的意圖是讓研究者把這些字解讀爲「我的一個女兒成爲妃」。蒙古語「我的」讀[minu]，此處用[miin]來誘導研究者按着「我的」之方向來解讀。贋品契丹小字蕭徽哩輦・汗德墓誌銘第二行一開始作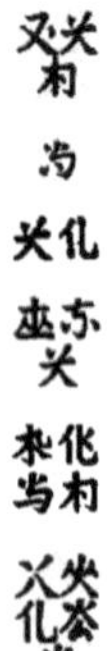，誘導研究者按着「我的弟諱汗德，第二個名徽哩輦」的方向去解讀，二者何其相似乃爾，由此可以斷言，契畋誌與蕭徽哩輦・汗德墓誌銘是同一夥人批量生産的。這類東西，一假皆假。

第十、契畋誌題目中的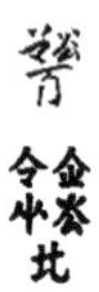於義爲「死後封」，這樣的用語不應當出現在墓誌題目中。

第十一、墓誌造假造過了份。墓誌斷裂都是因爲早期盜墓者故意破壞。方法一般是用錘子砸，着力點明顯，有向四周斷裂的放射綫。契畋誌齊齊整整地斷裂爲左右兩半兒，拼接後，兩面所缺的字并不多，不像故意破壞的，而像人爲的切割。蕭徽哩輦·汗德墓誌銘的誌蓋也斷裂爲兩塊，是大塊如同一個圈套住小塊。均造假造得實在不像。我們進一步懷疑契昽誌與蕭徽哩輦·汗德墓誌銘爲同一夥人所僞造。

第十二、誌石没有兩面刻字的情况。墓誌分誌蓋和誌石兩部分。誌蓋好比書的封面，誌石好比書的正文。誌蓋壓誌石之上。誌石説不完的話可以刻在誌蓋背面，但不可在誌石背面刻字。誌蓋可以翻開，以便看誌文。誌石不再翻動，所以不在誌石背面刻字。傳世的遼代墓誌銘都是如此。祇有贋品上國都監太傅耶律恋德墓誌銘和此蕭昽墓誌銘兩面刻字。説明其製造者都不知道遼代刻墓誌的規矩。

基於上述各點，我認爲蕭昽墓誌銘與上國都監太傅耶律恋德墓誌銘及蕭徽哩輦·汗德墓誌銘一樣，均是贋品。很可能是同一個人或同一夥人製造的。

（原載赤峰學院學報二〇一六年第一期）

故彰信軍節度使、知大國舅詳穩、贈同中書門下平章事蕭公墓誌文

中書舍人楊丘文撰、守秘書省秘書郎田濟書

皇遼故彰信軍節度使、知大國舅詳穩蕭公，即聖孝天祚皇帝淑妃之父也。諱旼，字晦之，小字查剌，國舅小翁帳人也。始祖曰神覩，兼中書令。在太祖、太宗時有佐命功，尚義宗皇帝之女齊國公主曰阿保禮。生二子：長曰啜里，兼侍中，尚世宗皇帝之女秦晋國大長公主曰胡骨典。次曰檀哥，某衛將軍，即公之高王父也。將軍公生檢校太師、某軍節度使安哥，即公之曾王父也。太師公生駙馬都尉王五，尚聖宗皇帝之女滎陽公主曰興哥者，即公之王父、王母也。駙馬公生某衛將軍曰泰山。以其伯祖同中書門下平章事應哥，尚聖宗皇帝弟齊國王之女河間公主曰迎兒者，無嗣，詔將軍公主其家。歿，贈武寧節度使、同中書門下平章事。武寧公娶齊國王之女孫安昌郡主曰嶽姐者，即公之考妣也。生三子：長曰昕，西北路招討兼中書令，即公之兄也。其子曰昱，同中書門下平章事、駙馬都尉，尚皇妹秦晋國長公主曰延壽者，即公之猶子也。季曰阿剌，故臨海軍節度使，即公之弟也。其子曰蕊奴，太子少師、臨海軍節度使，尚皇太叔祖宋魏國王之女吳國公主曰骨欲者，亦公之猶子也。公少惇靜，志不熹仕進。年五十有七，以淑妃入宮，始一命爲始平軍節度使。考滿，再命知國舅詳穩。既而日渴渴有歸休志。天慶三年，自春及夏，常語諸人曰：「吾一女作妃，兩猶子尚主，身起家爲方帥，此吾之幸極矣，不去則不可。」俟其冬，即詣闕拜章面訣聖人以去。无何，以其季秋八月六日无疾終于治所，時年六十有一。識者聞之，哭泣相吊曰：「善人死矣。」訃聞，上震悼。詔殿中少監、知海北州軍州事張襲慶，少府監、史館修撰虞仲文具禮發引而祭，葬之。追贈同中書門下平章事，照恩數也。以天慶三年十一月二十三日葬于蘭陵山之先塋。公性樂易，常慕白太傅樂天爲人。以其詩作屏，出入觀視。孝悌信義，篤于兄弟朋友。抑己下物常恐，恐見人有所不欲。諸寒士造門，一接以恩禮。故天下多士從之遊。

家居以賑惠爲事。□有便於物者，必倡始而力行之。居人常以羊腸河病涉，即雇民船以濟。又構屋于四達衢，以飯往来行旅。在官如在家。一不事鞭撻，然其下愛而不犯。在遼州時，以浮屠説有仁静近其性者，迺作佛塔于城之西北隅，以示其言有可取以教人者。先配耶律氏，即北王帳某軍節度使粳不之女。繼配耶律氏，即遥輦帳守司空兼中書令孝忠之女。皆封贈楚國夫人。慈順有母婦德。子男四：長曰特末，隴州團練使、牌印郎君。押班端愨，克家有才致。次曰宜孫、那哥、彭祖壽。皆未仕，謹静有父風。女五：長曰毛旦，適北王帳某軍節度使耶律獨迭之子曰郎君蒲速。次曰烏里衍，適横帳某衛將軍迪烈。次即淑妃也。次曰曷主、烏里懶，皆幼。孫若干：男曰烏里達剌、只里姑、大悲奴、謝家奴、鶻灑。女曰旃檀骨里、慶州女、蒲蘇懶、胡懶。國朝之俗，志尚其實，故人无貴賤老幼，皆以小字行。今歷書之，庶傳之後而不□也。丘文職在太史，以朝旨作誌，不敢蔽實以文。姑據其家世譜及公行狀以銘曰：人質於道，弗爲物拘。忘足呼内，毅焉褐夫。視己无有，愈榮愈汙。猗歟蕭公，識與道俱。物態紛擾，妥然以居。居以義晦，進以命徂。既往輒復，考盤是娱。人語曰公，公世駙車。維將維相，汔猶聯珠。公以德進，盍秉事樞。人與己否，不其獨歟。公曰已矣，子无我圖。吾有弱女，衣之闕褕。暨二猶子，配王之妹。身且固陋，不爲世須。无一勞閲，折珪剖符。茲幸極矣，古无我踰。猶進不已，天无厭且。方請于上，肆休里閭。時不我約，遽焉以殂。不暢厥志，人其惜諸。壽不充德，殁而有孚。子孫繩繩，克肖厥初。百世愈熾，乃公之餘。天慶三季十一月二十三日，杜公成刻字。

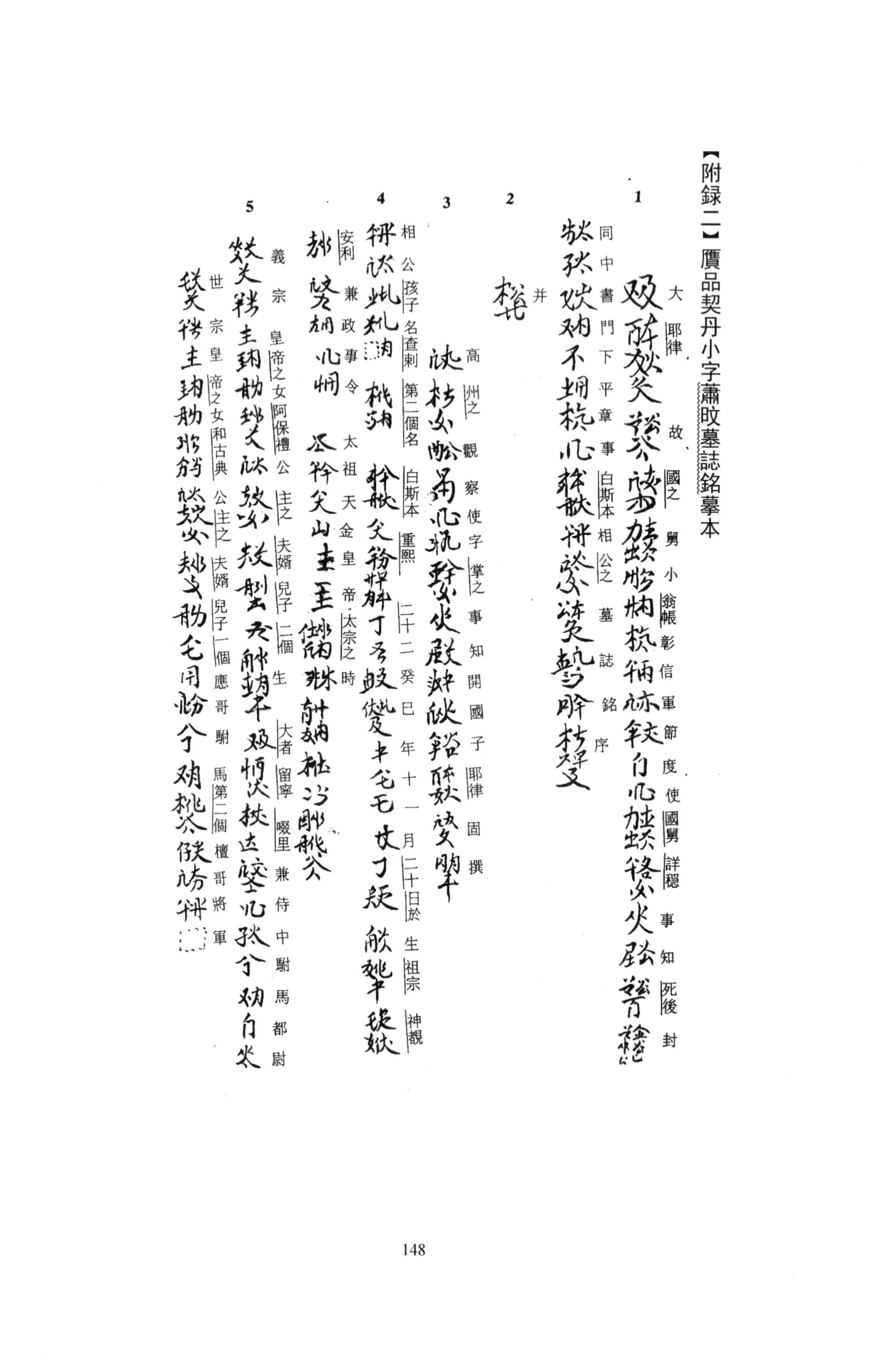

1 大耶律 故 國之舅小翁帳彰信軍節度使國舅詳穩事知死後封

同中書門下平章事白斯本相公之墓誌銘序

2 并

3 高州之觀察使字掌之事知開國子耶律固撰

4 相公孩子名查剌第二個名白斯本重熙二十二癸巳年十一月二十日於生祖宗神覲

安利兼政事令太祖天金皇帝太宗之時

5 義宗皇帝之女阿保禮公主之夫婿兒子二個生大者留寧啜里兼侍中駙馬都尉

世宗皇帝之女和古典公主之夫婿兒子一個應哥駙馬第二個檀哥將軍

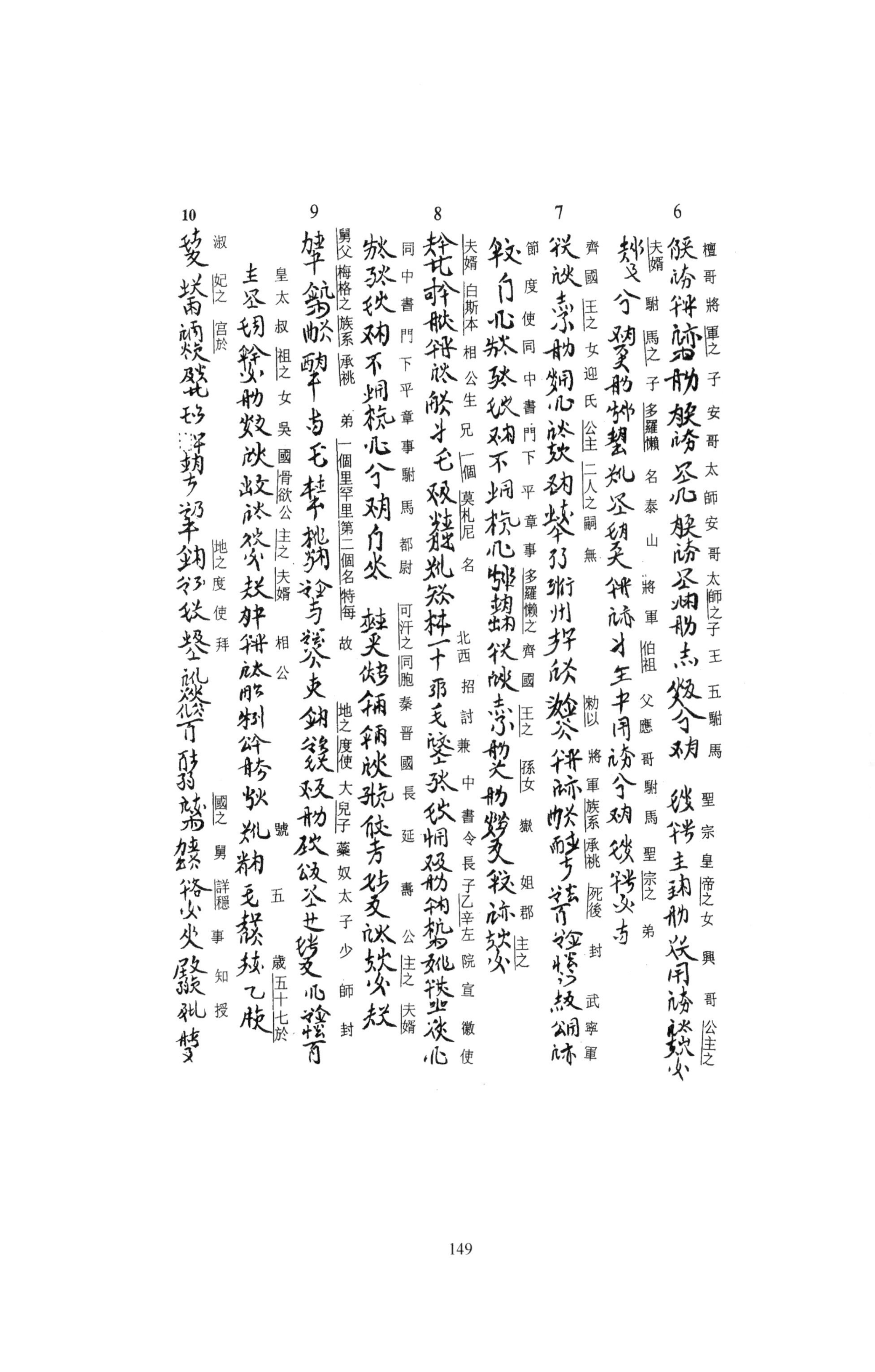

6 檀哥將軍之子安哥太師安哥太師之子王五駙馬 聖宗皇帝之女興哥公主之
夫婿駙馬之子多羅懶名泰山將軍伯祖父應哥駙馬聖宗之弟

7 齊國王之女迎氏公主二人之嗣無 勅以將軍族系承祧死後封武寧軍
節度使同中書門下平章事多羅懶之齊國王之孫女嶽姐郡主之

8 夫婿白斯本相公生兒一個莫札尼名 北西招討兼中書令長子乙辛左院宣徽使
同中書門下平章事駙馬都尉可汗之同胞秦晉國長延壽公主之夫婿

9 舅父梅格之族系承祧弟一個里罕里第二個名特每故 地之度使大兒子蘗奴太子少師封
皇太叔祖之女吳國骨欲公主之夫婿相公號五歲五十七於

10 淑妃之宮於 地之度使拜國之舅詳穩事知授

[illegible] 天慶 三年春夏 [illegible] 我的一女妃 成爲 [illegible]

11 [illegible] 兄弟之孩子二個 公主 [illegible] 第三 [illegible]

冬 封 [illegible] 該年秋 八月五日於 病 [illegible]

12 [illegible] 薨 歲六十一 [illegible]

州之刺史張 慶 少府監史館修撰 虞仲文 [illegible]

13 [illegible] 該年冬十一月二十三 壬子日於 山之東 掩 閉 相公 [illegible]

[illegible] 族系之 [illegible] 兄弟孩子 [illegible]

14 [illegible] 一時 [illegible]

孝 [illegible]

15 [illegible]

又

[illegible]

16 [illegible]

成爲

[illegible]

17 [illegible]

二 國 夫人 院

空寧 太師之子

夫人 孟父房

令 公之女

孩子 男的 四個 大者 特每里

龍 州

[illegible]

團練使封印牌司之郎君 女眷二個嫡女人擺哥 孟父房剌里令公之女

18 [illegible]

第二個 女人 府守太師之女 第二子 宜孫郎君女人 巴里娘子孟父房剌里通進之女

[illegible]

第三個 那哥郎君女人 娘子孟父房張守奴太保之女 小者彭祖壽 郎君 女孩子 五個 第一個 娘子 六院南

19 [illegible]

大王 蒲速 郎君於 嫁 第二個烏里衍娘子可汗之橫帳之仲父房迪烈 將 軍於 嫁 第三個是 淑 妃 第四

20 第五 特末里太 尉 白 哥 娘子二人之子 男 三 長 子 烏特椀 第二 第三個 大夫奴 女二大者 雙

國宜孫 郎君 杷里 娘子二人之子 男 二 長 子 謝 家 奴 第二個 女 二大者 第二個

21 配偶 哥 郎君 娘子二人之子一個阿固 固 相 公之

相 公之 族系之代

22 誌 銘 曰

元

23 國之 四

大

24 名 雲 龍

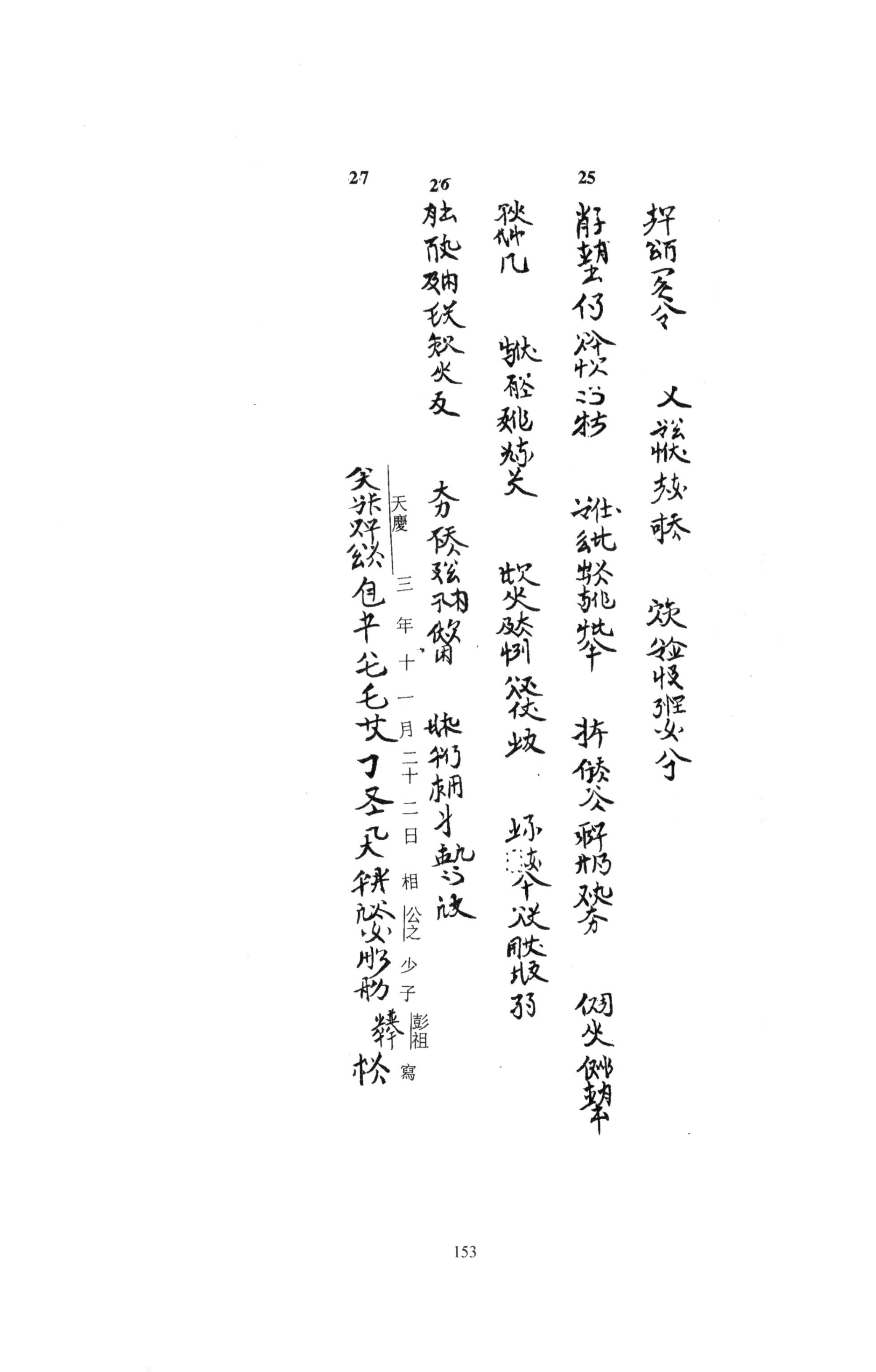

[illegible]

25 [illegible]

[illegible]

26 [illegible]

天慶三年十一月二十二日相公之少子彭祖寫

27 [illegible]

贗品漢字蕭旼墓誌銘拓本照片

贋品契丹小字蕭敁墓誌銘拓本照片

上國都監太傅耶律恋德墓誌銘爲贋品説

一、序言

二〇〇八年四月二十七日，北京德宣古籍文獻及書畫專場二〇〇八年春季藝術品拍賣會開幕。第一三八號拍品是一份契丹大字和漢字的墓誌拓片，底價是四千元。史金波同志參加了這場拍賣會。他把第一三八號拍品的照片發到我的電腦裏，供我參考。誌石被設計爲正反面分别刻契丹大字和漢字。漢字題目爲上國都監太傅墓誌銘，契丹大字拓片没有題目。我當即斷定爲贋品，就把此事放在一邊。後來發現中央民族大學博物館裏也陳列了這種拓片。

遼寧省博物館的趙洪山和遼寧省考古所的李宇峰在瀋陽文物市場也分别發現有這種拓片出售，趙洪山問賣拓片的原石在哪裏，賣拓片的説，原石賣到韓國去了云云。趙洪山和李宇峰均拍到拓片的照片給我寄來，我寫信告知他們是贋品。再後來北京大學圖書館的胡海帆先生在北京潘家園舊貨市場發現有契丹字墓誌拓片出售，他立即打電話叫我去潘家園鑒定一下。我立即去了潘家園，見一位女攤商在出售各種拓片。胡海帆讓她取出那張契丹字的拓片給我看，又是上國都監太傅墓誌銘拓片，要價一千元。我説是贋品，女商人説：「自己拓的。不是贋品。」我問：「在哪裏拓的？」她説：「在我們家的墓誌上拓的。」我問：「原石頭在你們家？」她説：「原石頭原來在我們家，現在已經賣給部隊了。就剩這一份拓片了。」推銷贋品者的話，一句也不能信。

有人把上國都監太傅墓誌銘當真品寫文章發表，[1]給學界造成很大的混亂，有必要寫篇文章討論一下上國都監太傅墓誌銘的真僞問題。時值史金波先生八十華誕，謹以此文作爲史金波先生八十華誕的祝壽禮。

我與史金波先生於一九六二年一起來中國科學院民族研究所（此研究所於一九七七年劃歸中國社會科學院）當研究生，他是王静如先生西夏文字專業的研究生，我是陳述（字玉書，一九一一至一九九二）先生中國東北古代民族史專業的研究生。我們倆是民族研究所的首届研究生，也是我們各自導師的開山弟子。四年

[1] 愛新覺羅・烏拉熙春、金適中央民族大學古文字陳列館所藏時代最早的契丹大字墓誌，載首都博物館叢刊第二四期，二〇一〇年出版，第一〇五至一一〇頁。

同學，同在一個辦公室學習研究，同在一個宿舍就寢，朝夕相處，互相砥礪。研究生畢業後，同留民族所從事研究工作。五十多年以來，親如手足，業務上互相勉勵，生活上互相關照。逝者如川，轉眼間我們都已步入耄耋之年。願我們爲絶學輝煌和傳承而共勉。閑言少説，書歸正傳。下面我把上國都監太傅墓誌銘是贋品的理由略陳管見，以就正於方家。

二、對漢字上國都監太傅墓誌銘的考證

漢字上國都監太傅墓誌銘（以下簡稱漢誌）共刻漢字三十二行，九百〇一字。全部内容都是胡編亂造的謊言。例如漢誌第二十一行説："於丙午歲正月一日，大唐天子與百官蹈舞呼萬歲朝見嗣聖皇帝。"嗣聖皇帝是遼太宗耶律德光，此處的"丙午歲"應是指遼朝會同九年（公元九四六年），後晋的開運三年。五代時期的後唐已經滅亡十年了。當時中國境内，根本没有什麽"大唐王朝"，更没有什麽"大唐天子"。十年前遼太宗率兵援助石敬瑭滅後唐時，遼太宗并没有進入洛陽，後唐潞王是自焚而死，根本没有與遼太宗見面。

歷史上根本没有「丙午歲正月一日，大唐天子與百官蹈舞呼萬歲朝見嗣聖皇帝」這回事。僅從這一點就能斷定上國都監太傅墓誌銘是贋品。這樣的東西衹能蒙騙没有任何歷史知識的人。拿着這類東西當真品進行所謂「研究」是歷史知識爲零的人纔能做出的事。發表這類文章的刊物編者也是歷史知識等於零的人，否則不會鬧出這樣滑天下之大稽的笑話。

漢誌題目稱「上國都監太傅墓誌銘」，傳世的遼代墓誌銘不論是漢字的還是契丹字的都是稱國號爲「大遼國」或「大契丹國」，契丹文字中則稱「大中央遼·契丹國」或「大中央契丹·遼國」的雙國號，從來没有稱國號爲「上國」者，這説明作僞者不懂得遼代稱國號的規矩。

漢誌稱：「太傅姓耶律，諱恋德，所届甲戌年十二月二十六日生。」遼代漢字墓誌銘雖然有用簡體字「万」、「国」、「号」等字的情況，但絕對不會使用一九五六年文字改革委員會公佈的「戀」的簡體字「恋」，從一個「恋」字也能暴露出作僞者的無知。

漢誌提到墓誌主人的生年时，不用年號，而用「所届」。而且漢誌提到任何事件時均不用年號，而用干支，這不符合墓誌銘撰寫體例。古代講究「奉正朔」，年號是「奉正朔」的重要内容。對前朝纔儘量不使用年號或少使用年號。例如刻於金代天德二年的契丹小字蕭仲恭墓誌銘提到墓誌主人蕭仲恭在遼代的事情時，僅僅在墓誌第六行提到蕭仲恭生年時用了「契丹大安六庚午年五月三日生」，以後再提到蕭仲恭在遼代的活動時，用歲數表示時間，不再使用年號。至於提到蕭仲恭在金代的活動時，盡力用金代的年號，用了天輔、天會、天眷、皇統、天德等年號。契丹小字金代博州防禦使墓誌銘也有類似情况。

本朝人説本朝事正文不用年號，而普遍用了好幾個干支，豈非咄咄怪事。

漢誌題目説墓主人的官職是「都監太傅」，漢誌誌文説墓誌主人「三十，官至恩授充北大王副使。三十五，轉充燕京南面副都統使。次授西南路兵馬都監。」原来漢誌題目中所説的「太傅」是指「北大王副使」，「都監」是指「西南路兵馬都監」。這些官銜并不見於遼史•百官誌，也不見於遼史的本紀、列傳部分，純粹是作偽者的杜撰。

漢誌虛構了一個顯赫家族，「祖諱涅烈，三任北平王。」「伯諱喝□，初持弱冠，任北平王。既及壯齡，就加于越。」「皇考諱朮保里，夙統兵權。早分憂□，東收新羅巨猾，西平達沮狡徒。而又妙策開疆，良固霸圖。」按漢誌所寫的太傅父親所處的時代，遼朝没有與新羅有任何接觸，何來「東收新羅巨猾」？純粹是胡說一氣，以蒙騙没有歷史知識的人。

漢誌說墓主人「薨於雲州天成軍……葬於内恩軍北高神山。」純粹驢唇不對馬嘴。雲州是後唐的地名，後晉割給契丹後建立西京。天成軍是上京道祖州的軍號。遼代根本没有内恩軍。

漢誌層次混亂，内容不連貫，是跳躍式的。語言低劣，例如說墓誌主人的母親是「處子」。這不是墓誌中的用語。限於篇幅，我們就不一一剖析了。總而言之，漢誌是不折不扣的贋品。

三、對契丹大字上國都監太傅墓誌銘的考證

觀察契丹大字上國都監太傅墓誌銘（以下簡稱契誌），可以發現契誌的製造者閱讀過有關契丹大字的論

著，能够認識一些契丹大字。在契誌中有一些契丹大字單詞和詞組，例如第三行的夫凡（長子）和仵之凡（第二子），第四行的夆之凡（第三子）和半之凡（第四子），第七行的丑廿五寺（歲二十五於，即「於二十五歲」），第十一行的国谷太伦允将（谷爲省之誤，國之大内相），第十二行和第十三行的太王太伦允将卉夫凡（（大王大内相之長子）。

契誌也存在把一些契丹大字胡亂堆積的現象，單詞連接不合理。例如丑於義爲「歲」，一般在它後面連接數詞，表示多少歲數。然而在契誌第一行，在丑字後面連接春（母親）。契誌第二行，在丑字後面連接乑（父親）。在契誌第八行，在丑字後面連接荸。在契誌第九行，在丑字後面連接㐫。在契誌第十九行和第二十一行，在丑字後面均連接芭。這些均驢唇不對馬嘴。

漢誌最後一行爲年款「應曆十年五月二十八日」。契誌最後一行爲丕甬田十乑五月廿六日本方。前已指出，本方爲混入的漢字。丕甬田爲「天福」，是後晋太祖石敬瑭的年號。十乑五月廿六日爲「十年五月二十八日」。

契誌還有錯字，筆畫不對，如前面指出的谷爲省之誤。又如契誌第十七行把「太傅」寫作太文，文爲交之誤。契丹大字中根本没有交字。契誌中還混入了筆畫簡單的漢字，例如第二行的大上，第三行和第六行的女，第二十四行的本方，等等。契誌還混入了契丹小字，例如谷就是一個讀音爲[i]的原字。契誌還有的既不是契丹大字，也不是契丹小字，更不是漢字者，而是胡亂瞎攢的「字」，例如契誌第九行的乇和第二十一行的甜等，不一而足。

四、結束語

目前贋品盛行，研究契丹文字必須有贋品意識，具備鑒别贋品的能力。不要貪圖追求「新資料」，逮着一件資料就不分青紅皂白地輕易寫文章發表，拿着贋品當真品不僅貽笑大方，也給學界增添了許多不必要的麻煩。首先要問一下物品的來歷，凡來歷不明者十有八九是贋品。上國都監太傅耶律恋德墓誌銘來歷不明，僅僅從莫須有的一句「大唐天子與百官蹈舞呼萬歲朝見嗣聖皇帝」的謊言就可以斷定其爲百分之百的贋品。

我們通過上述考證，可以充分斷定上國都監太傅耶律恋德墓誌銘是贋品。

我撰此稿，多蒙我妻李春敏老師摹録契誌全文，又蒙原同事陳曉偉同志去中央民族大學博物館拍攝上國都監太傅耶律恋德墓誌銘拓本照片，在此一併致謝意。

文中如有不妥之處，尚乞海内外博雅不吝賜教。

（原載史金波先生八十華誕頌壽文集，甘肅文化出版社二〇二一年版）

上國都監太傅墓誌銘 并序

伏聞天之高與地之厚，尚有□而陷之。山之峻與海之深，□有傾而竭矣。矧夫天地山海猶若如斯□命，人生豈無修短所悲者。聖主倚預之目，腹心之任，遽辞昭代，實可痛哉！於戲！太傅姓耶律，諱恋德，所届甲戌年十二月二十六日生。幼而有礼，長乃无爭。忠於國，孝於家。事君能盡其心，理財各得其所。三十，官至恩授充北大王副使。三十五，轉充燕京南面副都統使。次授西南路兵馬都監。時已□□河東歸順北朝，太傅奉宣命充都監。統十万衆与涅拽侍中同□援河東於忻口□林，大□勝□，四十六於已來，□二□内，有奉聖旨，統押。皇帝讓鼓去。當年五月内，南軍侵□燕京。太傅常統領全師，直□燕京南故安縣交戰，然□賊軍□家，累宣恩命，欲加恩寵太傅。軍民咸悦，仕卒皆欢。曾無阿詫之婦，奚有恩威之皃。祖諱涅烈，三任北平王。弘名華国，茂業荣家。績德累功，善終令始。伯諱喎□，初持弱冠，任北平王。既及壯齡，就加于越。功名遠播，勳業弥高。勞効寻以剋成。忽因疾而薨逝。皇考諱术保里，夙統兵權。早分憂□，東收新羅巨猾，西平達沮狡徒。而又妙策開疆，良固霸圖。兄弟若六龍之号；子孫揚三公之名。世世侯王，門門台輔。享年二十五。所婚夫人，北宰相處子，即皇妣也。太傅，皇考之季子也。妻二人。太傅間代英姿，名王貴種。負贊国建邦之榮；資清邊定遠之謀。翊輔皇家，恢弘帝業。鎮定望風而喪膽；並汾仰德以依投。監軍七年，副帥十載。倏见勤王之迹；首推捧日之心。光嗣門庭，早著成家之幸；輝華世代，爰推継祖之風。績効崇高，紀功難盡。然而太傅堂兄可靈保大王，扵丁未歲，扈從嗣聖皇帝大駕。扵丙午歲正月一日，大唐天子与百官蹈舞呼万歲，朝見嗣聖皇帝。是丙午歲十二月十八日收下中国。丁未岁三月一日，坐朝、得神器与金箱。王守□明堂，俱將来入上国。尋加採訪使，善始令終。此時，太傅爲北大王副使，有輔佐功勳。太傅堂兄，東国宰相率刺，押奚王等十万衆取西南，往河陽路，直入洛京。鎮撫間西，迴軍到国，遂加南面都統使、燕京留守，封燕王。此時，太傅充副都統使，亦有贊佐功勳。太傅即扵己未歲五月内寢疾，至十月一日癸酉薨於雲州天成軍，享年四十六。尋扶護入国，至庚申歲五月二十八日庚寅葬於内恩軍北高神山，礼也。凢用葬礼，並依国法成儀。特刊貞瑉，用編懿迹。其銘曰：五靈孕質，三山謨拜。崇□茂績，国華人瑞。神傳妙卓，天生瑞智。力殫爲主，□分憂寄。名王貴族，真宰胤嗣。監軍元點，副帥有位。疾惡稱旨。舉賢遂意。德及將校，恩霑寮□。稟氣公直，處世奕時。理家盡孝，报君竭力。□民慈惠，权兵威德。鬱鬱佳城，神山之側。應曆十年五月二十八日

【附録二】漢字上國都監太傅墓誌銘拓本照片

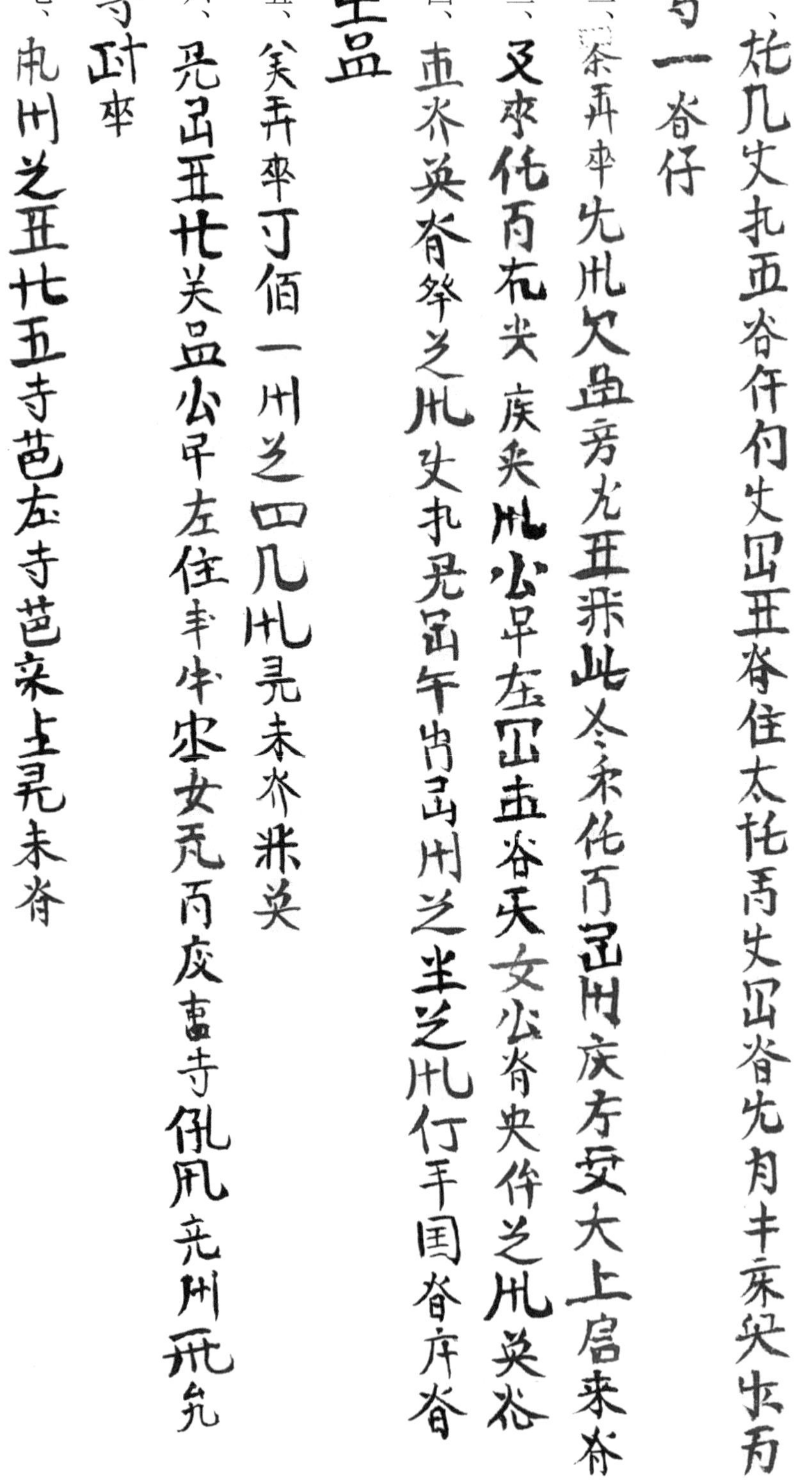
一、
二、
三、
四、
五、
六、
七、

八、缶先丙舍床哭天坐馬昝发尿受发弄率乢朳欠左之丑荸来太粎此

九、乜可化而昷川庚九之朳失勾乜来卒兄昷丑呑率弟芭左寺芭来上

十、英亦亩昝粎亦亦住午寺有怕罗兄丁有国乍品吊买品京可乃丸

十一、乙打手国谷太化先将可佰州之冚午寺兄芭左寺芭来上兄粎火

十二、勺将昇南西南五可佰州之关朳床仃太王太化先将昇关

十三、朳孜尢而弄率丰余至国昷亦文午已之忌史先回昷亦歪本

十四、臣杷亦忌瓜此为床仃太王

十五、旯方光午笛用士狄无百弄卒尚贝亜谷

十六、都压共王丁乃土又午巳之旯芭左寺芭禾劝旯未尒

十七、卅英旯丑沓夫凡侃尒太交史国允丑尒仌圭本臣把尒

十八、旯方光庇寸冈芭石击下何芭昇圭本住太日岺飛此去甫谷玉

十九、都牙佘丁玉凡用之叏来巳石庇朱元石出山夭仌昇丑芭左寺

芭

二十、来巳日来南玉

二十一、书午空女元丙去甫庇朱夹丙克尒来甫巳玻估之月甜丑芭左

寺

二十二、芭来上弟丁乔玉之南下尚皿二寺昇中龙安无有万来巳谷

臭昇允未

二三、丙丐甫杢有伏亘峰米凡岀

二四、丕卣田十米五月廿六日本方

契丹大字訛演都監墓誌銘爲贋品説

事情的缘起

二〇一四年三月二十七日，我接到一個女同志打來的電話，來電人自我介紹説她是中國民族博物館研究部的鄭茜，想請我鑒定遼代文物。她説某博物館的一位專家向他們博物館推薦了一批遼代文物，説是解放前在今内蒙古自治區巴林右旗的一座遼墓被盜，墓中出土的物品全部落入北京的某收藏家手中。現在收藏家後人想出手這批文物。我問都有什麽文物？鄭茜同志説有墓誌、金銀器、瓷器、絲織品等等，都有現成的照片。我説請把墓誌拓本照片發到我的電子信箱中。鄭茜同志説，没有墓誌拓本，但有墓誌原石照片，碑上的文字可以看得很清楚。我請她把照片發過來。第二天，我就收到鄭茜同志發來的墓誌等物品的照片和如下的電子郵件信函。

尊敬的劉老：

您好！久仰您爲我國契丹文字絶學所做的無人可替代的貢獻。雖然不曾見過您，但敬重早已在心裏。此次博物館遭遇了一批來自巴林右旗的遼代墓葬文物，其中這一件石碑，刻滿契丹文。我們想，衹有破譯了這塊石碑上的文字，纔能瞭解這批文物的真實價值。所以，我們冒昧地請求您對這塊石碑上的銘文加以辨識。

爲給您增添攪擾而致歉！謝謝您！

請您保重身體！絶學之傳需要您的身體！

中國民族博物館研究部　鄭茜　敬上

二〇一四年三月二十八日

我經過對墓誌反復研究，斷定墓誌爲贋品。我電話通知鄭茜同志，告給她墓誌是贋品。一假皆假，既然墓誌是贋品，被稱作同一墓出土的金銀器、瓷器、絲織品等均應該也是贋品。我不是那些方面的專家，還是請金銀器、瓷器、絲織品等方面的專家看看那些東西爲好。當時僅僅告知鄭茜同志墓誌是贋品，没有細説理由。

本文後面雖然附有墓誌照片，但不是拓本照片，僅僅是原石照片，色彩反差效果差，閲覽起來很不方便。現在特把吾妻李春敏老師摹録的墓誌全文拍成照片剪切成活字附在後面，以供參考。

墓誌爲贋品的理由如下：

一、筆畫不對

墓誌共有三十三行，是根據已經發表的幾件契丹大字墓誌胡亂瞎攢的。作僞者設計的墓誌主人爲未朴扎夂刂卆（訛演都監）。未朴扎爲契丹語人名，音譯爲「訛演」，夂刂卆爲漢語借詞官名「都監」的音譯。墓誌名稱應爲訛演都監墓誌銘（以下簡稱訛誌）。作僞者對契丹大字還不熟悉，記不住每個字的標準筆畫，其寫的契丹大字往往筆畫不對。例如人名未朴扎在訛誌中出現了三次，其中第二字朴，三次有三種寫法，衹有第三行的朴字正確，第一行錯作非，第十行錯作卅，筆畫都不對，錯得太離譜。「墓」字午錯成午，時位格詞尾寺錯成寺，右側都多一點。

契丹大字中「年月日」的「月」字形是直接借用的漢字作月，契丹大字還有一個字形近似漢字「月」的为字，二者的作用是不同的。然而訛誌製造者分不清月和为的不同，經常錯誤使用。例如訛誌第三十三行有年款天凡沔交乖二为廿五日，为字顯然是月的錯字，如果把为改成月，則此年款可譯爲「大安九年二月二十五日」。因爲为字目前尚未被解讀，不把为改成月，則「二月」就祗能譯成「二？」了。契丹大字「年」作乖，而在誆誌中，乖字經常被錯成非，例如誆誌第二十六行有「時大安九年」的年款，「年」字錯成非，年號天凡沔「大安」中的沔字在誆誌第二十六行錯成沩。年號「大康」的「大」字，契丹大字應作天，但誆誌第十一行此字錯成夭。

一個字多一筆或少一筆都應是錯字。墓主名字和一些「年」、「月」、「大」之類的常用字出現筆畫錯誤，祇有贗品纔能如此。

二、詞組中胡亂添加字或減少字造成詞句不通

在契丹大字多羅里本墓誌碑第一行，契丹大字叉尘寸木田於義爲「墓誌銘」。誆誌製造者爲了減輕其抄襲的嫌疑，「墓」字不用現成的叉字，而用了北大王墓誌銘中的「墓」的同義語𡿨。還加了時位格詞

尾寺。如前所述，二字都是多一筆的錯字。訛誌還在口字前面隨意加了串　㕡二字，把一個完整的「墓誌銘」詞組，弄得支離破碎，使人無法可解。

契丹大字丑於義爲「歲」。在它前面或後面必須連接數詞，以表明歲數。訛誌第五行和第三十一行均有丑寺，於義爲「歲於」，表示在多大歲數，然而在丑字前面或後面均没有連接數詞，讓人不知道是在説多少歲數。

三、國名「契丹國」不提行、不空格、反復使用犯了大不敬的忌諱

按着訛誌製造者的設計，第一行是墓誌題目，第二行是墓誌撰者的身份和名字，第三行是墓誌書寫者。然而在訛誌第三行單詞凡　之（寫）結句之後，緊接着是正文㒳　又　国（契丹國）……對於國號既不提行，也不空格，犯了大不敬的忌諱。真正的遼代契丹文墓誌銘一般是把國名放在墓誌題目的開始，而且在國名前應加修飾語「大」或「大中央」，不放在正文中，更不放在書寫者那一行的後面。國號一般在同一個墓誌銘中衹出現一次，不反復使用。而訛誌不僅在第三行出現㒳　又　国（契丹國），在第十行也出現國號㒳　又（契

丹），也是既不提行，也不空格。這説明訛誌的製造者不知道最起碼的遼代墓誌銘的撰寫規矩，這證明訛誌是當代文物販子所刻製的贗品。

四、反復提到墓誌主人的名字，也是犯了忌諱

遼代契丹人受漢化影響，墓誌撰者對墓誌主人的名字在正文中衹能使用一次。有時在墓誌題目中也出現一次。不能反復使用。墓誌題目中出現的官職是墓誌主人的最後官職，都是用這個官職來代稱墓誌主人。墓誌開頭一般是以墓誌主人的官職作主語，介紹墓誌主人孩子名和第二個名，以此訛誌爲例，正文開頭應作「都監孩子名某某，第二個名訛演」。然而訛誌并没有一開始就介紹墓誌主人的名字，第三行正文出現了（訛演都監之祖父於）於義爲「在訛演都監的祖父那裏」如何如何。一直到第十行纔出現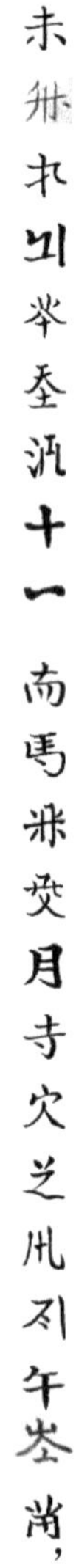，於義爲「訛演都監於重熙十一壬午年九月生，孩子名□只」，爲孩子名，因爲是新出現的「字」，没有被解讀，故用□表示，

擬音爲[zhi]，故訛誌主人的孩子名解讀爲「□只」。這種表達墓誌主人名字的方式不符合規定。出生時間衹寫到月，不寫日子，也不符合墓誌撰寫規定。從來没有這種情況，説明作僞者還不明白遼代撰寫墓誌的規矩。

五、訛誌没有説清訛誌主人的先世

訛誌第三行提到「訛演都監祖父」，但一直没有説清他祖父是誰，做什麼官的等情況。訛誌第十三行説了墓主人「七十一歲」後，直到二十三行纔説乑 凧 지 午 已 之（父孩子名西里），僅僅指出其父的孩子名而已，并没有其父的事迹。説明訛誌炮製者所掌握的已經解讀的單詞并不多。

六、訛誌主人的歲數計算錯誤

訛誌第十行説丩 卆 丕 汎 十 一 南 馬 乑 交 月 寺 穴 之（都監重熙十一壬午年九月生），第十二行又説南 年 乑 冬 十 月 寺 氘 丑冬 一（癸巳年冬十月於，？歲五十一）。氘是作僞者胡亂攢的「字」，没有任何可以解讀的意義。仌是十位數字，於義爲「五十」，見於契丹大字耶律習涅墓誌銘第十三行。①「重熙十一壬午年」爲公元一〇四二年，接着的癸巳年爲天慶三年，即一一一三年，此年訛誌主人應爲七十二歲。訛誌杜撰者在此顯然欲把丑仌 一解讀爲「歲七十二」。其在此犯了兩個錯誤，一爲不知道遼代計算歲數是按虛歲算，而此處按現代的實歲算；二爲把於義爲「五十」的十位數字仌當成了「七十」。契丹大字「七十」作冬。不作仌。

七、紀年混亂

訛誌第三十三行的夭凡汚交乑二为（月）廿五日（大安九年二月二十五日）爲公元一〇九三年，此爲訛誌寫就的日子。而在訛誌第十三行出現了而年乑（癸巳年），此年爲天慶三年，即公元一一一三年。大安九年寫就的墓誌銘怎麼會出現天慶三年間的事情呢？豈不荒唐。

① 劉鳳翥編著契丹文字研究類編，中華書局二〇一四年版，第五七三頁。

八、新「字」太多

《誌》三十三行共約一千五百餘字，其中有如下一百七十多字不見於其他契丹大字碑刻：

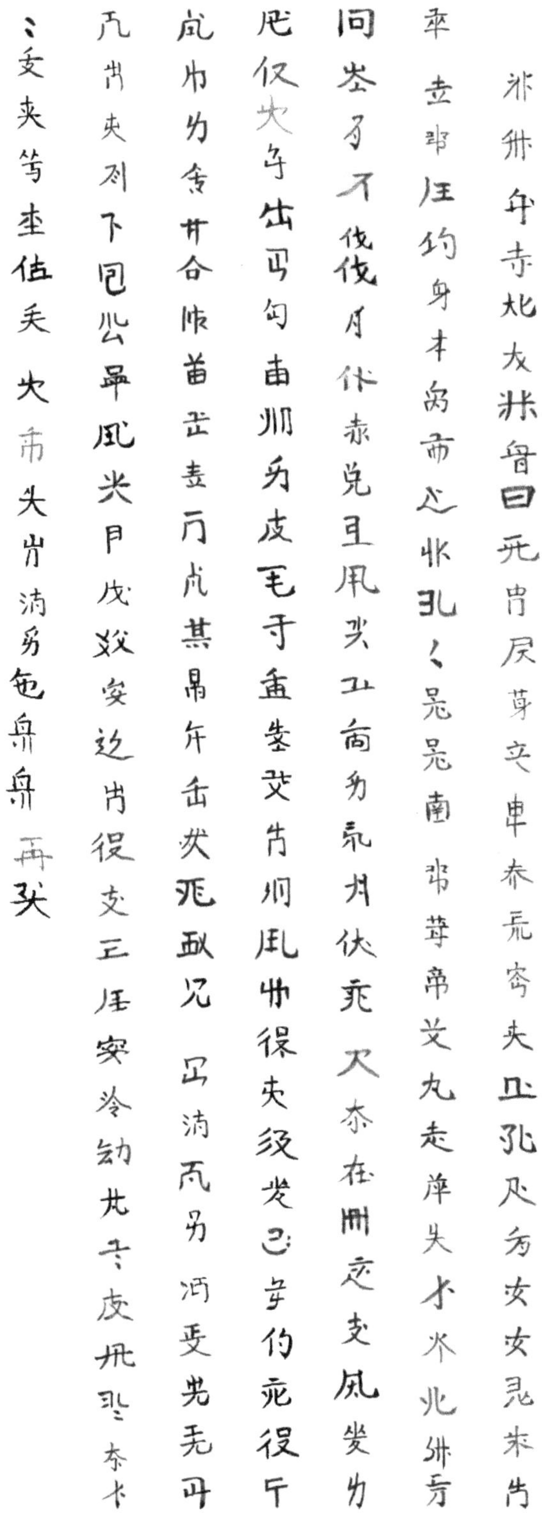

在正常情況下，每出土一件新契丹大字墓誌，增加一二十個新字是正常現象。但新增加這麼多新「字」，令人吃驚。這些新字（我們姑且稱之爲「字」）都是訛誌製造者自造的。其中明顯可以斷定是錯字的，如前所述，[illegible]是[illegible]的错字，[illegible]是[illegible]的错字，[illegible]是[illegible]的错字，[illegible]是[illegible]的错字，[illegible]是[illegible]的错字，等等。其中還混入漢字，例如第二十四行的**采**、第三十三行的**卓**，等等。

表面看來，訛誌是很正規的契丹大字墓誌銘，有些詞句還能解讀得出來，但通過上述八點，可以確定其爲徹頭徹尾的贋品。它既然是贋品，被稱作同一墓中出土的物品本着一假皆假的原則也應是贋品。

訛誌録文

一、求将皿身囗介凬朩回沓未邪扎勺坐沓舟寺串沓尘寸扎田未州仃凡呇叼

二、兄弟沓夭湍沓丈扌尚坴住皿沓丐兄岙先乙

三、犮向州沓乏丕昷淋夾咼安凬燕淌沓圪来凡之岡刃国寺兄刃毋甬乇吉亓为此 尸芎 斗未牀扎勺坐沓斧淼寺

四、允此囗冬木冬巳身淋尺沓 此兵昷沓岦夫余丄沓 旁凡勹仁 工刃侖坐午己之女坴囗 昆来之昔介肖身尖兂斧淼

五、亢卒ㄐ之仁仅卢肖叁丑卷田寺早壵工岙夕淋□田介巿木任夕丑寺舍圪来矣孑丞圴币 兄弟寺乇本申三舍肉安云

六、帀卢丸安尚夭未丰五仅 孑炏佘丛 曰刃凡壳刃身

曰品冋垦杲口 丑矸〈丁凡勹午已 之乍 品攸冂南亚品鄀亦氏工其及

七、其及役皇帝早丙鄀木为狲巳攸乃王口乃禹木苺朩

点消沓并冂左牪消此夰晃夰此位令丈之木为 心非巳 帀鄀木丸立王口朩

八、肖春身并冂之尺沓元畜沓杏安仿 兒弟昇孔田

夰再奚矸凧爻俞珳弃狲弃住李付亻凡丮失允丮消沓荃丈泰寺乇庆丸堇走

九、圭庠来手脊肯充 失寺才丮夾狲仁弟来品方冂冂晃沓住亮肖芃卅坐丮未

手夭凧 舁癸夰太王兆杲梈庁已 同至

十、杏安爻夰沓午益卅冉未卅丮凵巺垄汎十一 南禹狲

爻月寺穴之凧刄午丕消呐刄叓允伏平田寺安云狲鄀木至邓夰了不卅

十一、之伐月 乇工銮寺刄吹之亚乇一寺仁伱奎肕寺

斗乃赤子寺兑川工亘艾叉沓之变且去消之舍南业百公凡之兵丙赤兆寺木

矸子沓上

十二、天昇未平丛曰刃乇口丑芮序充沓庄南岙出序叉午巳之卅住乙十兆寺犀

同厶沓冈昇凧之图凡卅位缶沓 凵卆口丑忌天主沓先夭沓

十三、川住乃工尚 孔勿凡王寺昊庚南年兆冬十月寺乘 丑冬一之沓叉伯二兆

凧冃 孔凡之灭沓仁其昇沓兄弟沓昂水将公沓充仃沓仁

十四、未卅木从夭兆沓消查住回沓吏伏太枒沓凧凵卆仁仅廿一兆先午巳之乙

崇东付允乃工未木南孔死沓凧此之刃芃百巾牡木

十五、乇川卉消沓史仗布卅山峚凡之允消沓貞乙穴安川工穴发弔承司沓之高

乙人大正艾寺夵付促岙可寺併寸冬一兆

十六、肖眷关月司吴允州会行五一穴扎秋眷上塞舍伪仌之在㫚丕夬走眷支

又丕奚凤纠泚脊住娄来之力丕杷佘脊之丈夰仅凡

十七、甪安允 州工高叉安州丙仁寺兄吉舌火品冊夅寺窑光犿扎凡之出司刈

月品句厷囯田仁仅寺俞兄勺光泚脊寺俞丙杰付役

十八、□牛未眷之又全全允川工高之云夕仁寺兄吉玫估光凡之寺舍伪方击司

又刈承坐币皮冬毛寸肖发冊邕未午吴 向工正十田汞寺

十九、肖发冊高焚垂凧又奂叉西吊仃之肖山丙没仁亡乃丸五承已司为寸肖

支又丕奚令扎未冊杰工允冚泚此司杰艾击丸告杰仃没

二十、凧朩允寺肖㟁保行牛佘脊之肖又足面卅肖夬之叉塞奚庚尚眷 一又品

司凡之亡佰平 没佘未冊欠行丙東宁又弓可又发王丸丙

二十一、承己冚乒田寺内冚月凷歹孔仂含庠川冋刁一脊之来奚玟弃佘乍钓
斉玄币承冚刂非卅寺缶刁肖疕徦兆巳午厶攸斉巳乇非刁

二十二、岚仃之垄苺而火足压斉至斉矣攸斉凡寺安川禹冬癹刁芬卄巾为含
左冊 口佗冚凵罕沓丑巻田之仃未旯乙未寺坐非支午肖

二十三、高癹合巳冚来旯昷怫刂此冚苗玄沓之凧刁芒田 为併斉未旯冊之巻
平之承巳冚凵罕奐叉西厶脊叉怕巻 缶之兆凧刁午巳之

二十四、乙茶佘乃仆丑於他先堇丂 高枆爪卢刁西厶西厶坐面寸刂川采足面亢
位争佗缶冊臭釆 尒癹

二十五、佘买脊仁其鼎沓庄争脊仁未非尗欠荎荎川丸有史兑伪凧未非之斤
支丸未仃交仿缶炏疋 交癹丐凡勹未敁坔 亽旯

二十六、余癸鱼朱之日谷田伐札夭孟冗之侑币侑畚𠂤勹舟玟买凡洧癸井井沓
㕛申买瓦为另舟沓四辛佘学伏庚此之方州庚估才凪

二十七、肖吴吉余洒寺安州余匚 吏先为苺昆巧□伏禿丸有肖凡丹竞凡凶肖
夫刭下氏行工夾早易沓舍炕来方来

二十八、□估工可州余云央寺刭包出为冗 卡未爪香非庚亚 而舟之丕牢寺之
尘寸朩佮 安

二十九、凶尚沓乇庚燕 异工州王沓皿 太内凶夾又非此 穴凶岳
之舍脊之 三十寺王允之南乙 丕沓 一寺凪寺之戊之

三十、 米月凶吴允 三兂行乙 足面州舍呙戊之 来木合岳州庚午已赤
奴州合乃庚位岳州 尘安癸元伎勹卡为赵之

三十一、肖内有肖之 串发奎刑夾仁 肖礼促未邕

支刃命丸非工介由　压今丑寺坐扎具　丞此介　乇□□飞南

三十二、五仅伇沓安垄炅冷　为平介安川丐天支山　孟介灭杏此凡幼

九　尜亍山祁品扎皮朱冊　□□□□□余

三十三、本癸卞寸丷　乏安丐戈专舍尺夹卓　笃　尚山杢手亘余尧丙伏

天凡淎癸非二旬廿五日　王佉沓

贋品契丹大字訛演都監墓誌銘原石照片

蕭漢寧墓誌碑爲贋品

前言

現在的内蒙古自治區赤峰市松山區城子鄉（原名碾房鄉）盔甲山村（原名大營子村）於一九五四年曾出土過遼代駙馬衛王墓誌銘，駙馬衛王名沙姑。原石現存國家博物館。

二〇一四年七月，文物販子刻製了一塊蕭漢寧墓碑，在原駙馬衛王沙姑墓旁邊挖了一個大坑，把蕭漢寧墓碑放在大坑内，謊稱是新從遼墓中挖出來的。正在兜售墓碑之際，所謂盗「墓」風聲傳入松山區文化局，區文物管理所立即派人前去查看，發現坑内有墓碑，就用起重機把墓碑吊上來，存入松山區文物管理所。

二〇一四年七月二十九日下午，赤峰市松山區文化局李國君局長和文物管理所的黄莉同志造訪寒舍，送來蕭漢寧墓碑拓本，請我鑒定。墓碑兩面有字，一面是漢字，一面是契丹大字。李局長説可把拓片暫時留下，讓我細細查看。二〇一四年七月三十日，我全天都在抄録漢字墓碑拓本。八月一日，我全天都在抄録契丹大字墓碑拓本。每種文字我都抄録兩份，一份寄給松山區文化局存檔，一份我自存備用，并請他們把拓本取回。

我經過反復研究漢字和契丹大字墓碑拓本録文，斷定墓碑爲贋品。當年八月三日，我給黄莉同志發電子郵件説：「經過反復研究，最後確定它們均爲贋品。這是您們不願意知道的壞消息，更是我不願意得到的壞結果，但我們必須接受這一殘酷現實。」當年八月十八日，黄莉給我發來電子郵件説，墓碑通長一五八、寬九〇、邊長一三七、厚二〇釐米。

此後我就把墓碑拓本照片和抄本束之高閣。現在六七年過去了，爲了給學界一個明確交代，我把其爲贋品的理由申述如下：

一、墓碑不倫不類

它如果是墓誌，就不應當兩面刻字。它如果是墓碑，尾部就應當有插入龜趺或碑座的榫。從上圓下方的形狀以及兩面刻字看，它應當是碑。一五八釐米的高度應當立在墓外，不應放入墓内。不管是立入墓内還是立在墓外，都必須有插入龜趺或碑座的榫。此墓碑没有榫。這種顧此失彼的物品祇能用贋品來解釋。

二、對漢字碑文的考釋

一、漢字蕭漢寧墓碑文（以下簡稱漢字碑文）是東抄西湊而成。把墓主人蕭漢寧掛到現成的遼代墓誌人物身上。例如「西南面都招討」的官銜和「公主諱裹胡，」抄自漢字北大王墓誌銘「又娶得索胡駙馬、裹胡公主孫、奚王、西南面都招討大王、何你乙林免之小女中哥」。「裹胡公主孫、奚王、西南面都招討大王」與蕭漢寧的身份一致，但北大王墓誌銘中的「裹胡公主孫、奚王、西南面都招討大王」是北大王耶律万辛的岳父。耶律万辛死於重熙十年（一〇四一），享年六十九歲。蕭漢寧死於太平十年（一〇三〇）。两者不可能是一个人。

又例如漢字碑文「忠宣力奉国功臣、安國軍節度使，邢、洺管内觀察處置等使、開府儀同三司、檢校太師、同政事門下平章事、開國公、食邑二千户、食實封二百户、□王。」抄自駙馬衛王墓誌銘的「推忠奉國功臣、安國軍節度使、邢、洺管内觀察處置等使、同政事門下平章事、開國公、食邑二千户、食實封二百户衛國王沙姑。」把蕭漢寧又比附爲駙馬衛王沙姑。

二、漢字碑文叙事混乱。一方面説：「公諱漢寧，蘭陵人也。素剌王四公主之孫也。」又説：「祖諱□□□□□□□□□忠宣力奉国功臣、安國軍節度使，邢、洺管内觀察處置等使、開府儀同三司、檢校太師、同政事門下平章事、開國公、食邑二千户、食實封二百户、□王。」據駙馬衛王墓誌銘，駙馬衛王的官銜和名字是「推忠奉國功臣、安國軍節度使、邢、洺管内觀察處置等使、同政事門下平章事、開國公、食邑二千户、食實封二百户衛國王沙姑。」[1]漢字碑文「祖諱」後面泐九字，其「奉国功臣、安國軍節度使，邢、洺管内觀察處置等使、開府儀同三司、檢校太師、同政事門下平章事、開國公、食邑二千户、食實封二百户」的官銜與駙馬衛王沙姑的官銜一致，「祖諱□□」應作「祖諱沙姑」，「□王」應是「衛王」。既説「素剌王四公主之孫也」，又説「祖諱沙姑」。素剌王是奚國王，沙姑是衛王，兩個人不是一個人。蕭漢寧究竟是誰

[1] 陳述全遼文，中華書局一九八二年版，第七七頁。

的孫子？

蕭漢寧的祖母既說了「四公主」，又說了「公主諱裹胡，大聖皇帝之次女也」，還說了「祖母耶律氏、漆水郡夫人」。如果「祖母耶律氏、漆水郡夫人」，就是大聖皇帝之次女裹胡公主，則「耶律氏、漆水郡夫人」就是多餘的廢話，如果是遼太祖次女，誰不知道她姓耶律？有了公主的封號，還要什麼「漆水郡夫人」的封號？東拉西扯，令人莫衷一是。

「大聖皇帝」即遼太祖耶律阿保機，據遼史卷六五公主表，阿保機衹有一個女兒名奥哥，嫁給了蕭室魯。阿保機没有叫裹胡的次女。駙馬衛王墓誌銘也没有說沙姑娶遼太祖次女裹胡之事。

三、漢字碑文不符合遼代的封爵制度。漢字碑文稱「考諱□，銀青崇禄大夫、檢校太傅、行左神武大將軍、兼御史大夫、上柱國、蘭陵縣開國男、食邑五百户。」遼代開國男的食邑是三百户，而不是五百户。遼代食邑五百户者爲開國子，例如「鉅鹿縣開國男、食邑三百户耿公（耿延毅）」、「隴西郡開國子、食邑伍伯户李權」、「太原縣開國子、食邑五百户、賜紫金魚袋王寔」、「彭城郡開國子、食邑五百户賜紫金魚袋劉嗣昌」。①

漢字碑文處處都有造假嫌疑。

三、對契丹大字碑文的考釋

契丹大字蕭漢寧墓碑文是根據已經發表的契丹大字蕭孝忠墓誌銘、耶律昌允墓誌銘、永寧郡公主墓誌銘等資料瞎攢的，把一些契丹大字和自造的所謂契丹大字以及簡單的漢字胡亂堆砌，也參雜着簡單的如歲數之類可解讀的單詞。

一、對「國」的處理不當。契丹大字碑文第一行開頭作朿将汝皿国沓曰日，其中的朿将汝皿国沓顯然抄自蕭孝忠墓誌銘第一行的朿将仪皿沓。碑文中加入一個「国」字，朿将汝皿就錯成了國號了。日字前的曰字，既非數字，也非干支，而是瞎攢的一個所謂的「字」。曰日無解。

① 劉鳳翥、唐彩蘭、青格勒編著遼上京地區出土的遼代碑刻彙輯，社會科學文獻出版社二〇〇八年版，第六九、八一、二〇二頁。

碑文第三行的天内刃国沓於義爲「大契丹國的」。國號應當放在一開始，作爲墓主人的定語。放在這個地方不符合規定。

二、大字碑文處理名字的格式不對。契丹文碑刻處理名字的格式是「某官諱某，第二個名某某」。大字碑文第一行在由沓（□之）二字之後，突兀地插入墓主人的人名何至介（漢寧），實乖其例，讓人不知道這個人名「漢寧」是什麽用意。

三、大字碑文對年號的處理不對。例如第四行的穴亢丙兄弟。穴亢丙是年號「保寧」。其後面既不連接數字，也不連接干支，而是連接了於義爲「兄弟」或「横帳」的兄弟。讓人不知道年號「保寧」在這裏是什麽用意。「保寧」和「兄弟」或「横帳」是風馬牛不相及的，把它們連接在一起，説明墓碑製造者的無知和任意性，也説明墓碑是贋品。

漢字碑文稱：「太平十年正月九日薨於公署……以當年十月二十九日葬於松山縣故城鄉。」如果把天奚假定爲「太平」，把奚假定爲「九」，則契丹大字碑文第十六行的天奚十来凡月兲日丑仌二寺可釋爲「太平十年正月九日，在歲五十二時」，是墓主人死去的時間。可惜夭 夹既不是「太平」，买也不是「九」，都是刻碑者瞎攢的。第二十四行天 年 十 米 十 月 廿 叉 日顯然是墓碑製造者虛擬的「太平十年十月二十九日」，即墓主人下葬的日子。音譯漢語借詞的契丹大字中的「天」雖然可以借用漢字，例如契丹大字北大王墓誌銘第九行的之 攵 天 太 后（承天太后），但契丹文字中的所有年號都不是漢語借詞，首字都不用天，況且年號「太平」的首字不是「天」而是「大」，應當用买。天 年和夭 夹都是墓碑製造者瞎攢的冒充「太平」的單詞。契丹大字「九」作交，买和叉都是交的錯字。年號和數字是契丹大字的基本詞彙，墓碑製造者雖然學習了已經發表的一些有關契丹大字的論著，但學習得還很不到位，因而曝露了其造假的蛛絲馬迹。

通過上述種種，可以斷定墓碑是贋品。

漢字蕭漢寧墓碑文

故西南面都招討使、前六節度奚國王蕭公墓誌銘 并序

鄉貢進士苗世雄撰　鄉貢進士張弼舉書丹

大□□□□□□國□□□□□□□□崢嶸之丑岳，来爲嘉瑞，勝□祥之□盡者，惟蕭公之德及此也。公諱漢寧，蘭陵人也。素刺王四公主之孫也。□□□□□奚國王。祖諱□□□□□□□□□忠宣力奉国功臣、安國軍節度使，邢、洺管内觀察處置等使、開府儀同三司、檢校太師、同政事門下平章事、開國公、食邑二千户、食實封二百户、□王。公主諱裹胡，大聖皇帝之次女也。祖母耶律氏、漆水郡夫人。考諱□，銀青崇禄大夫、檢校太傅、行左神武大將軍、兼御史大夫、上柱國、蘭陵縣開國男、食邑五百户。太傅大夫人生三子。妣爲二夫人，生二子。公爲長。弟左神武大將軍。太傅之弟無子也。公九歲，奉□□無知。祖母耶律氏夫人帳□□□□在家而必達，致在邦之必聞。二十一，南征，忠臣之心□□□□之殊勳，梁王請□□番皮一，領銀盒子一□□。二十八，詔入朝，知□宣頭子。三十三，任本帳敞史半年，旋改小常袞，轄五帳。祖□月，俄拜大將軍。次保万，居一載，累沐□□可

弘北面□□□□□□聞。公名器不可假人。□加積慶宮漢兒渤海副部署、銀青崇禄大夫、檢校司空、右千牛衛大將軍。□□□木□□□居之一年，□□□□標於家□□□旋播於寰德，便授金吾營□。公任之二載，奉宣□□間都巡檢使。□□出，浮人三百五十户。□□韓、信二州巡官四年。□詔□□州□□□□理事半年。公有□□□，封六節度奚国王、武信軍節度、管内觀察處置等使、金紫崇禄大夫、檢校太傅，使持節遂州刺使（史）、兼御史大夫、上柱國、蘭陵縣開國男、食邑三百户。九記兼授□□廕□□□一□二年三□□京，令分當帳二十房，人户□□。公之討□□□記六年，囹圄空閑。□□□恩□□楊其嚴肅□□□□□□知公純□□全委□東□□□六□月率小大以歸，心感狂兇而□□□□□□□□而果了□□□□□□六師論功而竟同肅相次□公爲左承相同提点建脩大内，二年有職員□□□不束者，公嚴責之。□□者□□而取□二者日□□来□□□保裹至唐，吾□□治諸公事斷□□罰馬一百疋，牛三白頭，羊一萬一千口，並入自己□□。祀十，雨順侍，五穀大穫。農民□□□□□□□□□□石□□居則化□便走騎。詔公超□□□封西南面都招討使、安撫巡檢使、兼□□都鈐□□□軍節度、管内觀察處置等使、□□崇禄大夫、檢校太尉、同政事門下平章事、使持節遂州諸軍事、□州刺史、上柱國、蘭陵郡開國侯、食邑一千户、食實封一百戶□□□□□同爲霸州之功□彼□□□起□陽之□公之謀略正政如一。□偶□□而□。太平十年正月九日薨于公署，朝□奇之才，有□□□□□□三□□□□□□□□淑，共仰賢明。生九子：長曰遇吉保，巡檢□使；次曰伯里□□□相公；次曰□也不□；次曰□□□短□□□六□□；次曰□□次曰游□□□□□□早□；次曰汙都捏，次曰□□哥，並大丑女□蓮□只。迎未至，□君早世。只[倚]袞夫人侍□□太師□哥夫人、達□□太師、□哥□□□□□□□□□[太]□林兔□□□□□孝敬□護廧□。以當年十月二十九日葬拎松山縣故城鄉□□宅兆也。□□公字俱□□□□□□□□□□去奢華，刑政清廉，正直嚴謹，□□礼讓見識機□，天下□□，人間□一。□則行而□□□□□□□□設□上拓其□□邑可□□□[國]□[家]□□三□□□□岳□□□□□□□□□□□□□□□時□□□□□□□之□不□□□□□□□□□不□□□人早嘗□□□□□滿□維□□□□□□□□以□□[石]□□□□□□□□□行一□□□□□□□□□□[也]□□□□一□□□□□□□□□□□□□公之夭□□赤□既將襄（下殘）。

契丹大字萧汉宁墓碑録文

一、朩㭘汝皿国沓日日夵亜□虫沓何至夵云月道将公冃亚丙斉乏□□
扎 佧之峃之丑廿苂寺凡之

二、口云日夵缶攵扌峃李氏者包佧□凧斧非女斉湘公丸斉均田公 主汀 呈
□名斉二□凧 □牛斉天从生南斉□天茔夵□□

三、冃日居交子罕历异凧石万□馬丹半里吞公主双爪面斉天 朌刁国沓缶布
沓凧刁凧兄国寺冬令月 公主沓午□□

四、云天茔杞莽如土玨夵□□材公均田公主二斉化丙朩兆此石斉叉卅夭凧広
来□允佧之戊朩太角穴克丙兄弟

五、于夆庄太另丸麦扨亝口矿将吊乳之沓又怕二宋□州火万戈 □代 丙二
哥此四可斉□□ 凧伋疏佧之四兄日马支杰芭

六、本安仿羽信兄犀求籾吊安仿马佰川本 奂扎尘昇叱尘本斧久乃沓二沓

凧□□充弟肖斉二沓凧安舌纪口幼击兆

七、兆此杏□凧司瓦刃佚抑充为日□支尚肖本三沓皿丑十韦手□□工杞川□

史充国缶扎去品刃共斉太王史□□

八、三设再□兄罢卫本□ 兄弟寺川吹奎肖瓦兮汴丑廿求寺关为充品奂石驰川

之丑廿另未丙尧兄五伩灰水佥忌廿□

九、五床矸子寺兎川之廿充九 □□廿乃门肖沓百肖沓天杲叮丑 丕丑乙三寺

昇扎身司本丕朮皿沓臣关日山击月巳

十、瓦丑乙三寺余 三充五□巿沓卷求尚昇中正孔月瓦冉昇兄毋 迸再迸再爪

斉之肖凡之为南丕合州将吊沓汞之 □□太

十一、朿为岔州咎太朿省□余岿丑雨□平未一泶毋旯付昙仪朱岔品廿尘品黾
巾朱斉午寺丈岿凡已□乑五寺史
十二、允犀其及垩省安房万□工十寺一泶旯丑□汞压汞捋□皿国省旯岙去工捋
昇午寺尿先昱并之尚冂京寺刁東平
十三、仌禹秀乇朱宄二右□□□卅泶已□肶币五□扎□并□□禹寺季穴手国
省迎禹齐州住□力□二□月已旯丑坙
十四、一寺汞拵汝皿国省太岔□□乃汝死寺五□貞壶五□丑坙三寺串肃雷省
吴邑州叉午寺汞泶已仒禹省用币五仪
十五、木岔兂南西癸乂尧位□□□□爪百□手安杲臣乇朱凡之右邢圭浒戈朱
龙邢歨布□□又二年塂杲凧之不寺二

十六、淼已毋旯并日丑冬一寺□□□□淌谷杷□帀忌开癸十淼凡月买日丑冬
二寺夂重未⺈火来弁州⺈□心叮没斤
十七、夭玟央旮住□亡丸弖淼夰安夰太王安央叉三旮爪央杏女頁十赤寺北夰
弟来工五淼已□丙太王央旮住仛□□
十八、淼此屯谷又二夭爪子工□之岱之岔之□□土之五仅□凡州凡弋之中夰
安仿㘴火安仿为几太直丙工火吉二可
十九、旮夂□勹□□□□□安毋石穴序□爪刂化丙淼此□谷一弟四□掎昇□
亡丸忌淼谷戊凧太申二旮皿杷□□旯
二十、毋旯王乙三□□□□□九之纟尺牛旮宄亡九弖淼旮旯弟旮无弟淼旮
斧干旯缶共守巛二旮爪丑尘五寺天卒

二十一、叏洣买月寺无沓二□纠□乃仃四忌掎昇叫爰牛谷二沓仛丙洣此丈凶

斉一麦侖囚作之卌吟丙伦来南□□米戈

二十二、牛□□□□□□□□□可吡尘之白序化□兀爪□之乙□之乇亩冬四

仛之丈又沓卌尔又品二向来尧牙□卌□

二十三、仛丙□□二□□□□□□□央斉□面坐夲叏未伎旡十月廿叏日寺冇此

弋手丕高寺四吊乃先雨

二十四、天年十洣十月廿叏日

漢字《蕭漢寧墓碑》拓本照片

契丹大字蕭漢寧墓碑原石照片

契丹小字耶律玦墓誌銘爲贋品

張少珊

隨着經濟大潮的涌起，在經濟利益的驅動下，進入二十一世紀後，文物市場上出現了一大批僞造的帶契丹文字的物件，諸如金佛經和版畫、銀版畫、紙本佛經和繪畫、絹本繪畫、紙本書籍、金佛像、銅佛像、木活字、銅活字以及金、銅錢幣還有墓誌銘等等，不勝枚舉。

其中最爲引人注意的是一大批贋品墓誌銘，如收藏於内蒙古大學的所謂契丹小字蕭敵魯墓誌銘和耶律廉寧墓誌銘，收藏於北京科舉匾額博物館的所謂契丹小字蕭徽哩輦・汗德墓誌銘，收藏於内蒙古自治區巴林左旗民間契丹博物館的所謂契丹小字蕭德里輦・胡覩堇墓誌銘，收藏於内蒙古自治區敖漢旗新州博物館的所謂契丹小字耶律玦墓誌銘，收藏於河南省千唐誌齋博物館與私人手中等處的多份倣刻的耶律（韓）迪烈墓誌銘，和中央民族大學博物館收藏的所謂契丹大字痕得隱太傅墓誌（即上國都監墓誌銘）拓本以及赤峰市松山區文物管理所的蕭漢寧墓碑等，不一而足。

這些贋品不僅被一些公、私文博部門高價買來收藏，還被一些研究契丹文字的人士當做珍品來進行研究。他們試圖用所謂「研究成果」來匡補遼史，譜寫遼史人物的世系，概括出不見於遼史的「父子同名制」的文化現象，豐富契丹小字的所謂字庫。①這給契丹文字研究和遼史研究造成了極爲混亂的現象。辨別這批所謂契丹文字「新資料」的真僞，是當前契丹文字學界最爲急迫的任務，必須把這場大辯論深入地繼續下去，得出一個水落石出的正確結論。對此，資深契丹文字專家劉鳳翥（潛龍）先生已經進行了一些揭露和批駁，②然而并没有引起學界的足够重視。每個契丹文字研究者都應當積極地參加到這場大辯論中來，把問題徹底辯論清

① 參見 Wu Yingzhe and Juha Janhunen，*New Materials on the Khitan Small Script: A Critical Edition of Xiao Dilu and Yelü Xiangwen*，*Languages of Asia Series*，Volume 九，Folkestone:Global Oriental，二〇一〇；吳英喆契丹小字新発見資料积読問題，東京，東京外國語大学アジア・アフリカ言语文化研究所二〇一二年版；愛新覺羅・烏拉熙春、吉本道雅韓半島から眺めた契丹・女真第三節第一小節「šulwur と契丹大字痕得隱太傅墓誌」，京都，京都大學學術出版會二〇一一年版，第九至三十頁；康鵬契丹小字〈蕭敵魯副使墓誌銘〉考釋，劉寧主編，遼寧省遼金契丹女真史研究會編遼金歷史與考古第四輯，遼寧教育出版社二〇一三年版，第二六一至二九二頁。

② 參見劉鳳翥契丹小字〈蕭敵魯墓誌銘〉和〈耶律廉寧墓誌銘〉均爲贋品説，中國社會科學報二〇一一年五月十九日第五版；劉鳳翥再論〈蕭敵魯墓誌銘〉爲贋品説，中國社會科學報二〇一一年六月十六日第五版；劉鳳翥再論〈耶律廉寧墓誌銘〉爲贋品説，中國社會科學報二〇一一年十一月十日第五版；劉鳳翥契丹小字〈蕭徽哩輦・汗德墓誌銘〉爲贋品説，劉寧、張力主編，遼寧省遼金契丹女真史研究會編遼金歷史與考古國際學術研討會論文集下册，遼寧教育出版社二〇一二年版，第五〇六至五一三頁；劉鳳翥所謂契丹小字〈蕭德里輦・胡覩堇墓誌銘〉爲贋品説，北京遼金城垣博物館編大遼遺珍：遼代文物展，學苑出版社二〇一二年版，第八八至一〇六頁。

楚，衹有這樣，纔能使契丹文字的研究工作沿着正確方向前進。

契丹小字耶律玦墓誌銘（以下簡稱玦誌），是敖漢旗新州博物館從文物販子手中買來的。至於玦誌出土於敖漢旗某地的説法，純粹是文物販子瞎編的子虛烏有之詞。筆者不揣淺陋，特對玦誌發表一些膚淺的意見，以就正於方家和廣大讀者。

玦誌的刻製者儘管下了很大功夫，學習了國内外研究契丹文字的主要論著，掌握了一般的契丹文字知識，并且閲讀了遼史，僞造了幾乎没有任何破綻的玦誌，但他仍有若干不到位的地方，有許多硬傷。根據這些硬傷，我認爲玦誌是徹頭徹尾的贋品。理由如下：

一、玦誌有十條大不敬的錯誤

傳世的契丹小字墓誌中經常出現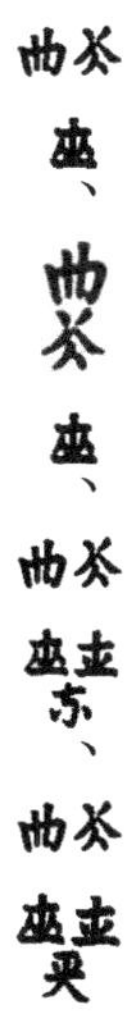等詞組。這些詞組直譯爲「家

汗」，[1]或「族系汗」、「族系可汗之」，實際是指「當朝皇帝」或「當今皇帝」。[2]在所有傳世的契丹小字墓誌中，這類詞組在墓誌銘中一般就出現一次，從没有多次出現的情況。而在耶律弘用墓誌銘中出現過兩次。而且出現這類詞組時都必須空格，以示尊敬，不空格是大不敬的錯誤或者説罪行。

玦誌第十四行有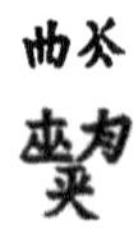，第十七行有，第十八行有，第二十三行兩次出現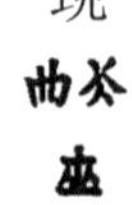，第二十四行有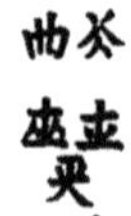，第二十九行有。出現了關於「當今皇帝」之義的詞組共達七次之多，全部都没有空格。玦誌第十七行有（太皇太后之），第二十三行有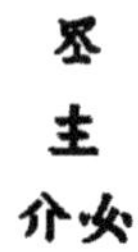（皇太后之）和（皇太后），這些地方也全部没有空格。也就是説玦誌共有十條大不敬的錯誤。僅憑這一點，在遼代就會有被殺頭之虞。這樣的墓誌絶對不是遼代人刻的，祇能認爲是不諳遼代禮制的文物販子在二十一世紀胡亂攢的。

① 參見即實謎林問徑——契丹小字解讀新程，遼寧民族出版社一九九六年版，第五〇二頁。

② 參見萬雄飛、韓世明、劉鳳翥契丹小字〈梁國王墓誌銘〉考釋，燕京學報新第二五期，北京大學出版社二〇〇八年版。

二、遼太祖不是女人是男人

在契丹小字大金皇弟都統經略郎君行記中，翻譯「大金國」的「金」字的契丹小字作。[1]在宣懿皇后哀冊中，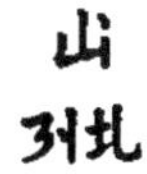（金烏）與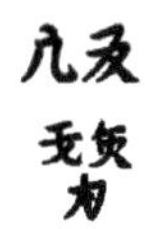（玉兔）對仗。於義爲「金」。[2]

契丹小字爲什麼用字形相近的、兩個字來表達「金」呢？原來在記錄契丹語的契丹小字中，定語和動詞有陰陽之分和男女之別。同是表達「金」的字是陽性，是陰性和中性。「金烏」是神話傳説中太陽裏面的三足烏，用以代表太陽。「玉兔」是神話傳説中月亮裏面的神獸小白兔，用以代表月亮。太陽和月亮這一組，太陽是陽性，月亮是陰性。因而表示太陽的（金烏）用了陽性的。在契丹語中，中性和陰性是零形態，「國家」一詞是中性的，所以「大金國」的「金」作而不作。

於義爲「天金」，是一個專指遼太祖的專用名詞。在傳世契丹小字資料中經常出現二字，

① 參見王靜如遼道宗及宣懿皇后契丹國字初釋，歷史語言研究所集刊一九三三年第三本第四分。

② 參見劉鳳翥契丹小字解讀再探，考古學報一九八三年第二期。

都是專指遼太祖。例如蕭高寧・富留墓誌銘（舊稱蕭令公墓誌銘）第四行的圣（大）乂用（聖）关（天）山（金）主（皇）王冇（帝之），許王墓誌銘第五行的圣（太）仐仐（祖）关（天）山（金）主（皇）王雨（帝之），耶律兀里本・慈特墓誌銘第三行的仕及药（聖）几（人）关（大）山（金）主王（皇帝），耶律智先墓誌銘第六行的圣（太）仐仐（祖）关（天）山（金）主王甫（皇帝之），等等。在遼史、契丹國誌、遼代漢字碑刻以及宋人的書籍中，遼太祖耶律阿保機的尊號和謚號中并沒有「天金」一詞。契丹文字的解讀可以補遼史之不足。

遼太祖耶律阿保機是男人，屬陽性，所以修飾他的「天金」中的「金」用陽性的山。然而玦誌第二行出現了关（天）山（金）主王矢（皇帝於），第三行又出現了关（天）山（金）主王（皇帝）。反復出現説明不是筆誤。在應該用陽性的山的地方，都用了陰性的山，讓人以爲遼太祖是一位女皇，遼代的契丹人絕對不會犯這樣的大錯誤。僅憑這一條，就能説明玦誌是現代不諳契丹語性語法的人製造的贋品。

吴英喆先生以發現契丹小字中的性語法而成名。他本應當發現玦誌把关山錯成关山的明顯錯誤，從而斷定玦誌是贗品。然而他却在摹本中把玦誌中的**关山**一律改成**关山**。[1]玦誌中「金」字究竟是**山**還是**山**，讀者請看剪裁下來的拓本照片，其右上角雖然有一朦朧的灰點（不是白點），用放大鏡可以看清那是拓製時由於上墨的遍數不夠所致，絕不是人工用刀刻製的筆畫。

三、玦誌没有書寫墓主人的名字，不符合墓誌撰寫體例

墓誌是介紹墓主人生平事迹的，應當書寫墓主的名字，否則就成了無頭案。在所有傳世的契丹小字墓誌中都有墓主的名字。在墓誌標題中可以寫上墓主的名字，也可以不寫墓主的名字而寫官职。不管標題中是否寫，但在正文中必須寫上墓主名字。例如契丹小字耶律宗教墓誌銘在標題中僅寫了「廣陵郡王」的爵位，没有寫名字。正文第二行一開始是**圣**（大）**杰**（王）**关化**（諱）**小火汁**（驢糞）**朩当化朩**（第二個名）**丙伏**（慈寧）。契丹小字蕭高寧·富留墓誌銘第二行一開始是**圣**（太）**兆**（師）**关化**（諱）**仐**（富）**小丙**（留）**朩当化朩**（第二個

① 參見吳英喆契丹小字新発見資料釈読問題，東京，東京外國語大学アジア・アフリカ言语文化研究所二〇一二年版，第二六九、二七〇頁。下面凡是引用吳英喆關於玦誌的言語均在此書，不再加注。

名）□（高寧）。契丹小字耶律（韓）高十墓誌銘在標題中雖然有□（王寧之）□（墓）□（誌），但第十三行仍有□（孩子）□（名）□（高）□（十）□（第二個名）□（王寧）。契丹小字耶律（韓）迪烈墓誌銘儘管在標題有□（空寧）□（迪烈）□（太保之）□（墓）□（誌），書寫了墓誌主人的契丹語全名「空寧・迪烈」，但在第二行仍有□（太）□（保）□（孩子）□（名）□（迪烈）□（第二個名）□（空寧）。契丹小字蕭奮勿膩・圖古辭墓誌銘標題中儘管有□（奮勿膩）□（尚）□（書之）□（墓）□（誌）□（銘），但在第二行仍有□（尚）□（書）□（諱）□（圖古辭）□（第二個名）□（奮勿膩）。契丹小字耶律仁先墓誌銘第六行有□（孩子）□（名）□（查剌）。契丹小字耶律智先墓誌銘標題中儘管有□（耶律）□（訛里本）□（太）□（尉之）□（墓）□（誌）□（銘），第四行至第五行仍有□（太）□（尉）□（孩子）□（名）□（耶魯）□（第二個名）□（訛里本）。限於篇幅，我們不再一一枚舉。□與□是同義語，於義均爲「孩子名」。

通過上述諸例我們可以明白，遼代契丹族男人的契丹語名字有「孩子名」、「第二個名」。「孩子名」

有時簡化爲「名」，我們可以根據漢字墓誌的習慣用語，將翻譯成「諱」。還有「全名」。全名是把「第二個名」與「孩子名」疊加在一起。疊加時「第二個名」置於「孩子名」之前。例如在契丹小字耶律（韓）高十墓誌銘中，韓匡嗣的契丹語全名是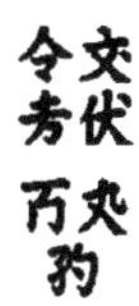（天你・尭治），韓德讓的契丹語全名是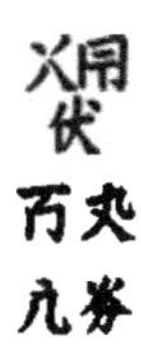（興寧・姚哥），韓德威的契丹語全名是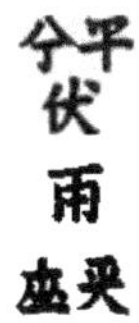（普你・大漢），等等。

契丹小字墓誌銘介紹墓誌主人的格式是「某官諱某某，第二個名某某」或「某官孩子名某某，第二個名某某」。漢字文獻在處理契丹語名字時，把「孩子名」處理爲「名」，把「第二個名」處理爲「字」。「第二個名」的尾音都是擬音爲[n]的等原字。遼史卷九一耶律玦傳說：「耶律玦，字吾展。」耶律玦的最後官職爲「敞穩」。我們通檢玦誌，不僅找不到「敞穩孩子名玦，第二個名吾展」這樣的格式，也找不到墓誌主人名「玦」或「吾展」的任何痕迹。這實在有違墓誌通例。僅此也足以説明玦誌是粗製濫造的贋品。

我猜想作僞者不會不瞭解司空見慣的「某官諱某某，第二個名某某」或「某官孩子名某某，第二個名某某」的格式。他要想胡亂攢一個「敞穩孩子名玦，第二個名吾展」，肯定也能辨到。但他爲什麽故意不寫墓主的名字呢？我猜想這是作僞者故意設的圈套。他想讓研究玦誌者即使在没有名字的情况下，通過年款和職官研究出墓主是耶律玦而感到驚喜。研究者們果然中了圈套，在沾沾自喜之餘，竟然忘了最起碼的墓誌撰寫格式。贋品意識實在淡薄得太離譜。

吴英喆把玦誌第二行的  音譯爲「烏」，認爲「烏」與「吾展」中的「吾」同音而爲人名。實在過於牽强。

四　鮮質可汗與遼太祖没有血緣關係

遼史·耶律玦傳説耶律玦是「遥輦鮮質可汗之後」。即實最早把契丹小字蕭高寧·富留墓誌銘第二十四行的  解讀爲「鮮質可汗之」。[1]鮮質可汗是遥輦氏第五世可汗。但蕭高寧·富留墓誌銘第二十四

① 參見即實謎林問徑——契丹小字解讀新程，遼寧民族出版社一九九六年版，第九五頁。

行的二字之前有修飾語（孟）（父房），即實於是對蕭高寧·富留墓誌銘中的是否爲「遥輦鮮質可汗」産生了懷疑，他説：「本誌（引者按：指蕭高寧·富留墓誌銘）所言鮮質是否遥輦氏可汗尚難説定……從上有孟父房一稱説又難看做遥輦氏第五世可汗（鮮質）……一時還難得出明確的答案。」[①]遥輦鮮質可汗的後人在遼代雖然也姓耶律，例如耶律玦，但與遼太祖没有血緣關係。遼代「三耶律：一曰大賀；二曰遥輦；三曰世里，即皇族也。」[②]根據遼史·百官誌，遼代的皇族專稱横帳，横帳下面有三個父房：孟父房、仲父房、季父房。遼太祖二伯父巖木的後人都屬孟父房，遼太祖三伯父釋魯的後人均屬仲父房，遼太祖弟弟們的後人都屬於季父房。[③]

作僞者在刻製玦誌時，由於他不會翻譯遼史·耶律玦傳中的「遥輦鮮質可汗之後」這句話，於是就把契丹小字蕭高寧·富留墓誌銘第二十四行的原封不動地抄入玦誌中，并且加了一個於

①參見即實謎林問徑——契丹小字解讀新程，遼寧民族出版社一九九六年版，第九五頁。

②遼史卷三二，中華書局一九七四年版，第三八一頁。

③參見遼史卷四五、卷六六，第七〇七、一〇一五至一〇一九頁。

義爲「人」的契丹小字**几**，讓研究者往「孟父房鮮質可汗之後人」方面思考。吳英喆果然不顧及即實先生早已指出的「孟父房」不適合作爲「鮮質可汗」之定語的事實，硬把釋爲「孟父之鮮質可汗之後裔」，從而論定玦誌的主人是遼史卷九一有傳的耶律玦。把「遥輦鮮質可汗之後」的耶律玦説成是耶律阿保機二伯父巖木的後人，説明玦誌的刻製者和解讀者均不瞭解「孟父房」與「遥輦鮮質可汗」不能配伍的關係。遥輦氏的後人在遼朝雖然也姓耶律，但不在横帳之内，而是另稱遥輦帳。例如「以遥輦帳郎君陳哥爲西北路巡檢」。①

吳英喆把玦誌第七行的釋爲「捺鉢敵輦鮮質可汗之第八代人」，是説耶律玦是「捺鉢敵輦鮮質可汗之第八代人」。這樣就對遼史・耶律玦傳中的「遥輦鮮質可汗之後」做了「補充」，「鮮質」有了全名「敵輦・鮮質」，耶律玦不僅是「遥輦鮮質可汗之後」，而且更具體化是鮮質可汗

① 遼史卷十七，第二〇二頁。

的第八代孫。释[契丹小字]爲「捺钵」，吴先生并没有舉出證據。即實釋[契丹小字]爲「宗族」，[1]潛龍先生等釋[契丹小字]爲「宗室之」。[2]如果釋[契丹小字]爲「鮮質」，又把他牽涉到皇族中去了。

蕭高寧・富留墓誌銘第二十四行的[契丹小字][契丹小字][契丹小字][契丹小字]短語也出現在蕭特每・闊哥第二夫人墓誌第七行。正因爲「孟父房」與「遥輦鮮質可汗」不能配伍，所以潛龍先生把蕭特每・闊哥第二夫人墓誌中的[契丹小字]釋爲人名「斜茨」，其根據是遼史・何魯不傳説「何魯不，字斜寧」。[3]何魯不的契丹語全名出現在契丹小字耶律迪烈墓誌銘第十行中，作[契丹小字][契丹小字][4]（斜寧・何魯不）。把[契丹小字]字下面的讀音爲「寧」的原字[契丹小字]去掉，剩下的[契丹小字]讀音恰爲「斜」。再根據對原字[契丹小字]的擬音，[契丹小字]讀音爲人名「斜茨」是極爲恰當的。

① 參見即實謎林問徑——契丹小字解讀新程，遼寧民族出版社一九九六年版，第四九〇頁。
② 參見劉鳳翥、周洪山、趙杰、朱志民契丹小字解讀五探，臺北，漢學研究第十三卷第二期，一九九五年，抽印本。
③ 參見劉鳳翥、清格勒契丹小字〈蕭特每・闊哥駙馬第二夫人韓氏墓誌銘〉考釋，張希清、田浩、黄寬重、于建設主編十至十三世紀中國文化的碰撞與融合，上海人民出版社二〇〇六年版，第四八七頁。
④ 盧迎紅、周峰契丹小字〈耶律迪烈墓誌銘〉考釋，民族語文二〇〇〇年第一期。

五、玦誌把蕭姓和耶律姓用在同一个人身上

契丹小字 才古 的本義是「兄弟」，才古火 的本義是「兄弟的」，但用在表明某人的身份時則應分別釋爲「横帳」和「横帳之」。尤其是 才古火 經常後綴「孟父房」、「仲父房」和「季父房」等字樣。「兄弟的孟父房」、「兄弟的仲父房」、「兄弟的季父房」讓人怎麼也不明白如何释義，「兄弟的」在這些地方怎麼講？如果把它改爲「横帳的」，則一通百通。所以在表明身份時，契丹小字 才古火 於義是「横帳的」，用以表明是皇族，姓耶律。在所有的傳世契丹小字資料中，把 才古火 釋爲「横帳的」，可以説一通百通。①把 才古火 釋爲「横帳之」也曾得到吴英喆先生的認同。他把蕭奮勿膩·圖古辭墓誌銘第七行的 才古火尺分丰村 釋爲「横帳之仲父房」。②即實早先把 才古火 釋爲「惕隱司」，③最近他又説 才古火「在宗室意義上也可譯爲横

① 參見劉鳳翥解讀契丹文字不能顧此失彼，要做到一通百通，劉寧主編遼金史論集第十三輯，中國社會科學出版社二〇一三年版，第七八至八九頁。
② 吴英喆契丹語静詞語法範疇研究，内蒙古大學出版社二〇〇七年版，第四三頁。
③ 參見即實謎林問徑——契丹小字解讀新程，遼寧民族出版社一九九六年版，第五〇五頁。

帳或大橫帳。橫帳也是習慣稱呼」。①愛新覺羅・烏拉熙春採納了即實早年的意見，也把釋爲「惕隱司」。②惕隱司是管理皇族的，也表明其姓耶律。「橫帳」也好，「惕隱司」也好，表示皇族即姓耶律，在學界本來是共識。衹是在贗品墓誌被揭露之後，吳英喆先生纔放弃了釋爲「橫帳之」，而僅僅釋爲「兄弟之」。

即實最早釋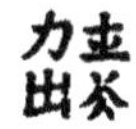爲「舅」，爲「國舅帳之」，③以表示姓蕭。這在學界已經是共識。儘管吳英喆在契丹小字〈蕭敵魯墓誌銘〉及〈耶律詳穩墓誌〉絶非贗品——與劉鳳翥先生商榷一文中曾經放弃他在契丹語靜詞語法範疇研究一書中認同的釋爲「國舅」的觀點，而主張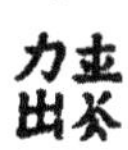義僅爲「舅」。但他在契丹小字新發現資料釋讀問題（契丹小字新発見資料釈読問題）一書中又恢復了釋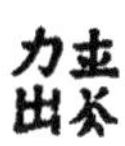爲「國舅」，釋爲「國舅之」的觀點。認識有所反復是正常現象。

① 即實謎田耕耘——契丹小字解讀續，遼寧民族出版社二〇一二年版，第一三九頁。
② 愛新覺羅・烏拉熙春契丹文墓誌より見た遼史，松香堂书店二〇〇六年版，第七二頁。
③ 參見即實謎林問徑——契丹小字解讀新程，遼寧民族出版社一九九六年版，第四六五頁。

前面我們點出的一大批贗品契丹小字墓誌有一個共同的錯誤，即把「橫帳」和「國舅」用到一個人身上，也就是他們既姓耶律又姓蕭。玦誌也不例外。玦誌第十行有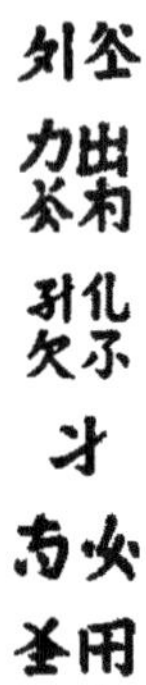，吳英喆把它釋爲「別部國舅之宰相之兄弟之解里」。玦誌第三十一行至三十二行又有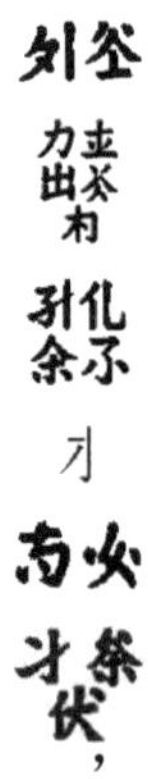，吳英喆把它釋爲「別部國舅之宰相之兄弟之胡覩堇」。人名解里和胡覩堇之前均有修飾語「別部國舅之宰相之兄弟之」，這個修飾語極爲令人費解。釋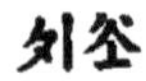字爲「別部」原是即實的臆測之詞，并沒有論定的任何證據。「國舅」表示姓蕭，「宰相」是誰呢？「宰相之兄弟」究竟是「兄」還是「弟」，叫什麼名字？「兄弟」又加「之」，再加人名，既不通順，又顯累贅。在傳世的所有契丹小字墓誌銘中從來没有出現過哪怕一例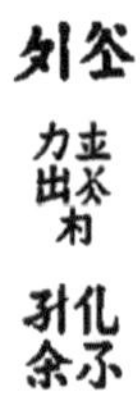這樣的病句。因爲一個人不可能既姓耶律又姓蕭。這樣的病句反復出現在蕭徽哩輦・汗德墓誌銘和玦誌中，衹能説明它們是同批生産的贗品。一假皆假，衹要砸實其中一件是贗品，就説明它們全部是贗品。

六　玦誌錯字連篇，詞句不通

如前所述，玦誌第二行和第三行把錯成。玦誌第三行把（天子）的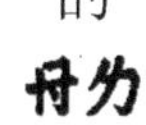誤作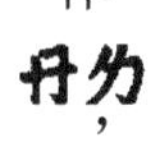，傳世契丹小字中根本就沒有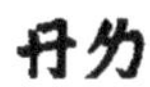字。第十行把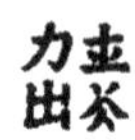誤作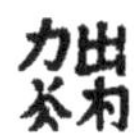。第十三行把誤作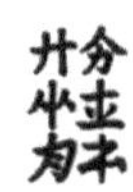。第十四行把誤作。第十七行把誤作。第三行把誤作，末兩筆的筆畫和筆順都不對。又把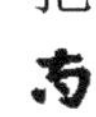誤作。吳英喆先生把玦誌第三行的釋爲「可汗之兄弟於歲」。爲時位格詞尾，「可汗之兄弟於歲」按漢語語序爲「歲於可汗之兄弟」。這種詰屈聱牙的詞句讓人難以明白。

在契丹小字中提到契丹語的名字時，一般用「第二個名」或全名而不用「孩子名」。但在玦誌中提到「第五代祖父」的名字時用了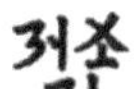（匣馬葛），這是「孩子名」，提到「第四代祖父」的名字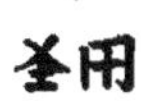（解里），也是「孩子名」。這根本不符合遼代契丹小字墓誌銘的書寫習慣。

遼代漢字墓誌銘和契丹小字墓誌銘在計算多少代祖先時都把墓主也算作一代，第四代祖先即曾祖，第三代即祖父。一般僅僅統計到第四代（曾祖）爲止，以下就直接說祖父了。玦誌把第三代祖父作曾祖，說完了第三代祖父之後，再說祖父，贋品耶律廉寧墓誌銘也有類似情況，這種獨特的計算世系的方法違背遼代墓誌的常例。

七　僞造玦誌的方法

遼史·耶律玦傳僅二百一十三字：

耶律玦，字吾展，遙輦鮮質可汗之後。

重熙初，召修國史，補符寶郎，累遷知北院副部署事。入見太后，后顧左右曰：「先皇謂玦必爲偉人，果然。」除樞密副使，出爲西南面招討都監，歷同簽南京留守事、南面林牙。皇弟秦國王爲遼興軍節度使，以玦同知使事，多所匡正。十年，復爲樞密副使。咸雍初，兼北院副部署。及秦國王爲西京留守，請玦爲佐，從之。歲中獄空者三，召爲孟父房敞穩。

玦不喜貨殖，帝知其貧，賜宮户十。嘗謂宰相曰：「契丹忠正無如玦者，漢人則劉伸而已。然熟察之，玦優于伸。」

先是，西北諸部久不能平，上遣玦問狀，執弛慢者痛繩之。以酒疾卒。[1]

目前契丹小字的解讀水平是解讀出來的少，尚未解讀出來的多，至今還沒能通讀一件契丹小字墓誌。誰也沒有能力把上述耶律玦傳全文翻譯成契丹小字。但耶律玦傳的一些官名、年款都出現在傳世的墓誌銘中，且都被解讀，不管是否正確，也不管學界是否有不同意見，解讀者把現成的諸家解讀結果取其所需、東抄西湊成職官和年款，諸如〔契丹小字〕（敞穩）、〔契丹小字〕【〔契丹小字〕】（重熙）、〔契丹小字〕【〔契丹小字〕】〔契丹小字〕（太后）、〔契丹小字〕（鮮質可汗）、〔契丹小字〕（南院林牙）、〔契丹小字〕（秦國大王）、〔契丹小字〕（咸雍）、〔契丹小字〕（南西招討都監）、〔契丹小字〕（咸雍二年冬，秦國王之西宮留守拜，副署）、〔契丹小字〕（皇太后□曰）、〔契丹小字〕（孟父房敞穩）等等，搭出耶律玦傳的框架，然後再往上給他編幾代祖宗，往下編幾個子女，再編幾個親戚，最後填充一些瞎編的契丹小字就成了。其中凡是能解讀的短語，我們都能找到其抄襲的出處。與玦誌有親戚關係的諸如蕭胡覩堇墓誌銘、蕭敵魯墓誌銘等都是用這種方

① 遼史，卷九一，第一三六四頁。

法製造的。其中比較完整的句子是令雨几火杰攵令关几丙太攵小丙叉圡业及令北（秦國王之西宮留守拜），這是翻譯的遼史·耶律玦傳中的「秦國王爲西京留守」。這句話中的主語是「秦國王」，契丹語中的主語是零狀態，不附加任何附加成分，玦誌在杰（王）字後面加所有格詞尾攵顯然錯誤。契丹語中「拜官」的「拜」，儘管有业及圡子木、业及子北、业及舟子叉、业及圡子丰、业及圡子朩、业及圡子木为、业及子州、业及子屮、业及仐、业及闲小叉、业及闲小朩、业及闲小伏、业及火小夲等多個形式，第三個原字從來沒有作令者。

八　刻製潦草，不符合禮制

刻墓誌銘有一定的程序，先書丹再刻。一共多少行，每行多少字，都有一定的計劃。玦誌顯然沒有書丹，隨意往上刻，到了第四十五行的下半行發現文字刻不下了，字就逐漸小起來。第四十六行的字特別小、特別密。這與內蒙古大學收藏的耶律廉寧墓誌銘的情況一樣。草率行事祇能出現在非精製的贗品中，不可能有其他的解釋。

九 玦誌書法没有遼代的氣韵

綜觀玦誌拓本的書法，筆畫軟弱輕浮，呆板拙笨，有些字多筆少劃，有些字結構鬆散，毫無遼代契丹小字碑刻的雄渾之氣和逸美之趣，更没有遼代碑刻的深厚底藴。内容上多是些東抄西凑的人名和官名堆砌，許多地方不符合契丹語的語法。用放大鏡仔細觀察每一筆畫，不像是人工用刀子刻的，有用電腦刻製之嫌疑。祇要把玦誌和耶律（韓）高十墓誌銘之類的遼代契丹小字墓誌反復對照着多讀幾遍，就能發現其間的天壤之别。蔡美彪先生見到玦誌拓片時説「氣相不對」，可謂行家之言。

基於以上九點，我認爲玦誌是徹頭徹尾的贋品。

又，余撰此稿，多蒙吾師澘龍先生時時啓誨。師母李老師代爲臨摹玦誌墓誌全文（見附録）。初稿撰訖，聊申淵源。

（原載北京大學國學研究第四十三卷，二〇二〇年八月出版）

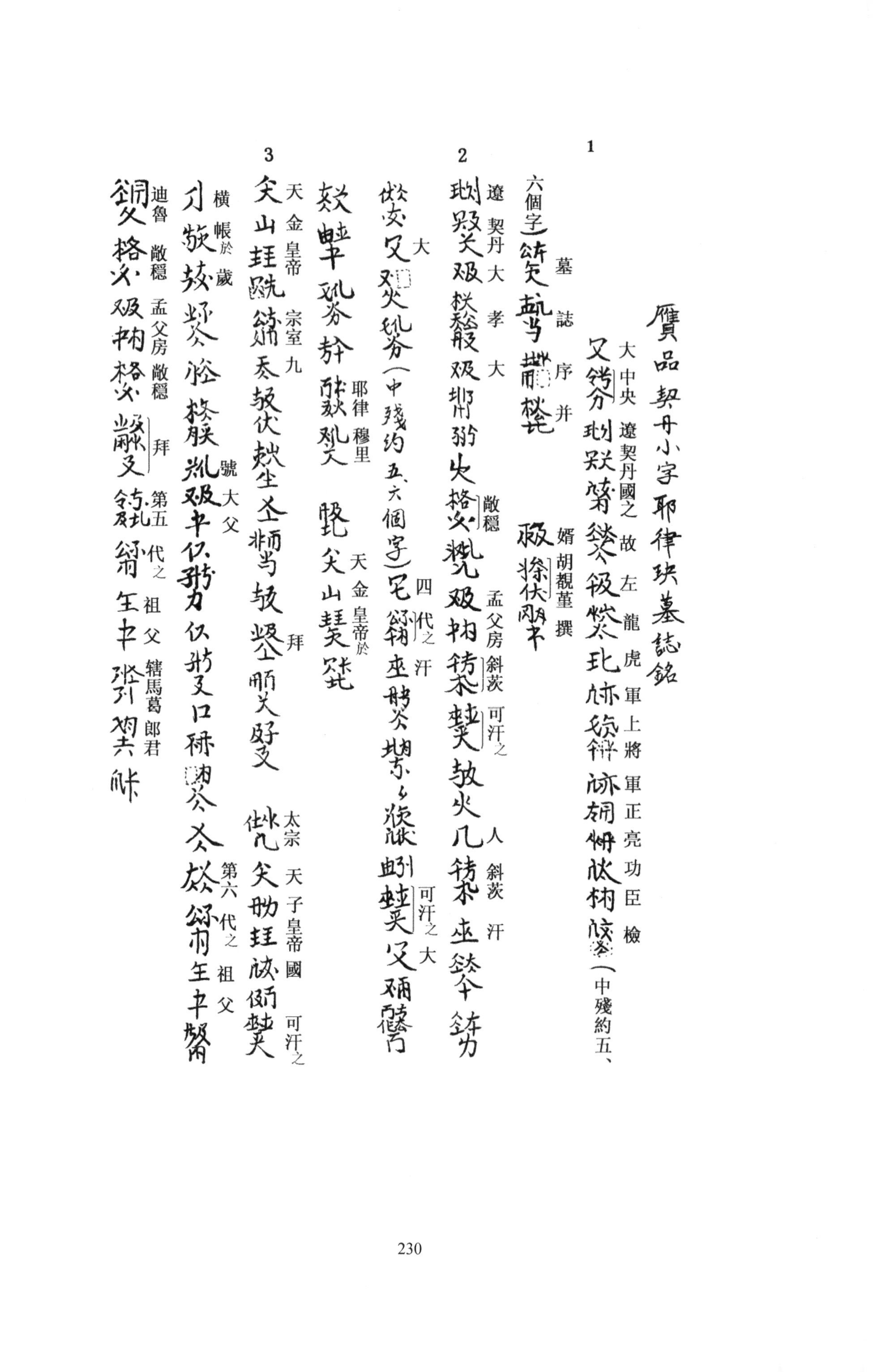

贋品 契丹小字耶律玦墓誌銘

1 大中央遼契丹國之故左龍虎軍上將軍正亮功臣檢（中殘約五、六個字）

墓誌序并

婿胡覩堇撰

2 遼契丹大孝大 敵穩 孟父房斜茨 可汗之 人 斜茨 汗

大（中殘約五、六個字） 四代之汗 可汗之大

耶律穆里 天金皇帝於

3 天金皇帝 宗室九 拜 太宗 天子皇帝國 可汗之

橫帳於歲 號大父 第六代之祖父

迪魯 敵穩 孟父房 敵穩 拜 第五代之祖父 轄馬葛郎君

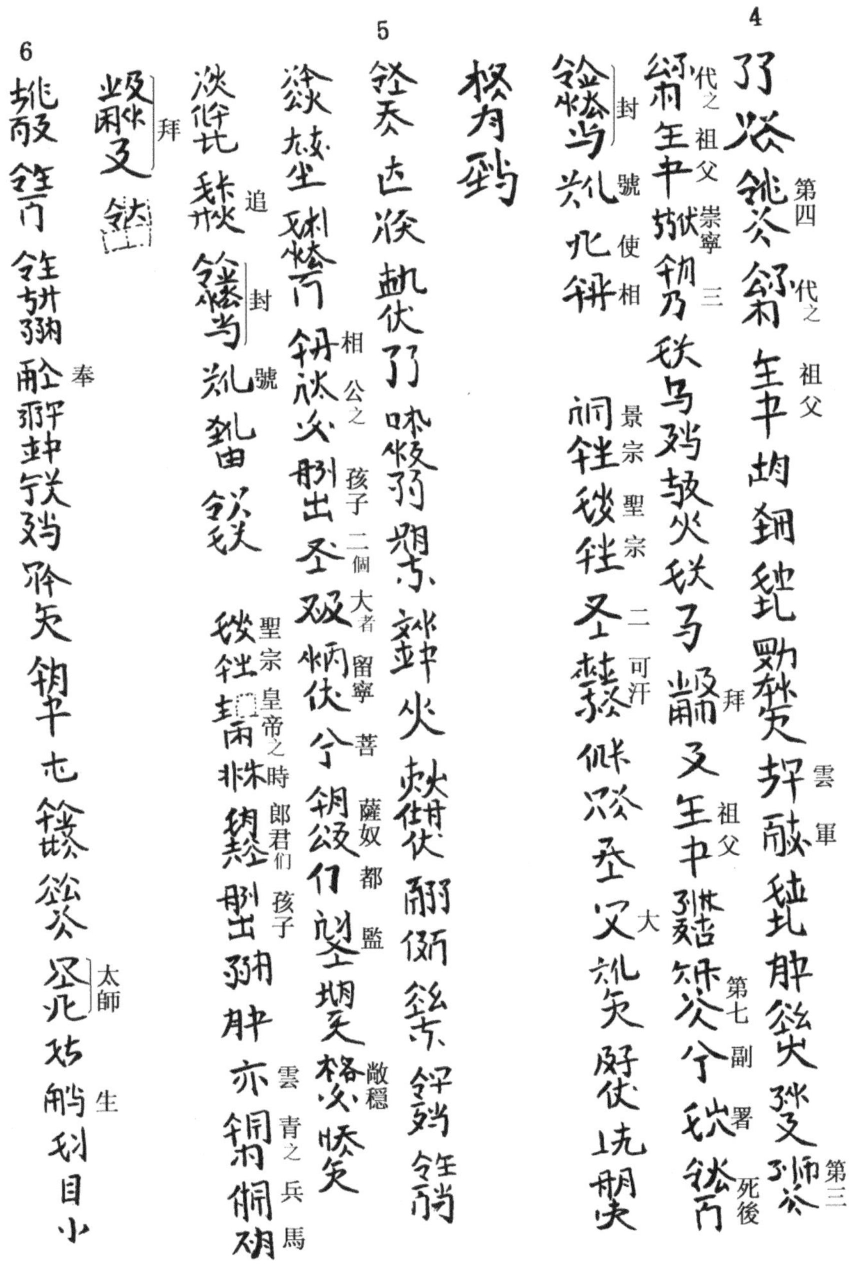
4
第四
代之
祖父
雲
軍
第三
代之
祖父
崇寧
三
拜
祖父
第七
副
署
死後
封
號
使
相
景宗
聖宗
二
可汗
大
5
相
公之
孩子
二個
大者
留寧
菩
薩奴
都
監
敵穩
封
號
追
聖宗
皇帝之時
郎君們
孩子
雲
青之兵
馬
拜
6
奉
太師
生

名 一生之

知

7

號於 第二個 西寧 高留侍中 西寧

侍中之 誌 敵穩 留寧 太師之 第一子 斜茇 可汗之 第八代之

人 弟 訛里本 豬糞 太尉 观察之號 封 孟父房 都監 守

8

孝 母 孝 廉 夫人 國之 唐

太師 留史 公 主之 子 七個 侍中 敵里別 夫人二人之 第二 女 姐 副署 相公

夫人 孩子

9 孝 拜

二十八於 拜 敵穩 太尉 二人之

孩子於

10 又 弟 西寧 侍中之 長 子迪烈 令公之 郎君

女兒 三個 大者 阿姆哈娘子 宰相之 橫帳之 解里 郎君於 嫁 第二個 智格里

娘子 第三個 侍中 宮之 青 司於 節 敵穩

11 子

號 女 夫人 大禮之字

大于越之禮之字 弟 豬糞 太師之

12

契丹

該時 人 孩子 孝

雲 軍 二十二於 金 敕之 二十

三 印

13

牌司 郎君 該 年 通進之 二十四 該時 興 宗 皇

帝 重熙 十二年於 左院 通進

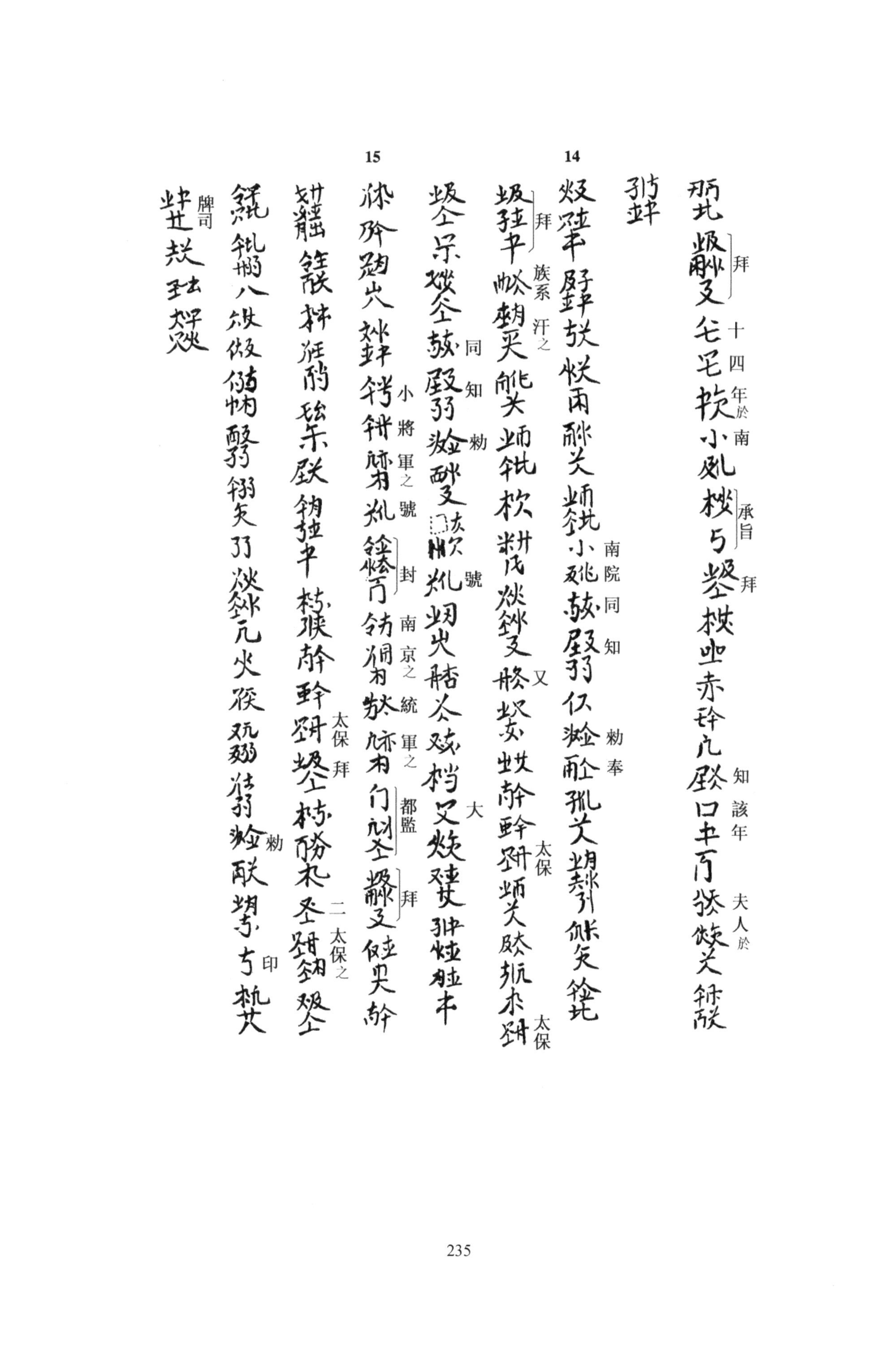

拜 十四年於南 承旨 拜 知該年 夫人於

14 南院同知 勅奉

拜 族系汗之 又 太保 太保

同知勅 號 大

15 小將軍之號 封 南京之統軍之 都監 拜

太保拜 二太保之

勅 印

牌司

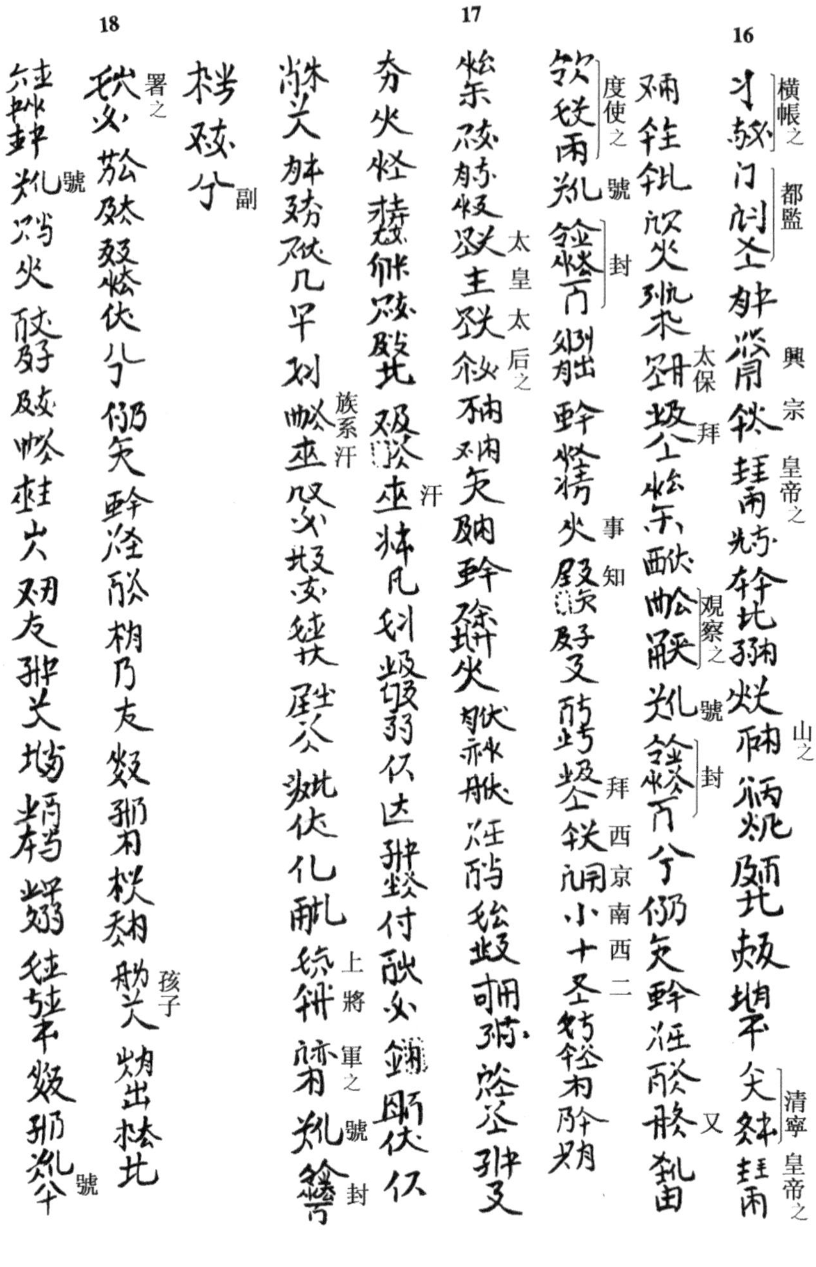
16
横帳之
都監
興宗皇帝之
山之
清寧皇帝之
太保
拜
观察之
號
封
又
度使之
號
封
事
知
拜
西京南西二
17
太皇太后之
汗
族系汗
上將軍之
號
封
18
副
署之
孩子
號
號

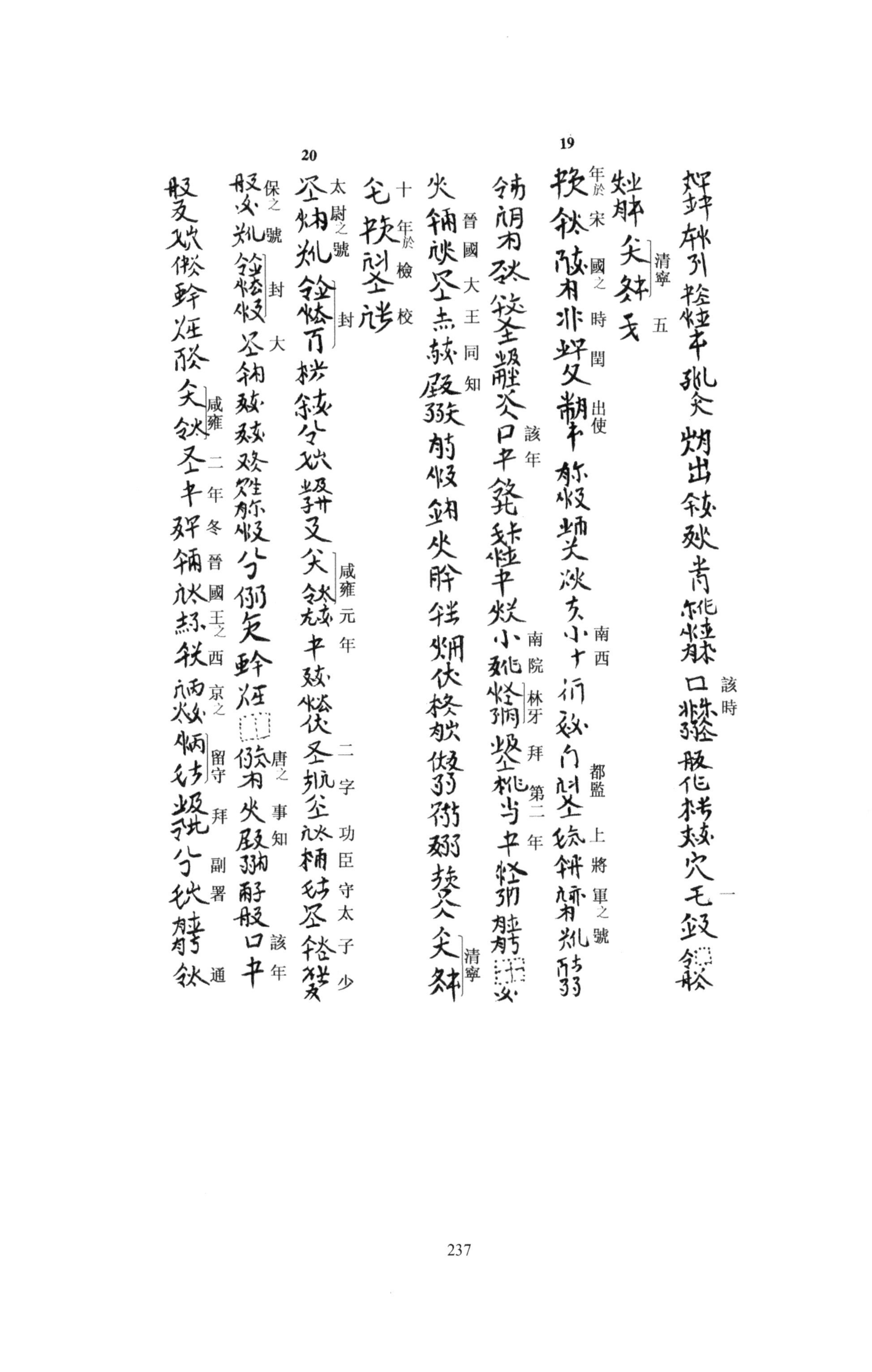

該時 一

清寧五

19

年於宋國之時閏出使 南西 都監 上將軍之號

該年 南院林牙拜第二年

晉國大王同知 清寧

十年於檢校

20

太尉之號 封 咸雍元年二字功臣守太子少

保之號 封大 唐之事知 該年

咸雍二年冬晉國王之西京之留守拜副署通

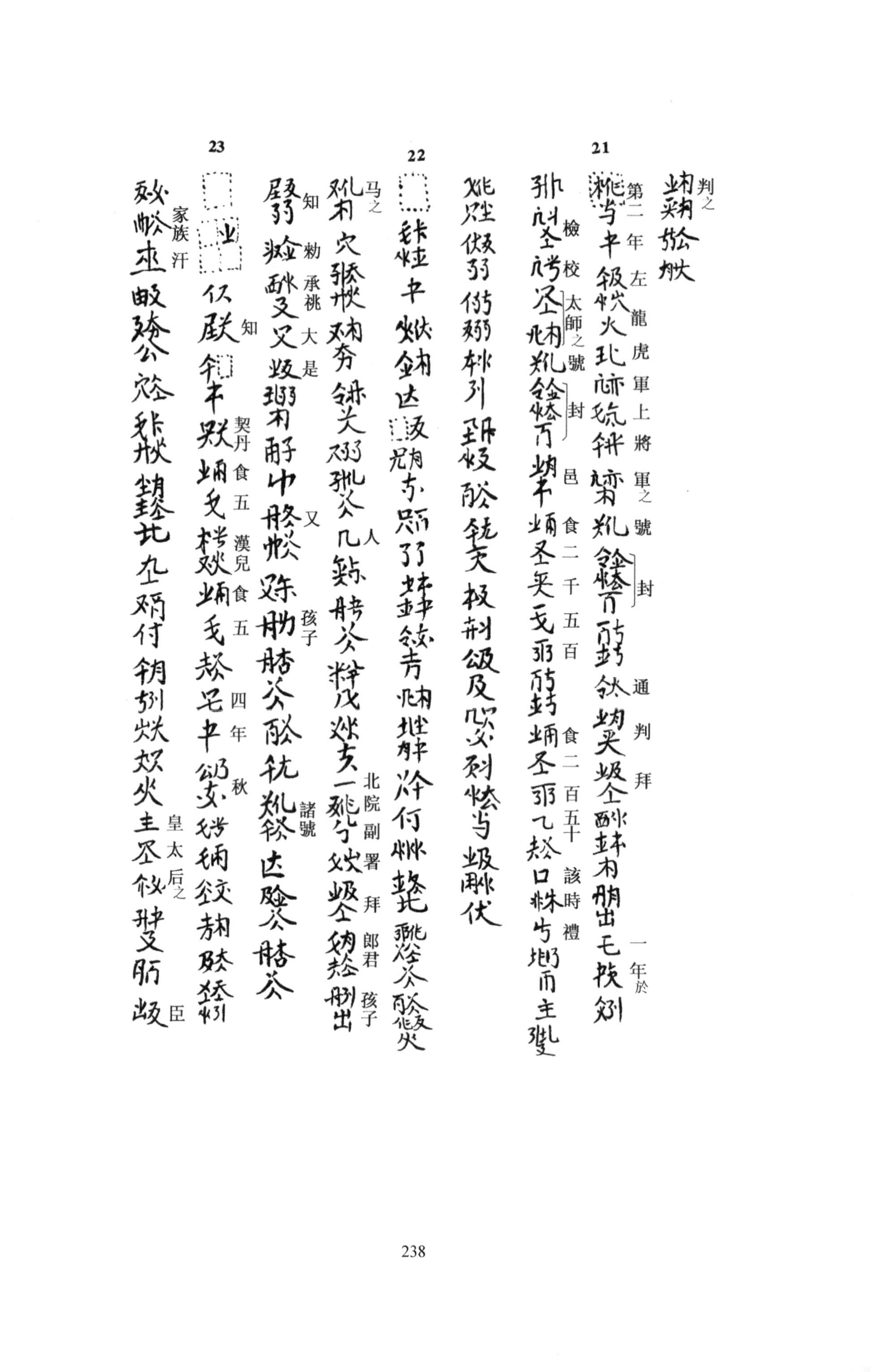

判之

21

第二年左龍虎軍上將軍之號 封 通判拜 一年於

檢校太師之號 封 邑食二千五百 食二百五十 該時禮

22

马之 人 北院副署拜郎君孩子

知 勑承祧大是 又 孩子 諸號

23

知 契丹食五 漢兒食五 四年秋

家族汗 皇太后之 臣

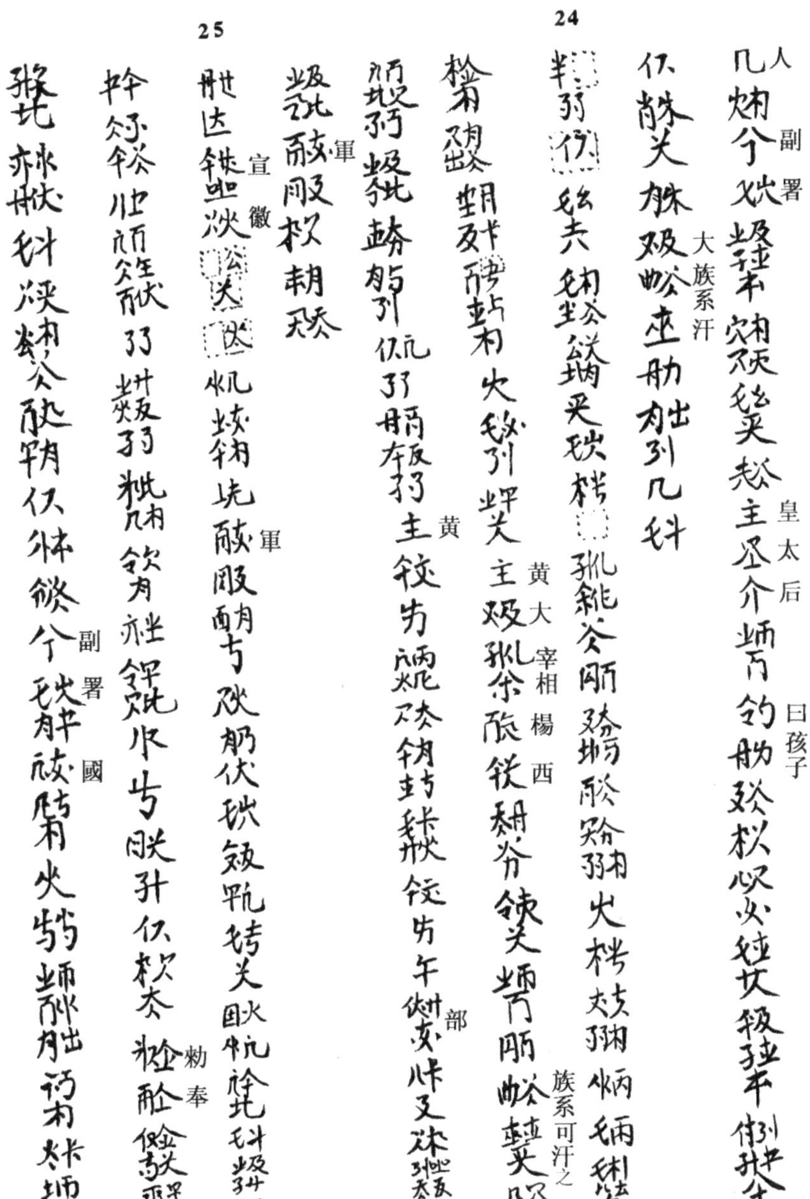
24
25
人
副署
皇太后
曰孩子
大族系汗
黃大宰相楊西
族系可汗之
黃
部
軍
宣徽
軍
勅奉
副署國

26

十二月於敵穩

南京之留守

太

號又

敵穩

時於號

27

拜

一

28 二 五

年 冬 軍

樞密 敕 六 年 冬

十 一 月 二 十 九 日 於 病

29 族系汗 太 師 太 師 第 一

太 保 之 病

該 夜 二 薨 日

大

30 大 聖 汗 奉 子

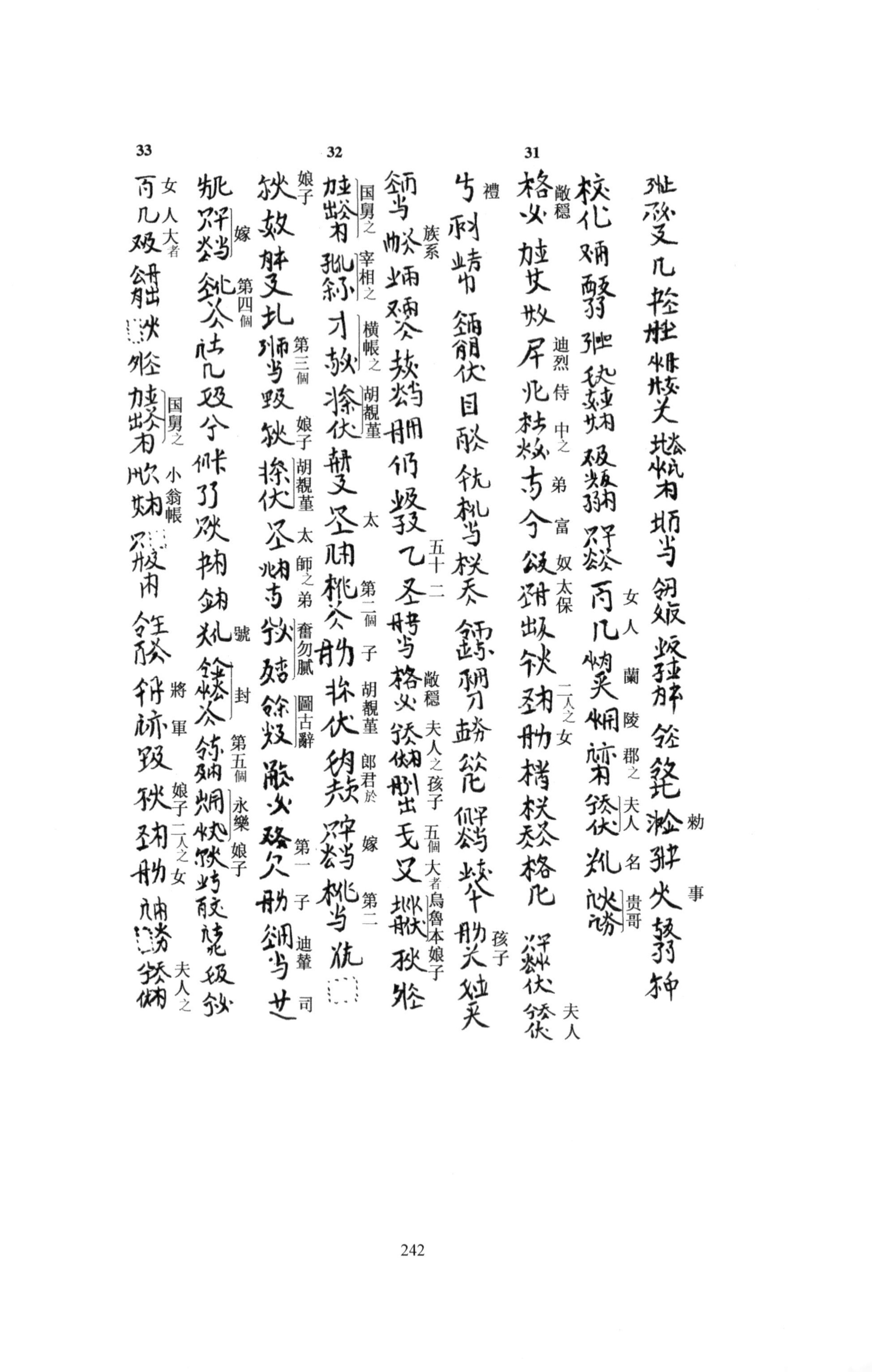

勅 事
女人 蘭陵郡之夫人 名 貴哥
31 敵穩 迪烈 侍中之 弟 富 奴 太保 二人之女 夫人
禮 孩子
族系 五十二 敵穩 夫人之孩子 五個 大者 烏魯本娘子
32 国舅之 宰相之 橫帳之 胡覩堇 太 第二個 子 胡覩堇 郎君 於 嫁 第二
娘子 第三個 娘子 胡覩堇 太師之弟 奮勿膩 圖古辭 第一 子 迪輦 司
嫁 第四個 號 封 第五個 永樂 娘子
33 女人大者 国舅之 小翁帳 將軍 娘子二人之女 夫人之

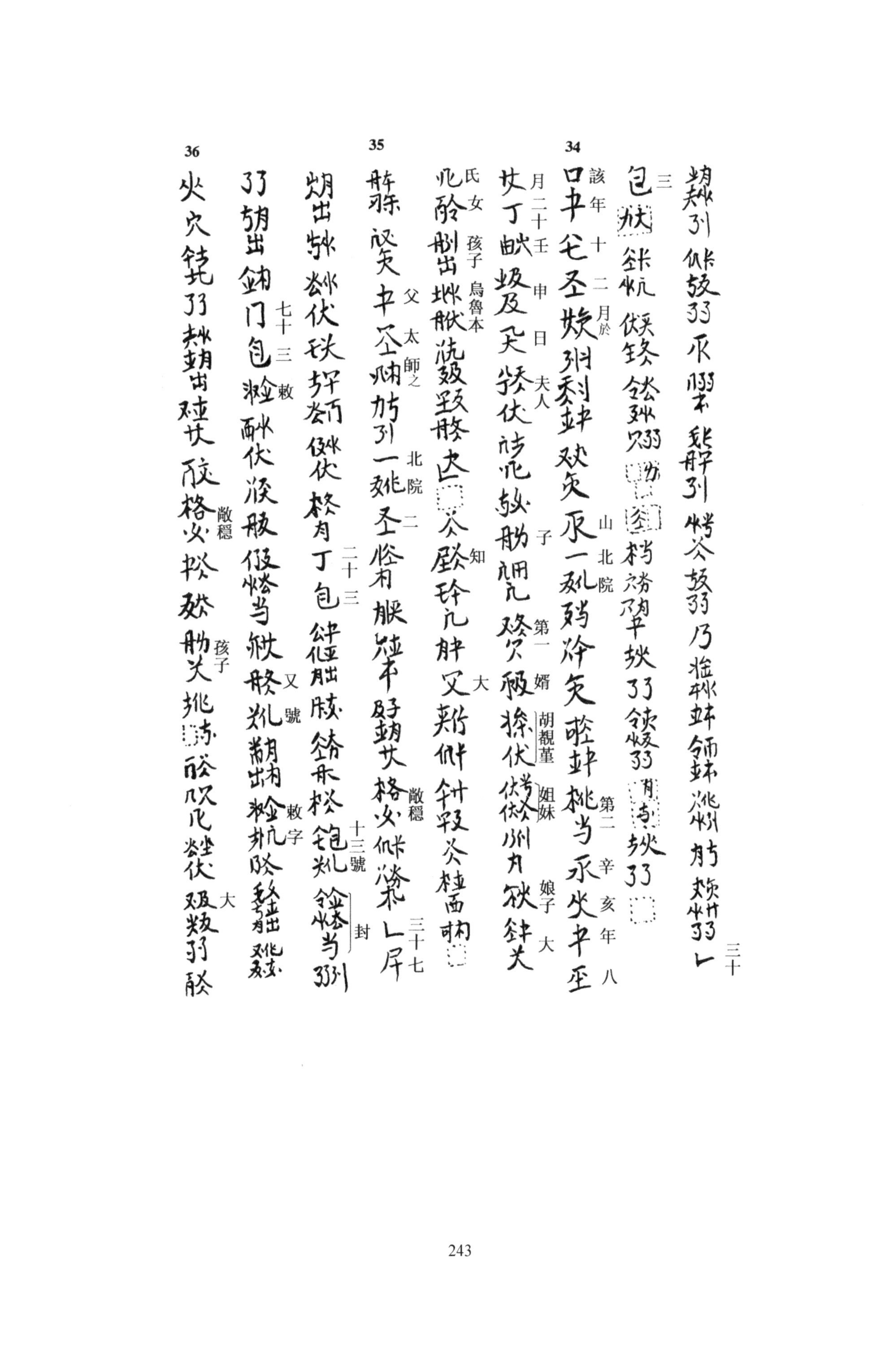

[illegible] 三十

三 [illegible]

34 [illegible] 該年 十 二 月於 山 北 院 第二 辛 亥 年 八

[illegible] 月 二 十 壬 申 日 夫人 子 第一 婿 胡覩堇 姐妹 娘子 大

[illegible] 氏 女 孩子 烏魯本 知 大

35 [illegible] 父 太 師之 北 院 二 敞穩 三十七

[illegible] 二十三 十三號 封

[illegible] 七十三 敕 又號 敕字

36 [illegible] 敞穩 孩子 大

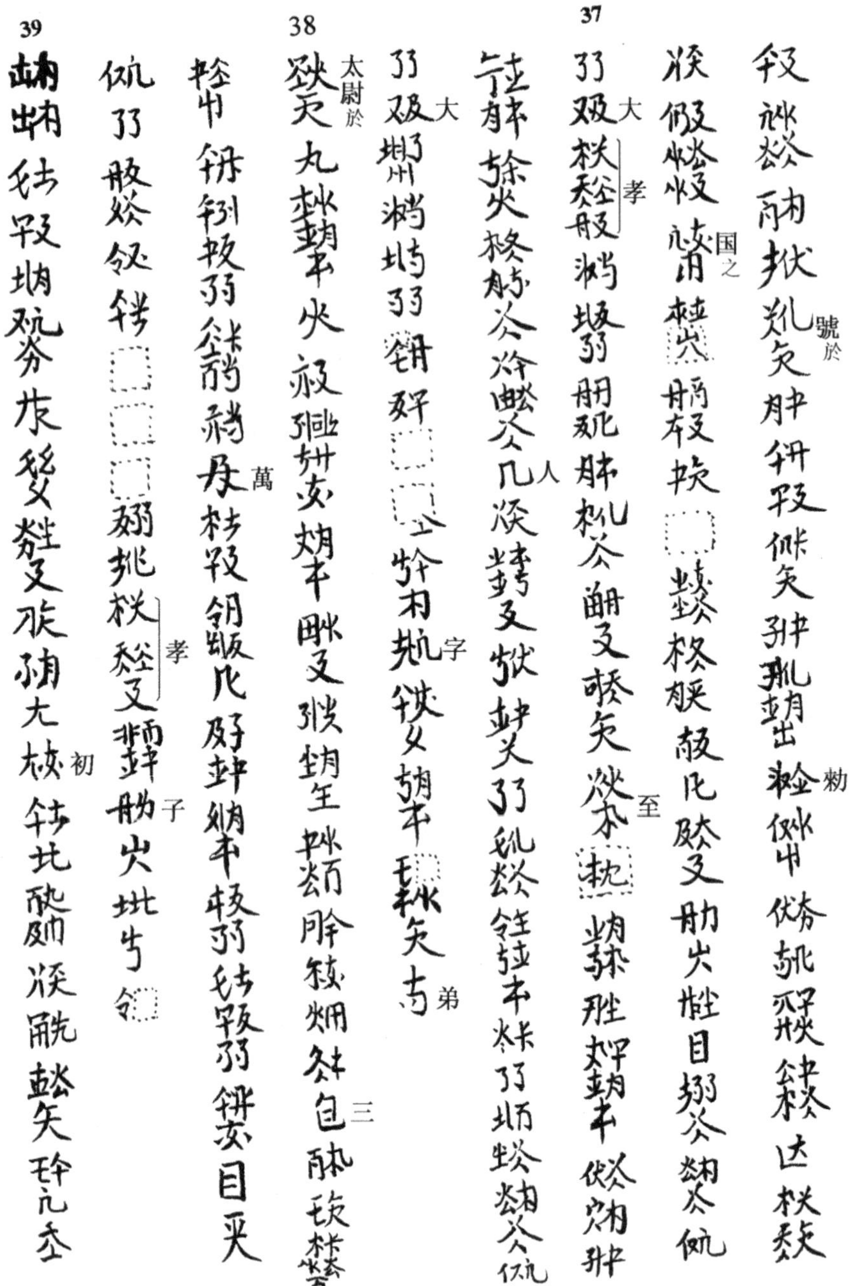
37
38
39
號於
敕
国之
大
孝
至
人
大
字
弟
太尉於
三
萬
孝
子
令
初

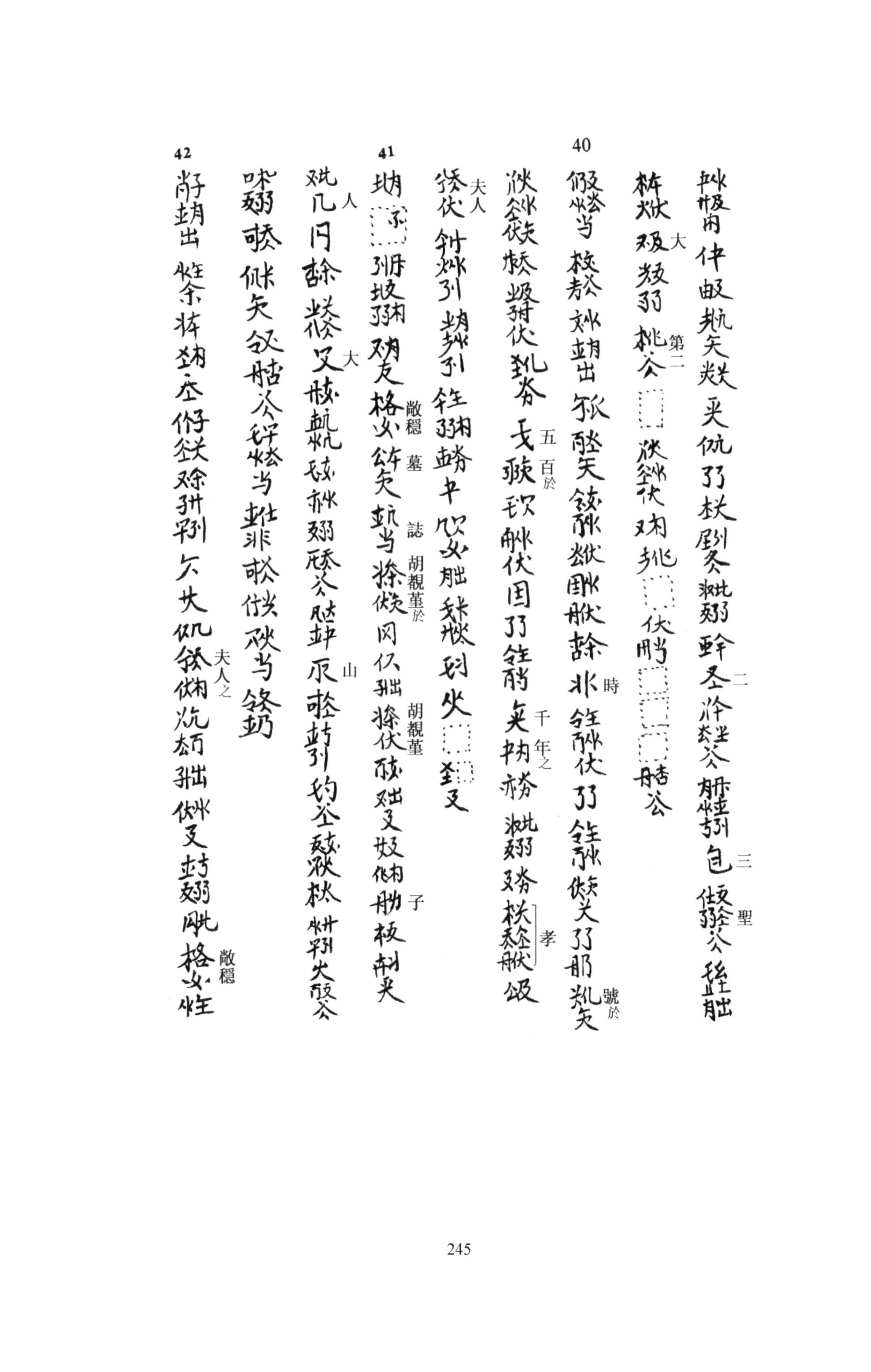

二 三 聖

大 第二

40 時 號於

五 百於 千 年之 孝

夫人

41 敞穩 墓 誌 胡覩堇於 胡覩堇 子

人 大 山

42 夫人之 敞穩

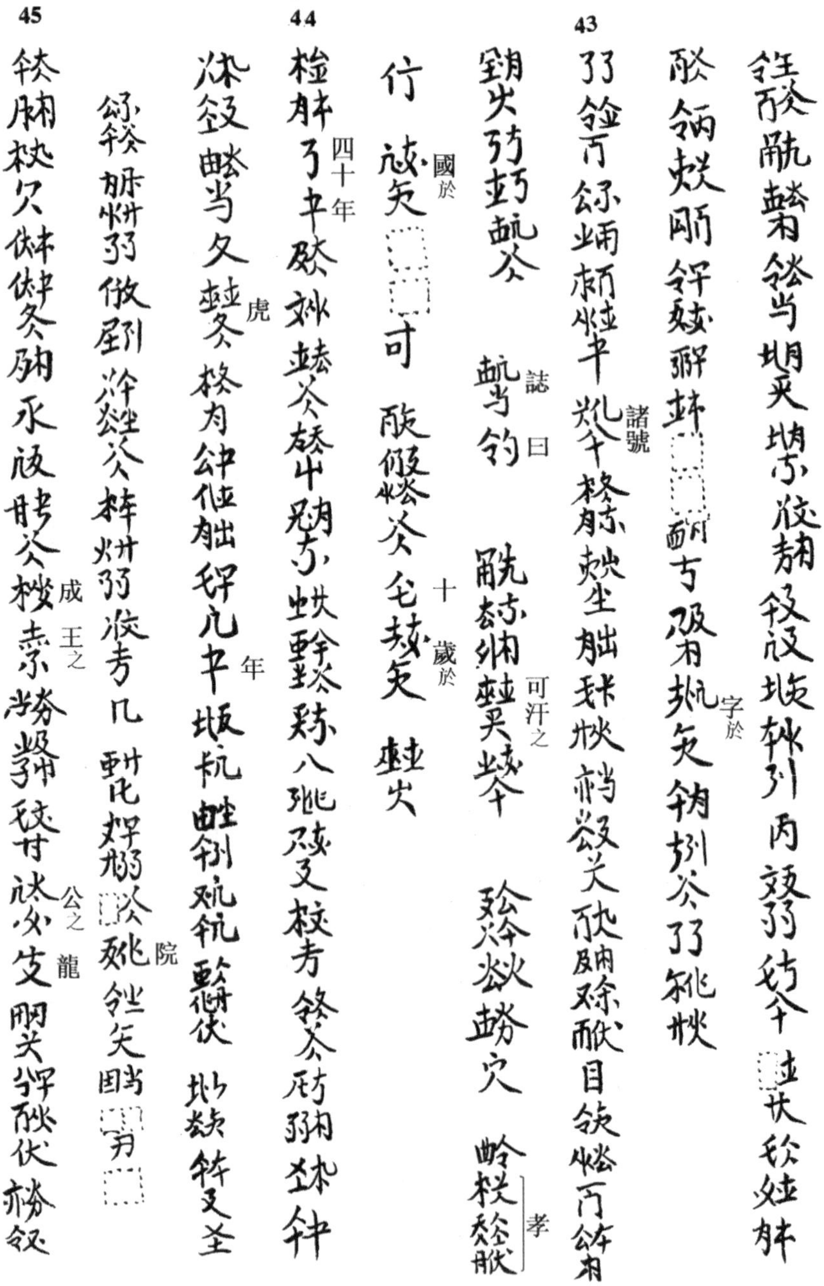

字於
43
諸號
誌
曰
可汗之
孝
國於
十
歲於
44
四十年
虎
年
院
45
成
王之
公之
龍

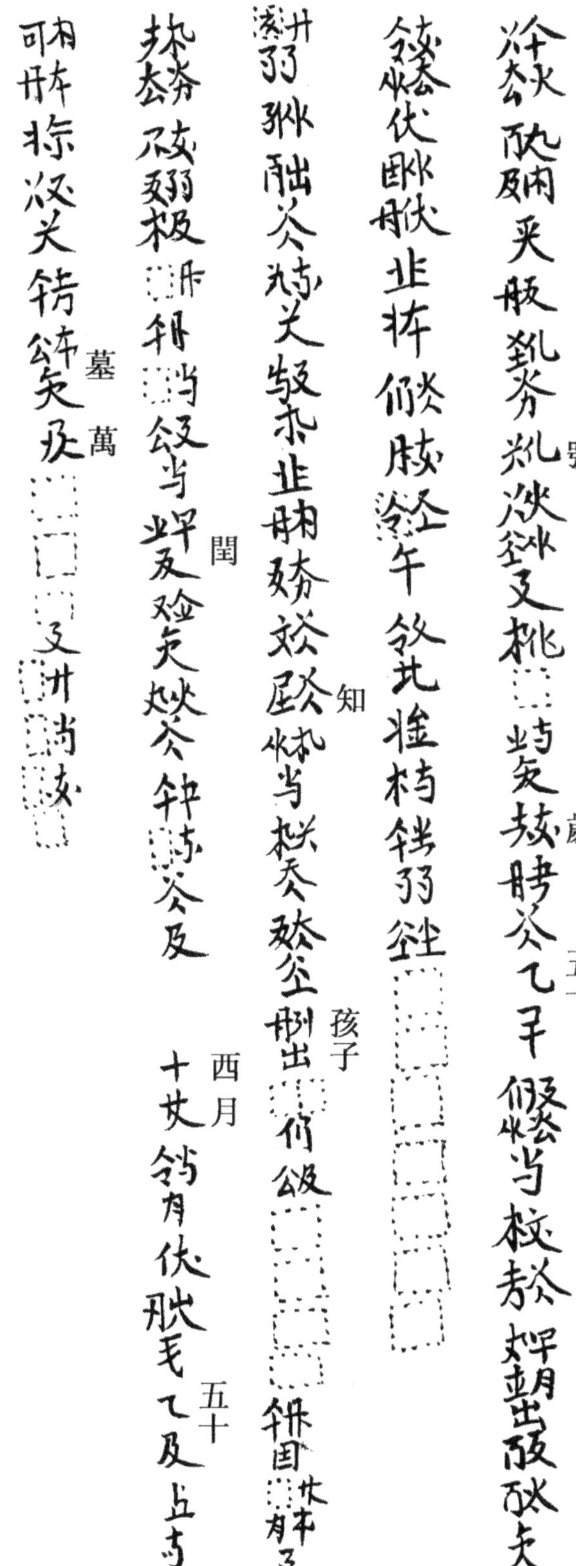
號
歲
五十
知
孩子
閏
西月
五十
墓
萬

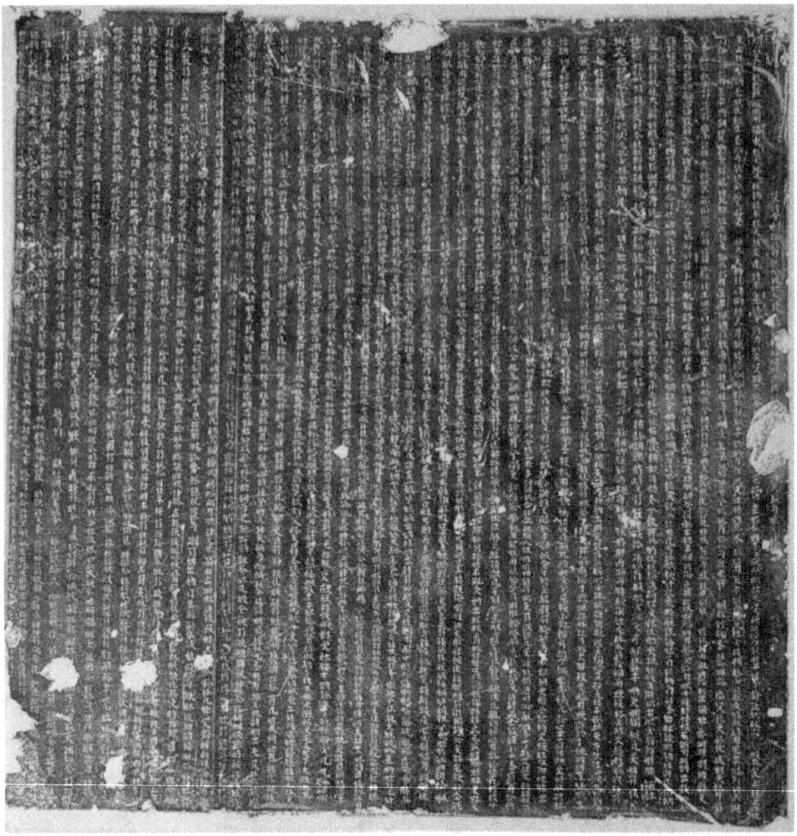

贋品耶律玦墓誌銘的拓本照片

【附録】一篇批駁贋品文章的發表經歷

劉鳳翥

二〇二〇年八月，北京大學國學研究第四十三卷發表了張少珊的文章契丹小字耶律玦墓誌銘爲贋品（以下簡稱張文），讀之令人感慨萬千。

二〇一一年和二〇一二年，有日本人和中國人均把贋品耶律玦墓誌銘當真品先後在日本著書撰文陸續發表。後來我在陶金的一篇文章中得知耶律玦墓誌銘原石存新州博物館。我讓周峰同志幫我上網搜索，得知新州博物館在赤峰市的敖漢旗。我拜託赤峰市文物局的陶建英局長於二〇一二年八得到了耶律玦墓誌銘（以下簡稱玦誌）的拓本。我認真審視玦誌拓本後，發現玦誌爲贋品，遂讓當時跟我讀博士研究生的張少珊寫篇研究此墓誌的文章以爲作業。她寫完張文後給我看，我認爲寫得不錯，抓住了玦誌爲贋品的三個要害，第一是玦誌沒有介紹墓誌主人耶律玦的名字；第二爲兩處錯用 **关山** 詞組。在契丹小字中，**关山** 是專稱遼太祖的詞組。遼太祖耶律阿保機被稱 **关**（天）**山**（金）**主**（皇）**王**（帝）。契丹語中有性語法，單詞有陰性、陽性和中性之分，爲陽性，用在男人身上；爲陰性和中性，用在女人身上和中性的國名上。玦誌兩次錯用，和雖然衹有一點之差，遼太祖就成了女人了。真正是差之毫釐，謬以千里。第三是玦誌使用了常常出現在贗品墓誌銘中的病句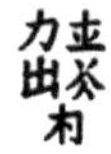（國舅的）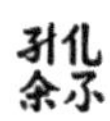（宰相的）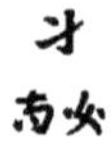（横帳的）。把這種病句用在同一個人身上，表明這個人既姓蕭，又姓耶律，豈不荒唐。我把張文推薦給中華書局的文史，出人預料的是很快就被退稿。我覺得莫名其妙，又覺得自己人微言輕，於是拜託蔡美彪先生把張文推薦給其他刊物。蔡先生一看拓本原件就説：「氣相不對。没有遼碑的氣韻。」蔡先生先把張文推薦給歷史研究，也很快被退稿，蔡先生又把張文推薦給中國史研究，也很快被退稿。我覺得張文應該是無懈可擊的，屢屢被退稿好奇怪，文史、歷史研究、中國史研究三個編輯部不太可能找的是同一個人審稿，也不太可能請外地人審稿，應該是就近在北京請的人審稿。北京的都是誰們這麼齊刷刷地壓制批駁贗品的稿子呢？凡遇批駁贗品的稿子，他們齊心協力一律簽署「退稿」意見，真正要一手遮天了。我猜想無非是北京研究遼史的幾個人。

事後康鵬同志對我説：「文史、歷史研究、中國史研究并没有讓我審少珊的稿子。」康鵬是我二〇〇四年在北京大學講課時親授的學生。當時他就指出我把契丹字人名「内懶」講成「肉懶」的失誤。我對他做人、做事、做學問的求真務實態度一向很讚賞。二〇一五年，我又把紙本的張文寄往上海中華文史論叢，編輯部回信説決定刊用，安排在當年第三期發表，請立即把電子版稿件發過來。我讓張少珊把電子版稿件發過去，就石沉大海了，再無下文……我猜想一開始中華文史論叢編輯部一看紙本的稿子覺得好，決定在當年第三期發表，認爲走審稿程序時一定能通過，當把電子版稿子發過去之後再走審稿程序時，没想到被「一票否決」，弄得編輯部很被動，發也不是，不發也不是，衹好拖着無下文。三年過去之後，我憤憤不平，覺得壓制批駁贋品的勢力也太倡狂了，無處不在。萬般無奈，我在二〇一八年給北京大學國學研究主編袁行霈先生寫了一封信，述説張文被文史、歷史研究、中國史研究退稿和在中華文史論叢擱淺的經過。信中附了一份紙本張文，請袁先生抽空看看張文是否擺事實、講道理地以理服人。當年九月二十六日，我收到國學研究通訊員吴繼忠同志的微信説：「您的來信袁先生已知悉。袁先生讓我告訴您，國學研究編委會將安排此文刊出事宜，請您放心。我的郵箱是……請張少珊老師將文章電子版發給我。」我讓張少珊把電子版稿子發過去，二〇一八年十二月二十六日，吴繼忠同志又發來微信説：「劉先生，您好。馬上要開編委會了，此文會安排在明年上半年出版，這是最快的安排了。」二〇二〇年春，國學研究責任編輯許逸民先生在電話中對我説：「國學研究由北北京大學出版社出版，審批程序太慢，已經有四期壓着没法出版，現在又因疫情有些耽誤，但今年都會印出來。」本應在去年出版的國學研究第四十三卷終於出版了，張文終於與廣大讀者見面。這實在是一件令人興奮的事。從中亦可窺見批駁契丹文字贋品工作之艱難。有人自己不批駁，還壓制别人批駁。學風之差，令人歎息不已。

（原載理論觀察，二〇二一年第二期）

贋品契丹文字墓誌的「死穴」

契丹文字的研究成果，已經可以歸納出若干不見於遼史記載有規律性的文化現象。現在略舉幾點如下：

一、契丹人契丹語的名字文化

通過對契丹文字的解讀發現，遼代契丹族男人除了有漢語的「名」和「字」之外，還有契丹語的名字。其契丹語的名字又有「孩子名」、「第二個名」和「全名」之分。「孩子名」和「第二個名」都可以單獨使用。在契丹文字資料中，單獨使用時多半使用「第二個名」。「全名」是把「孩子名」和「第二個名」疊加起來，疊加時「第二個名」置於「孩子名」之前。契丹文字墓誌銘中，在介紹墓誌主人時一般的格式是□□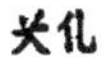（名）□□（第二個名）□□（某某人名某某，第二個名某某），或□□（孩子）（名）□□（第二個名）□□（某某人孩子名某某，第二個名某某）。「名某某」即「孩子名某某」。例如：

契丹小字耶律宗教墓誌銘第三行的丞（大）杰（王）关化（名）火小汁（驢糞）化村朩当（第二個名）丙伏（慈寧）。

遼代的契丹人也和現代的漢族人一樣，給孩子起名有文雅的和粗俗的兩種。耶律宗教的契丹語孩子名「驢糞」見於遼史卷六十六皇族表。①這僅僅是音譯，遼史也把火小汁音譯爲「旅憤」者。②至於火小汁的具體含義，目前還不清楚。「宗教」是漢名，「希古」是漢名「字」。

契丹小字蕭高寧・富留太師墓誌銘第二行的丞（太）兆（師）关化（名）个（富）丙小（留）化村朩当（第二個名）丸伏几（高寧）。

契丹小字蕭奮勿膩・圖古辭墓誌銘第二行的気兩（尚）火叉（書）关化（名）余叉令火（圖古辭）化村朩当（第二個名）火杏个及（奮勿膩）。

契丹小字耶律迪烈墓誌銘第四行的丹令（相）太几（公）关化（名）令戶（迪烈）化村朩当（第二個名）木出令虫（撒懶）。

①［元］脱脱等撰遼史卷六十六皇族表，中華書局點校本一九七四年版，第一〇三三頁。

②［元］脱脱等撰遼史卷十七聖宗本紀八和卷十九興宗本紀二，中華書局點校本一九七四年版，第二〇三、二二三、二二四頁。

契丹小字耶律（韓）高十墓誌銘第十二行和第十三行的〔契丹字〕（令）〔契丹字〕（公）……〔契丹字〕（孩子）〔契丹字〕（名）〔契丹字〕（高）〔契丹字〕（十）〔契丹字〕（第二個名）〔契丹字〕（王寧）。

契丹小字梁國王墓誌銘第二行的〔契丹字〕（國）〔契丹字〕（王）〔契丹字〕（名）〔契丹字〕（朮里者）〔契丹字〕（第二個名）〔契丹字〕（石魯隱）。全名「石魯隱・朮里者」，即遼史卷九十一有傳的蕭朮哲。「朮里者」與「朮哲」乃同名异譯。

契丹小字耶律（韓）迪烈墓誌銘第二行的〔契丹字〕（太）〔契丹字〕（保）〔契丹字〕（孩子）〔契丹字〕（名）〔契丹字〕（迪烈）〔契丹字〕（第二個名）〔契丹字〕（孔寧）。

契丹小字耶律奴墓誌銘第七行的〔契丹字〕（公）〔契丹字〕（孩子）〔契丹字〕（名）〔契丹字〕（奴）〔契丹字〕（第二個名）〔契丹字〕（國隱寧）。

契丹小字耶律貴安・迪里姑墓誌銘第二行的〔契丹字〕（太保）〔契丹字〕（孩子）〔契丹字〕（名）〔契丹字〕（迪里姑）〔契丹字〕（第二個名）〔契丹字〕（貴安）。

契丹小字耶律弘用墓誌銘第二行的〔契丹字〕（將）〔契丹字〕（軍）〔契丹字〕（孩子）〔契丹字〕（名）〔契丹字〕（維里）〔契丹字〕（第二個名）〔契丹字〕（敖盧盌）。「弘用」是「弘」字輩的漢名。

契丹小字耶律智先墓誌銘第四行和第五行的圣（太）𘰁（尉）业圠（孩子）关亿（名）丙文乍灵（耶魯）朩化当村（第二個名）圠小丹伏（訛里本）。

契丹小字蕭太山和永清公主墓誌銘第二行的伞将（將）几亦（軍）业圠（孩子）关亿（名）圣（太）叉为关（山）朩化当村（第二個名）小为土业出（歐懶）。

契丹小字許王墓誌第八行的业圠（孩子）关亿（名）分全圭小本为（斡特剌）朩化当村（第二個名）伞村伏（乙辛隱）。

在個別情況下，也有先介紹「第二個名」，再介紹「名」即「孩子名」的情況。例如契丹小字耶律兀里本·慈特墓誌銘第三行的公刃夾（紐烏爾，音譯的契丹語官名一類的身份）朩化当村（第二個名）国小丹伏（兀里本）关亿（名）丙药（慈特）。

契丹語有 d、t 不分的現象。故圣既可以音譯漢字「大」，讀[dai]，又可以音譯漢字「太」。文化当村是朩化当村的同音字，故能通假。业圠與丹力关是同音字，故能通假。漢字文獻在處理男人的契丹語名字時，把「孩子名」處理爲「名」，把「第二個名」處理爲「字」。例如許王墓誌第八行的业圠（孩子）关亿（名）分全圭小本为（斡特剌）朩化当村

（第二個名）□（乙辛隱）被遼史卷九十七耶律斡特剌傳處理爲「耶律斡特剌，字乙辛隱」。耶律迪烈墓誌銘中的□（名）□（迪烈）□（第二個名）□（撒懶）被遼史卷九十七耶律敵烈傳處理爲「耶律敵烈，字撒懶」。梁國王墓誌銘第二行的□（國）□（王）□（名）□（朮里者）□（第二個名）□（石魯隱）被遼史卷九十一處理爲「蕭朮哲，字石魯隱」。等等，不一而足。

我們再舉出幾個契丹小字中的契丹語「全名」的例子：

契丹小字耶律（韓）高十墓誌銘第三行的□（天你）□（尧治）□（秦）□（王）。這是指韓匡嗣。他的契丹語全名是「天你・尧治」。「天你」是「第二個名」，「尧治」是「孩子名」。同一墓誌銘第五行和第六行的□（第四個）□（興寧）□（姚）□（哥）□（大）□（丞）□（相）。這是指韓匡嗣的第四個兒子韓德讓。「興寧・姚哥」是韓德讓的契丹語全名。

□的本義是「第二的」，它在表達契丹男人的契丹語名字時，劉浦江和康鵬二位先生把它釋爲「第二名」。「第二名」與「第一名」、「第三名」等有名次的含義，爲了不使表達名字文化含義與名次的含義相混，我把〓釋爲「第二個名」。由於漢字文獻把契丹語的「第二個名」處理爲「字」，愛新覺羅・烏拉熙春教授則把〓徑直釋爲「字」。[①]

遼代契丹族男人中，個別長子的「孩子名」與父親的「第二個名」有關聯（不是相同）。例如耶律仁先的父親契丹語名字的全名是〓（查剌棍）〓（鄶引）。[②]契丹小字耶律仁先墓誌銘第六行稱耶律仁先〓（孩子）〓（名）〓（查剌）。即把他父親的「第二個名」〓（查剌棍）中音「棍」的原字〓切掉即可。

據劉浦江和康鵬二位先生的研究，契丹族男人契丹語名字的「第二個名」的尾音都是擬音爲[n]的〓、〓、〓、〓、〓等五個原字。劉浦江和康鵬二位先生還認爲契丹人有「父子連名制」，而且是「父連子名」。父親的「第二個名」是在兒子的「孩子名」連接上〓、〓、〓、〓、〓等原字而成。[③]愛新覺羅・烏拉熙春則

① 愛新覺羅・烏拉熙春契丹人的命名特徵，契丹語言文字研究，日本京都，東亞歷史文化研究會刊行，二〇〇四年，第二一〇至二一五頁。
② 萬雄飛、韓世明、劉鳳翥契丹小字〈梁國王墓誌銘〉考釋，燕京學報新第二十五期，北京，北京大學出版社，二〇〇八年十一月，第一五四頁。
③ 劉浦江、康鵬契丹名、字初釋——文化人類學視野下的父子連名制，文史二〇〇五年第三輯，第二一九至二五六頁。

認爲「子連父名」，兒子的「孩子名」是把父親的「第二個名」中的伏、杏、出、内、当等原字切掉即可。①我認爲「父連子名」的意見是不對的，「子連父名」的意見是正確的。愛新覺羅・烏拉熙春舉出韓德讓的契丹語全名是入冈伏（興寧）丙丸（姚）九券（哥）。「興寧」是「第二個名」。韓德讓沒有兒子，卻有「第二個名」，即烏拉熙春所説的「字」。倘若「父連子名」，他這個「第二個名」是怎麼連出來的呢？一語中的。

其實遼史中有「子連父名」的記載。天顯十一年（九三六）九月「敬達走保晉安寨，夷離堇的魯與戰，死之。……甲辰，以的魯子徒離骨嗣爲夷離堇，仍以父字爲名，以旌其忠。」②遼太宗命的魯的兒子徒離骨「以父字爲名」明白無誤地説明了「子連父名」的本質。把「字」變爲「名」祇能切掉「字」中的[n]詞尾，即伏、杏、出、内、当之類的原字纔能變成「名」。凡契丹語名字中結尾原字爲伏、杏、出、内、当者，不用問，都是「第二個名」。伏、杏、出、内、当等原字絶對不能用在「孩子名」即「名」的尾字上，這就是規矩。無

① 愛新覺羅・烏拉熙春契丹故俗「妻連夫名」與「子連父名」，愛新覺羅・烏拉熙春女真契丹學研究，松香堂，二〇〇九年日本京都，第一三九至一六〇頁。

② [元]脱脱等撰遼史卷三太宗本紀下。中華書局點校本一九七四年版，第三十八頁。

規矩不能成方圓。契丹族男人的孩子名與父親的第二個名有關聯是個别現象，不是制度化的普遍現象。「連名制」的「制」字説過了頭。從遼史的「以父字爲名，以旌其忠」來推斷，這是一種獎勵和表彰好人好事的方法和手段。

契丹大字和契丹小字都是爲記録契丹語而創製的。契丹文字是契丹語言的載體。有關契丹族男人契丹語名字的規律在契丹大字同樣有所記載。例如：

契丹大字耶律祺墓誌銘第二行的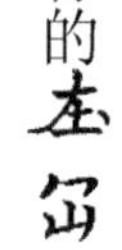（于越）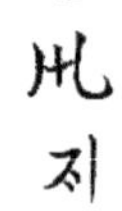（孩子）（名）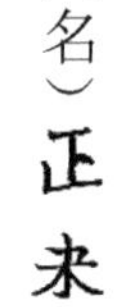（阿思里）（第二個名）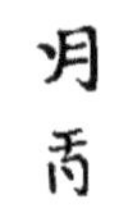（撒班）。「于越」是音譯的契丹語官名。契丹大字中也有契丹語名字的全名，例如契丹大字耶律習涅墓誌銘第二行的（上輩的）（爺）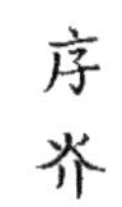（習寧）（盧不姑）。第四行的（奥聒只寧）（賢適）（樞密）。「習寧・盧不姑」即遼史卷七十六有傳的耶律魯不古。其本傳説：「耶律魯不古，字信寧。」「盧不姑」與「魯不古」是同名异譯，「習寧」與「信寧」是同名异譯。「奥聒只寧・賢適」即遼史卷七十九有傳的耶律賢適。

有關契丹族男人契丹語名字的知識是目前贋品契丹文字碑刻的一個「死穴」。

進入本世紀以來，文物市場上出現了批量生産的形形色色的帶契丹文字的贋品物件，其中尤以贋品契丹文字墓誌銘引人注目。契丹文字贋品碑刻也經過了從初級到高級的幾個發展階段。根據我們所見到的一些物件可以知道有下列一些階段：

一、按照漢字的筆畫結構攢的根本不是任何文字的一些東西，謊稱契丹字碑刻。

二、把一些契丹大字和契丹小字摻和起來形成的東西。其中的所謂契丹小字都是一至三個原字胡攢的，絕對没有五個、六個、七個原字組成的字。之所以出現這種現象，是因爲作僞者還没有掌握契丹小字是由一至七個不等的原字拼成，還没有擺脱左右結構如「林、眼、打」等字和三個字結構如「森」、「品」之類的漢字的思維模式。

三、把某件契丹文字墓誌銘全文進行倣製。最典型的是倣刻巴林左旗遼上京博物館收藏的契丹小字耶律（韓）迪烈墓誌銘。據我所知，耶律（韓）迪烈墓誌銘起碼被倣製了三份，一份賣給了河南省的千唐誌齋博物館，一份賣給了北京的中國農業展覽館，另一份不知去向。

四、作僞者認真閱讀了有關契丹文字的論著，根據真品契丹文字墓誌銘和遼史提供的綫索，攢了一批所謂契丹文字墓誌銘。最著名的的是根據蕭奮勿膩·圖古辭墓誌銘和遼史卷八十五蕭撻凜傳提供的綫索，給蕭圖古辭的哥哥胡覩堇·迪里鉢續家譜，給他續了三個兒子和七個孫子，還往上續了十代祖宗，再給這些續出來的人刻墓誌。假造的胡覩堇·迪里鉢長孫蕭敵魯的墓誌被内蒙古大學買去。假造的胡覩堇·迪里鉢第三個兒子蕭徽哩輦·汗德的墓誌被北京科舉匾額博物館買去。假造的胡覩堇·迪里鉢第二個兒子蕭德里輦·胡覩堇的墓誌被内蒙古自治區巴林左旗民間契丹博物館買去。這些贋品通過移花接木把蕭圖古辭的祖父嫁接到蕭撻凜身上。根據蕭太山和永清公主墓誌銘提供的綫索假造的蕭旼墓誌銘，假託蕭旼是蕭太山和永清公主的第二個兒子。作僞者還根據契丹小字耶律奴墓誌銘提供的綫索假造了耶律廉寧墓誌銘，被内蒙古大學買去。

僞造上述墓誌者雖然學習了契丹文字的所有論著和遼史，但他没掌握上述契丹文字中有關契丹語名字的相關知識，遂在這些方面露出破綻，契丹語名字文化成了上述贋品的一大死穴，也成了鑒别贋品的照妖鏡，祇要拿這面照妖鏡一照，就會露出其贋品的原形。我們舉例說明如下：

內蒙古大學收藏的所謂耶律廉寧墓誌銘，其正文一開始就是（詳穩）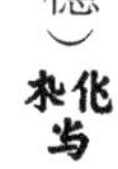（第二個）（廉寧）（孩子）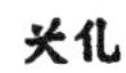（名）（哈尼）。①這句話有三個錯誤。

一、它不符合契丹小字墓誌介紹墓誌主人時一般常用的□□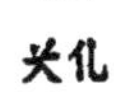（名）□□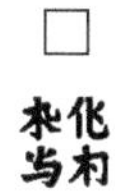（第二個名）□□（某某人名某某，第二個名某某）或□□（孩子）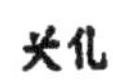（名）□□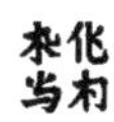（第二個名）□□（某某人孩子名某某，第二個名某某）的格式。而是先說第二個名，再說孩子名。

二、表示「第二個名」的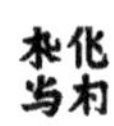字誤用了字。雖然僅僅缺了一個原字，但差之毫釐，謬以千里矣。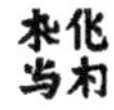是「第二個名」，是「第二個」。是「第二個廉寧」，極爲不通。難道還有「第一個廉寧」嗎？

① 吳英喆、楊虎嫩契丹小字新資料——〈蕭敵魯墓誌銘〉和〈耶律詳穩墓誌銘〉（Wu Yingzhe and Juha Janhunen *New Materials no the Khitan Small Script:A Critical Edition of Xiao Dilu and Yelüxiangwen*），萊頓環球東方出版社二〇一〇年，第一三九頁。

三、如前所述，伏、杏、出、内、当等原字，僅能用在「第二個名」的末尾。不能用在「孩子名」末尾。此處的「孩子名」用了一個尾字是出的列为出。列为出字衹能用作「第二個名」，不能用作「孩子名」。

又例如巴林左旗民間契丹博物館收藏的所謂蕭胡覩堇墓誌銘，正文一開始是去厺朩（胡攢的某身份）关亿（名）才条伏（胡覩堇）朩化当村（第二個名）令小厺当（德里輦）。這句話有兩個錯誤。

一、孩子名用了本應該是「第二個名」的才条伏。

二、跟他父親重名。他父親就是蕭奮勿膩·圖古辭的哥哥胡覩堇·迪里鉢。父子可以連名，但不能重名。父子同名容易造成混亂，失去了名字作爲個人代號的作用。

二、契丹文字中的「横帳」

遼代「舊制，肅祖以下宗室稱院，德祖宗室號三父房，稱横帳」。[1]「三父房」指孟父房、仲父房和季父

[1] ［元］脱脱等撰遼史卷七十三耶律頗德傳，中華書局點校本一九七四年版，第一二二五頁。

房。季父房與遼太祖的關係最爲密切。「橫帳」是孟父房、仲父房和季父房的定語，孟父房、仲父房和季父房之前往往連接「橫帳」。例如「橫帳孟父房巖木楚國王」，①「耶律隆運，本姓韓，名德讓。以功賜國姓，出宮籍，隸橫帳季父房」，②「橫帳三房不得與卑小帳族爲婚」，③「橫帳三父房族」。④遥輦氏的後人在遼朝雖然也姓耶律，但不在橫帳之內，另稱遥輦帳。例如「以遥輦帳郎君陳哥爲西北路巡檢」。⑤

契丹小字中的的本義是「兄弟的」，但置于「孟父房」、「仲父房」和「季父房」之前時，它就不是「兄弟的」之義了。我把它釋爲「橫帳之」。⑥把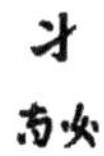釋爲「橫帳之」也得到吴英喆先生的認同，他

① [元]脱脱等撰遼史卷六十六皇族表，中華書局點校本一九七四年版，第一〇一五頁。
② [元]脱脱等撰遼史卷三十一營衛誌上和卷八十二耶律隆運傳，中華書局點校本一九七四年版，第三七〇和一二九〇頁。
③ [元]脱脱等撰遼史卷十六聖宗本紀七，中華書局點校本一九七四年版，第一八六頁。
④ [元]脱脱等撰遼史卷三十三營衛誌下，中華書局點校本一九七四年版，第三八三頁。
⑤ [元]脱脱等撰遼史卷十七聖宗本紀八，中華書局點校本一九七四年版，第二〇二頁。
⑥ 劉鳳翥、唐彩蘭、高娃遼代蕭烏魯本等三人的墓誌銘考釋，文史二〇〇四年第二輯，第一一〇頁。

把蕭奮勿膩・圖古辭墓誌銘第七行的[illegible]釋爲「橫帳之仲父房」。[1]即實先生早先把[illegible]釋爲「惕隱司」。[2]即實先生最近又説「[illegible]直譯是兄弟之，但在遼代已賦予特定意義，變爲習慣稱謂，它表示皇族，因而也用爲惕隱司之簡稱。在宗室意義上也可譯爲橫帳或大橫帳，橫帳也是習慣稱呼。」[3]愛新覺羅・烏拉熙春採納了即實意見，也把[illegible]釋爲「惕隱司」。[4]惕隱司是管理皇族的，也是表明其姓耶律。「橫帳」也好，「惕隱司」也好，[illegible]表示皇族即姓耶律。在學界本來是共識。

契丹小字[illegible]，被即實先生最先釋爲「國舅」，[5]這一意見也被吳英喆、愛新覺羅・烏拉熙春和我等人所採納。也可以説是契丹文字學界的共識。

遼代契丹人祇有耶律和蕭兩個姓氏，[illegible]（橫帳的）表示皇族，姓耶律，[illegible]（國舅的）表示是后族，

① 吳英喆契丹語静詞語法範疇研究，内蒙古大學出版社二〇〇七年版，第四十二頁。
② 即實謎林問徑——契丹小字解讀新程，遼寧民族出版社一九九六年版，第五〇五頁。
③ 即實迷田耕耘——契丹小字解讀續，遼寧民族出版社二〇一二年版，第一三九頁。
④ 愛新覺羅・烏拉熙春契丹文墓誌より見た遼史，松香堂書店二〇〇六年版，第七十二頁。
⑤ 即實謎林問徑——契丹小字解讀新程，遼寧民族出版社一九九六年版，第四六五頁。

姓蕭。[契丹小字]（横帳的）和[契丹小字]（國舅的）不能用在同一個人身上。然而某些博物館所收藏的所謂契丹小字墓誌，幾乎普遍地把[契丹小字]（横帳的）和[契丹小字]（國舅的）用在同一個人身上。例如内蒙古大學收藏的贋品耶律廉寧墓誌銘第十六行有下列一段話：[契丹小字]，於義爲「第二個女人兀里本娘子，國舅宰相之横帳之秀哥龍虎之女。」契丹語用「女人」表示「妻子」。此處是説耶律廉寧墓誌銘主人第四個兒子敵里寧的第二個妻子是兀里本娘子，她是國舅宰相的横帳的龍虎衛將軍秀哥之女。這就太離譜了。「國舅」表示姓蕭，「横帳」表示姓耶律。兀里本娘子和她的父親秀哥被説成既姓蕭又姓耶律，令人墜入五里霧中。僅此一點就足以斷定耶律廉寧墓誌銘是無可辯駁的百分之百的贋品。

北京科舉匾額博物館收藏的贋品蕭徽哩輦・汗德墓誌銘的誌蓋和誌文第一行有[契丹小字]，於義爲「大中央遼契丹國之□國舅宰相之横帳之徽哩輦審密之墓誌」。説明蕭徽哩輦・汗德墓誌銘主人既姓耶律又姓蕭，豈不荒唐。而且把[契丹小字]誤寫爲[契丹小字]，筆順不對。這種把[契丹小字]誤寫爲[契丹小字]的錯誤也見於贋品耶律玦墓誌第三十二行，説明這些墓誌爲同一夥人所僞造。

敖漢旗新州博物館收藏的贋品耶律玦墓誌銘的製造者根據遼史·耶律玦傳中說耶律玦是「遙輦鮮質可汗之後」的記載，又根據某人釋令夯ホ爲「鮮質」的成說，在贋品耶律玦墓誌銘第二行刻了一句ホ各火（敞穩）収北乙（坎□）又及（孟）中村（父房）令夯ホ（鮮質）亟主买（可汗之）与及火（□）几（人）。是說墓主人敞穩坎□是孟父房鮮質可汗的後人。「敞穩」是遼史·耶律玦傳中所記載耶律玦的最後官職，墓誌用「敞穩」代指墓誌主人。「坎□」是作僞者給耶律玦杜撰的契丹語名字。前面我們已經說清楚，橫帳三父房是「德祖宗室」。遙輦鮮質可汗衹能在遙輦帳，不可能在橫帳三父房。墓誌在「鮮質可汗」之前畫蛇添足地加了「孟父房」，說明作僞者還沒有搞清楚「橫帳三父房」的內涵。僅憑這一點就可以斷定所謂耶律玦墓誌銘是贋品。

贋品耶律玦墓誌銘第三十一和三十二行的ホ各火（敞穩）个秀伏村（夫人之）丹列出（女兒）毛（五個）又（大者）北小丹伏（烏盧本）尔火（娘子）外丞（？）力主出太村（國舅的）孔化余不（宰相的）才内火（橫帳的）才条伏（胡覩堇）丹丹叉（迪里鉢）圣（太）兆村（師之）ホ化太（第二）丹为（子）才条伏（胡覩堇）乏为共矢（郎君於）只平太当（嫁）。是說墓誌主人敞穩（耶律玦）夫人的女兒五個，大者是烏盧本娘子，她嫁給了某國舅的宰相的橫帳的胡覩堇·迪里鉢太師的第二子胡覩堇郎君。

耶律玦大女兒烏盧本娘子的公公胡睹堇·迪里鉢太師究竟姓耶律還是姓蕭，也令人墜入五里霧中，令人茫然。何況烏盧本娘子的丈夫和公公都叫胡覩堇。贗品耶律玦墓誌銘第十行還出現了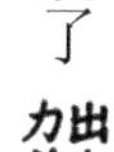（）字的誤字（國舅之），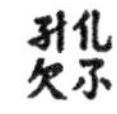（宰相之）（橫帳的）（解里）。這種不止一次出現的把「國舅」與「橫帳」掛在一個人身上的嚴重錯誤，說明所謂耶律玦墓誌銘是無可辯駁的贗品。耶律玦的賢婿就是巴林左旗民間契丹博物館收藏的贗品胡覩堇墓誌銘的主人胡覩堇。這些贗品墓誌銘應是同一夥人所造。

契丹語名字的規則和橫帳與國舅的含義是當今贗品契丹文字墓誌中的死穴。祇要一點這些死穴，就能使其一一露出贗品的本質。

我們應當根據規律性的知識揭露贗品的反常識現象，不能把贗品中出現的反常識現象當做新史料去研究，諸如爲遼史·耶律玦傳和遼史·蕭撻凜傳作訂補，爲蕭撻凜寫世系，編製契丹小字字庫，歸納什麼父子同名制文化現象，等等，不一而足，實在是南轅北轍。這種將贗品當真品所得出的一系列「研究成果」將給學術研究帶來無窮無盡的惡果，後人爲掃除這些垃圾將要花費很多精力和時間，這是可以預料的。

有幾個對契丹字一竅不通的人説我揭露贋品是「倚老賣老，自以爲是」云云。馬寅初校長告别北大時，對北大師生的贈言是「做學問既要勇於堅持真理，又要勇於修正錯誤。」真理不怕被冷落，更不怕時間的檢驗，時間越久，越能顯示其真理的光輝。我堅信隨着解讀契丹文字工作的深入，越發證明我所揭發的當今那些來路不明的所謂「墓誌」是徹頭徹尾的贋品。

當今是贋品猖獗的歲月，我最爲擔憂的是在契丹文字學界，一些人僅僅認識幾個契丹字而已，缺乏鑒别贋品起碼的警覺和知識。能否鑒别贋品并大膽揭露贋品，是區别是否真正精通契丹文字的學者的分野。更加令人憎惡的是，一些對契丹字一竅不通的人群起爲贋品摇旗吶喊。我人微言輕，對於遏制贋品泛濫成灾無能爲力。我年過八十，已是耄耋之年，垂垂老矣，但我也願爲揭露贋品盡綿薄之力。我將繼續勇敢地實事求是地不斷地揭露贋品，不怕得罪任何人。贋品不止，奮鬥不息。也希望後起之秀加入到揭批贋品的行列中來。

契丹文字中的「横帳」

劉鳳翥　張少珊

「横帳」是遼史中表示皇族的專有名詞。對於横帳的範圍，遼史記載并不一致。有時説德祖的子孫爲横帳季父房。如「玄祖伯子麻魯無後，次子巖木之後曰孟父房，叔子釋魯曰仲父房，季子爲德祖。德祖之元子是爲太祖天皇帝，謂之横帳；次曰剌葛，曰迭剌，曰寅底石，曰安端，曰蘇，皆曰季父房。」[①]有時又説德祖的族屬不僅僅有季父房，而是有三個父房。例如「德祖族屬號三父房，稱横帳，宗室之尤貴者。」[②]還有的地方説横帳不僅僅是德祖的子孫，巖木之後的孟父房也屬横帳。例如「横帳孟父房巖木楚國王。」[③]漢字和契丹文字墓誌都説明不僅僅是德祖子孫季父房稱横帳，孟父房和仲父房的人也稱横帳。漢字耶律仁先墓誌銘説：「遠祖曰仲父述剌・實魯，于越。即第二横帳。太祖皇帝之諸父也。」[④]述剌・實魯即遼史・皇子表中的釋

① [元]脱脱等撰遼史卷四十五百官誌一，中華書局點校修訂本二〇一六年版，第七九五至七九六頁。
② [元]脱脱等撰遼史卷一百一十六國語解，中華書局點校修訂本二〇一六年版，第一六九五頁。
③ [元]脱脱等撰遼史卷六十六皇族表，中華書局點校修訂本二〇一六年版，第一一二三頁。
④ 劉鳳翥契丹文字研究類編，中華書局二〇一四年北京版，第七三一頁。

魯，釋魯字述瀾。釋魯即實魯，述瀾即述剌，均爲同名异譯。述剌・實魯是契丹語名字的全名。「第二橫帳」即「橫帳仲父房」之意。漢字蕭袍魯墓誌銘提到蕭袍魯的妻子時説：「夫人耶律氏，橫帳故前節度使曷盧不之女。」[1]用「橫帳」表示曷盧不的身份，也表示他姓耶律。

契丹小字的本義爲「兄弟」。例如契丹小字耶律奴墓誌銘第五行的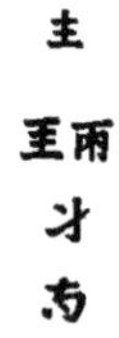於義分別爲「第四」、「代之」、「祖」、「父」、「老衰」、「燕」、「王」、「天」、「皇」、「帝之」、「兄」、「弟」。是説耶律奴的曾祖父是老衰燕王，他是天皇帝之兄弟行的人。[2]天皇帝即遼太祖耶律阿保機。

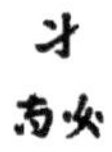於義不僅是「兄弟之」，他還表示一種高貴的身份。即實先生首先把表示身份的釋爲「惕隱司」。[3]我把釋爲「橫帳之」。[1]我的見解得到了契丹文字學界的認同。例如吳英喆先生把蕭奮勿膩・

[1] 劉鳳翥契丹文字研究類編，中華書局二〇一四年北京版，第五四五頁。
[2] 劉鳳翥契丹文字研究類編，中華書局二〇一四年北京版，第一七八頁。
[3] 即實謎林問徑——契丹小字解讀新程，遼寧民族出版社一九九六年版，第五〇五頁。

圖古辭墓誌銘第七行的[契丹小字]釋爲「橫帳之仲父房之」。② 即實先生對[契丹小字]的認識也在不斷發展。他新近認爲[契丹小字]「也可譯爲橫帳或大橫帳。」③

近年在一些贗品所謂契丹小字墓誌銘中屢屢出現[契丹小字][契丹小字]的病句。把同一個人的身份，既說是「國舅」家族，即姓蕭；又說是「橫帳」家族，即姓耶律。當我指出這一不合理性的現象之後，吳英喆先生又放弃了他釋[契丹小字]爲「橫帳之」的觀點。他說「[契丹小字]表示『兄弟之』。此前劉先生說後者爲『橫帳』，未必。」④

我們現在把契丹文字資料中出現的表示身份的契丹小字中[契丹小字]或[契丹小字]以及契丹大字中的[契丹大字]或[契丹大字]逐一列出來做一些分析，看看把它們釋爲「橫帳」是否「未必」。

一、契丹小字梁國王墓誌銘第十九行有[契丹小字]，於義分別爲「小者」、「醜」、「女」、「哥」、「娘子」、「舅」、「橫帳之」、「珠思」、「太」、「尉於」、「嫁」。是說

① 劉鳳翥、唐彩蘭、高娃遼代蕭烏盧本等三人墓誌銘考釋，中華書局文史二〇〇四年第二輯，第一一〇頁。

② 吳英喆契丹語静詞語法範疇研究，內蒙古大學出版社二〇〇七年版，第四三頁。

③ 即實謎田耕耘——契丹小字解讀續，遼寧民族出版社二〇一二年版，第一三九頁。

④ 吳英喆契丹小字〈蕭敵魯墓誌銘〉及〈耶律詳穩墓誌〉絕非贗品——與劉鳳翥先生商榷，載二〇一一年十二月八日中國社會科學報第五版。

梁國王和梁國太妃的小女兒是醜女哥娘子，她嫁於舅父橫帳之珠思太尉。[1]梁國王的妻子梁國太妃涅睦袞是耶律仁先的四妹。耶律仁先有四個弟弟：義先、禮先、智先、信先。據契丹小字耶律仁先墓誌銘第七行，珠思是五兄弟中的老四，即耶律智先。漢字耶律智先墓誌銘説：「又娶朮里者宰相女醜女哥。」朮里者即梁國王。契丹小字耶律智先墓誌銘第十五行的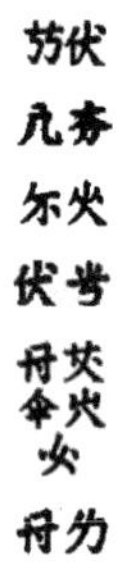於義分别爲「醜女」、「哥」、「娘子」、「姐姐」、「别胥之」、「女兒」，是説耶律智先的第四個妻子醜女哥娘子是耶律智先姐姐别胥之女兒。「姐姐别胥」即梁國太妃涅睦袞。别胥是契丹語封號。耶律智先是醜女哥的四舅。梁國王墓誌銘第十九行的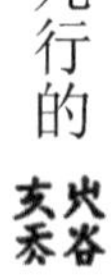（珠思）前的定語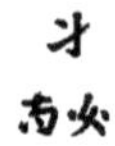祇有釋爲「橫帳之」即皇族的，姓耶律纔通順，如果不釋爲「橫帳之」，而釋爲「兄弟的」則不通順。人名前加「兄弟的」，這個「兄弟的」是什麽意思？

二、契丹小字耶律（韓）高十墓誌銘第一行的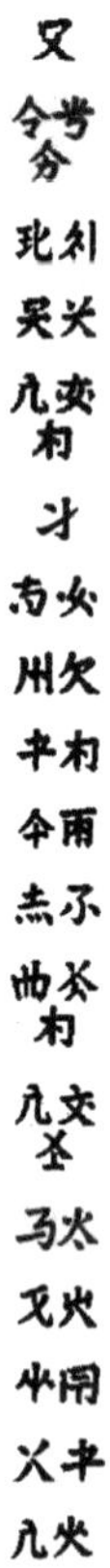

① 劉鳳翥契丹文字研究類編，中華書局二〇一四年版，第二四八頁。

[契丹小字] 於義爲「大中央遼契丹國之橫帳之季父房秦王族系的兼中書令開國公王寧之墓誌」。[1] 秦王指韓匡嗣。「季父房」前的定語用「橫帳之」再通順不過了。如果把 [契丹小字] 釋爲「兄弟的」則成了「契丹國的兄弟之季父房秦王」。契丹國的「兄」是誰？契丹國的「弟」又是誰？很不通順，讓人無法理解。

三、契丹小字耶律（韓）迪烈墓誌銘第一行的 [契丹小字] 於義爲「橫帳之秦王族系的空寧·迪烈太保之墓誌」。[2] 墓誌銘一開頭就是 [契丹小字]，把它釋爲「橫帳之秦王」很通順。如把它釋爲「兄弟之秦王」則讓人不知道哪家之兄，哪家之弟。同樣道理，該墓誌銘第二行的 [契丹小字] 於義衹能爲「橫帳之季父房」。耶律（韓）迪烈之妻蕭烏盧本娘子的漢字墓誌銘用「大橫帳小翁帳秦王」來叙述韓匡嗣的身份。[3]「小翁帳」即「季父房」的同義語，其修飾語是「大橫帳」而不是「兄弟的」。這裏用鐵一般的漢字證據證明了此處 [契丹小字] 衹能釋爲「橫帳之」。

① 劉鳳翥《契丹文字研究類編》，中華書局二〇一四年版，第七四〇頁。
② 劉鳳翥《契丹文字研究類編》，中華書局二〇一四年版，第八六〇頁。
③ 劉鳳翥《契丹文字研究類編》，中華書局二〇一四年版，第八七二頁。

四、契丹小字蕭奮勿膩・圖古辭墓誌銘第四行的於義爲「（麼□郎君的）夫人橫帳之季父房秦王之族系普你・大漢招討之女」。[1]是說（□郎君的）的夫人是橫帳之季父房秦王之族系普你・大漢招討之女。秦王指韓匡嗣，普你・大漢是韓德威的契丹語全名。「季父房」前用「橫帳之」作定語極爲通順，用「兄弟的」則極不通順。

五、契丹小字蕭奮勿膩・圖古辭墓誌銘第七行的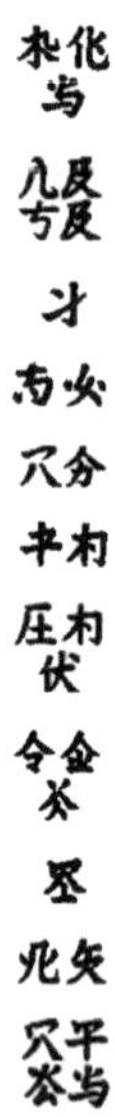於義爲「第二（女）郭落橫帳之仲父房任寧・特末里太師於嫁」。[2]是說蕭圖古辭的第二個女兒叫郭落，嫁於橫帳之仲父房的任寧・特末里太師。「仲父房」前面的定語用「橫帳之」非常通順，用「兄弟的」則極不通順。

六、契丹小字蕭太山和永清公主墓誌銘第六行的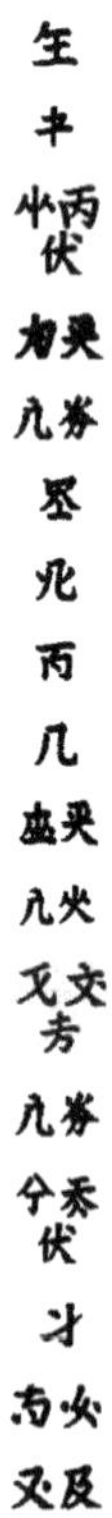於義爲「祖父留寧・安哥太師，女人韓國善哥夫人，橫帳之孟父房□□□太師之

[1] 劉鳳翥契丹文字研究類編，中華書局二〇一四年版，第六八七頁。
[2] 劉鳳翥契丹文字研究類編，中華書局二〇一四年版，第六八八頁。

女。」①是說蕭太山的祖父是留寧·安哥太師，他的妻子是韓國善哥夫人，她是橫帳之孟父房某太師之女。孟父房之前的定語作「橫帳之」極爲恰當。如果作「兄弟的孟父房」則極不通順。

七、契丹小字蕭太山和永清公主墓誌銘第十行的於義爲「撻不也娘子，橫帳之仲父房□善太師□夫人二人之女」。②是說撻不也娘子是橫帳之仲父房某善太師和某夫人二人之女。「仲父房」之前加定語「橫帳」很通順。如果作「兄弟的仲父房」則極不通順。

八、契丹小字蕭太山和永清公主墓誌銘第十一和十二行的於義爲「女孩子六個，第一個賢聖哥娘子，橫帳之季父房舅律里斡太尉於嫁」。③是說蕭太山有六個女兒，第一個是賢聖哥娘子，她嫁給了橫帳季父房的舅舅律里斡太尉。此處的「賢聖哥」即漢字永

① 劉鳳翥契丹文字研究類編，中華書局二〇一四年版，第八一三頁。
② 劉鳳翥契丹文字研究類編，中華書局二〇一四年版，第八一五頁。
③ 劉鳳翥契丹文字研究類編，中華書局二〇一四年版，第八一五頁。

清公主墓誌中的「賢聖奴」。漢字永清公主墓誌銘稱賢聖奴「適大橫帳魏王宗熙男鄧州觀察使弘禮。」[1]「律里斡」是契丹語的名字，「弘禮」是漢語名。弘禮是賢聖奴的親娘舅。據漢字永清公主墓誌銘，永清公主的祖父是遼聖宗的三弟齊國王耶律隆裕（遼史誤作隆祐），父親是耶律宗熙。永清公主有弟五人：弘仁、弘義、弘禮、弘智、弘信。漢字永清公主墓誌銘提到弘禮時有「大橫帳」字樣，契丹小字墓誌中的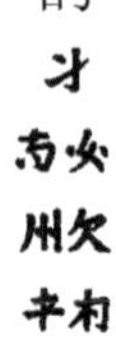必然翻譯「橫帳之季父房」。「季父房」前加定語「橫帳之」很通順，如果加定語「兄弟的」則很不通順。

九、契丹小字蕭太山和永清公主墓誌銘第十二行的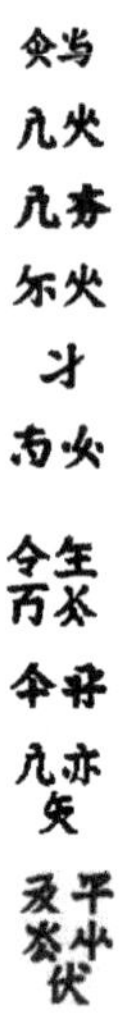於義爲「第三個，貴哥娘子，橫帳之撻不也將軍於嫁」。[2]是説蕭太山的第三個女兒是貴哥娘子，她嫁於橫帳之撻不也將軍。漢字永清公主墓誌銘稱「次曰貴哥，適大橫帳于越王孫涅哥。」[3]「涅哥」即「撻不也」。漢字永清公主墓誌銘中有「大橫帳」字樣，契丹小字墓誌中的理應譯爲「橫帳之」，「橫帳之撻不也將軍」很通順，表示

① 劉鳳翥契丹文字研究類編，中華書局二〇一四年版，第八二五頁。
② 劉鳳翥契丹文字研究類編，中華書局二〇一四年版，第八一五頁。
③ 劉鳳翥契丹文字研究類編，中華書局二〇一四年版，第八二五頁。

㨗不也將軍是皇族，姓耶律。「兄弟的㨗不也將軍」則很不通順。

十、契丹小字蕭太山和永清公主墓誌銘第十二行的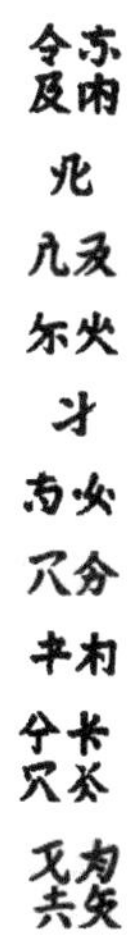於義爲「第五個師姑娘子横帳之仲父房蒲速里郎君於嫁」。[1]是説蕭太山的第五個女兒是師姑娘子，她嫁於横帳之仲父房蒲速里郎君。漢字永清公主墓誌銘稱「次曰師姑，體貌嬋娟，語態輕麗。若春花之弄雨，素禀真賢。有大丈夫器節，加以好習理性，多以金剛圓覺經屬于貴念。適大横帳思剌副樞親弟蒲速里。」[2]漢字墓誌中提到蒲速里時有「大横帳」字樣，契丹小字墓誌中蒲速里前面的定語也應是「横帳之」。「仲父房」前加定語「横帳之」很通順，加「兄弟之」則不通順。

十一、契丹小字蕭特每・闊哥駙馬第二夫人韓氏墓誌銘第五行和第六行的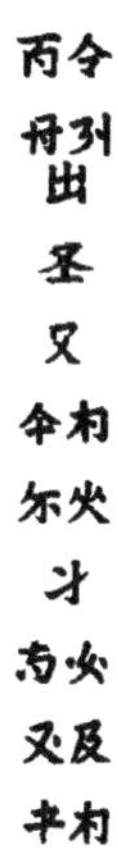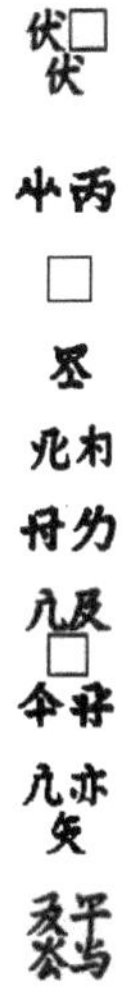於義爲「女孩子二個，大者意辛娘子，横帳之孟父房□□寧・留□太師

① 劉鳳翥契丹文字研究類編，中華書局二〇一四年版，第八一六頁。

② 劉鳳翥契丹文字研究類編，中華書局二〇一四年版，第八二五頁。

之子□將軍於嫁」。[①]是説蕭特每·闊哥駙馬的原配夫人所生的女孩子二個，大者是意辛娘子，她嫁給了橫帳之孟父房□□寧·留□太師之子。蕭特每·闊哥的女兒當然要嫁給姓耶律的。所嫁的某太師之子既然姓耶律，就用「橫帳之孟父房」來表示他們家的門第，這樣的表達非常確切。如果在「孟父房」之前不用定語「橫帳之」，而用定語「兄弟的」，則極不通順。

十二、契丹小字蕭特每·闊哥駙馬第二夫人韓氏墓誌銘第六行的於義爲「第二個吳家夫人橫帳之孟父房只哥太保之子奔□太尉於嫁。」[②]是説蕭特每·闊哥駙馬的原配夫人所生的第二個女孩子是吳家夫人，她嫁於橫帳之孟父房只哥太保之子奔□太尉。「孟父房」之前的修飾語或者説定語用「橫帳之」非常通順，用「兄弟之」很不通順。

十三、契丹小字蕭特每·闊哥駙馬第二夫人韓氏墓誌銘第十行至第十一行的

① 劉鳳翥契丹文字研究類編，中華書局二〇一四年版，第七四八頁。
② 劉鳳翥契丹文字研究類編，中華書局二〇一四年版，第七四八頁。

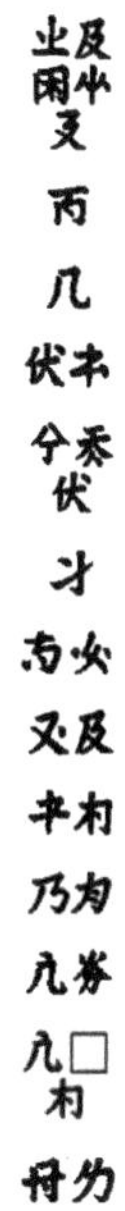於義爲「大者哈寧・□阿詳穩，國舅詳穩拜。女人尼里夫人橫帳之孟父房阿穆阿哥□之女。」[1]是說墓誌主人的丈夫的大哥是哈寧・□阿詳穩，官拜國舅詳穩。妻子尼里夫人是橫帳之孟父房阿穆阿哥□之女。「孟父房」前加定語「橫帳之」非常合適。如果「孟父房」前加定語「兄弟的」則極不合適。

十四、契丹小字蕭特每・闊哥駙馬第二夫人韓氏墓誌銘第十一行的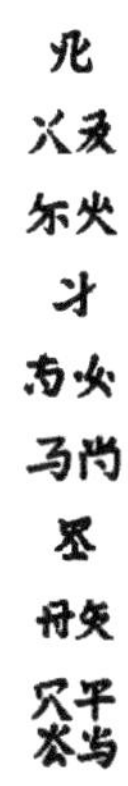於義爲「師古娘子橫帳之□太保於嫁」。[2]是說師古娘子嫁於橫帳之某太保。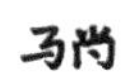字是太保的名字，目前我們還不能解讀。用「橫帳」表示他姓耶律。倘若用「兄弟的」則不知其所云。

十五、契丹小字蕭特每・闊哥駙馬第二夫人韓氏墓誌銘第十三行的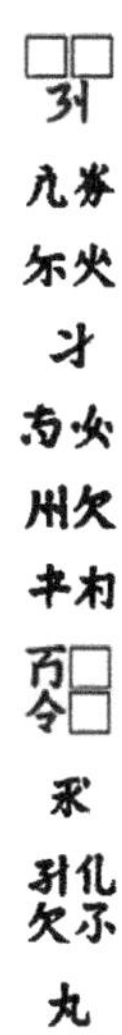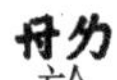於義爲「□哥娘子橫帳之季父房□蘇宰相之孫子」。[3]這段契丹小字的前後有缺文，不連貫。無非說某娘子

① 劉鳳翥契丹文字研究類編，中華書局二〇一四年版，第七五〇頁。
② 劉鳳翥契丹文字研究類編，中華書局二〇一四年版，第七五〇頁。
③ 劉鳳翥契丹文字研究類編，中華書局二〇一四年版，第七五一頁。

與橫帳季父房□蘇宰相的孫子的關係。季父房前用定語「橫帳之」是確切的。

十六、契丹小字蕭特每・闊哥駙馬第二夫人韓氏墓誌銘第十三至十四行的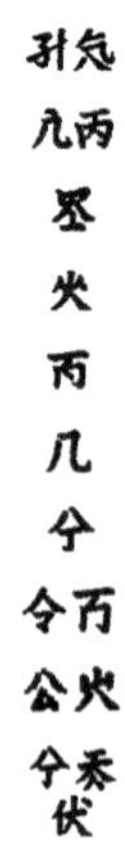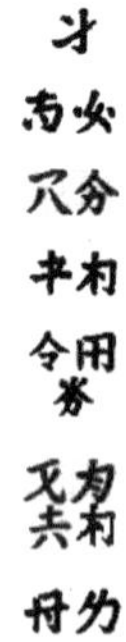於義爲「章九太尉女人，福德女夫人，橫帳之仲父房迪烈郎君之女。」[①]是說章九太尉的妻子是橫帳之仲父房迪烈郎君之女。橫帳之仲父房是一種身份，表明他是皇族，姓耶律。仲父房之前用定語「橫帳之」非常恰當。

十七、契丹小字蕭特每・闊哥駙馬第二夫人韓氏墓誌銘第十四和第十五行的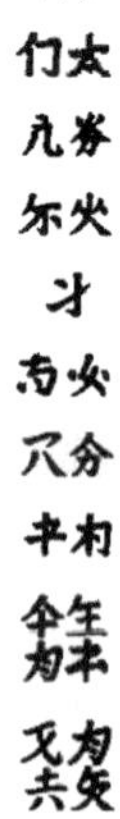於義爲「董哥娘子，橫帳之仲父房思巴里郎君於嫁。」[②]是說董哥娘子嫁於橫帳之仲父房的思巴里郎君。

十八、契丹小字蕭特每・闊哥駙馬第二夫人韓氏墓誌銘第十五行的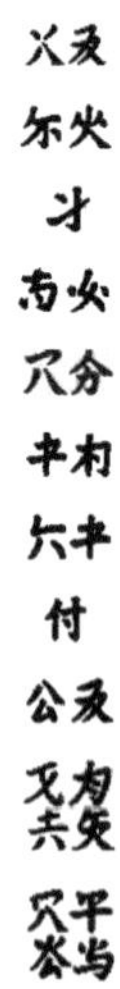於義爲「酷娘子，橫帳之仲父房大比奴郎君於嫁。」[③]是說酷娘子嫁給了橫帳之仲父房的大比奴郎君。「仲父

① 劉鳳翥契丹文字研究類編，中華書局二〇一四年版，第七五一頁。
② 劉鳳翥契丹文字研究類編，中華書局二〇一四年版，第七五一頁。
③ 劉鳳翥契丹文字研究類編，中華書局二〇一四年版，第七五一頁。

房」之前用「横帳之」作定語非常恰當。用「兄弟的」則不通順，不合適。

十九、契丹小字耶律兀里本・慈特墓誌銘第四行的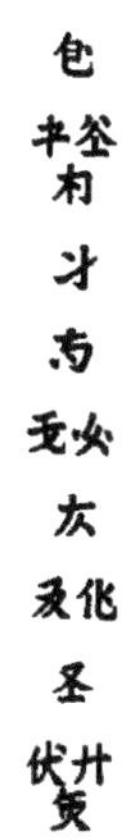於義爲「三父房之横帳，五、六院二部」。[①]「三父房之横帳」非常通順。此處如果釋爲「三父房之兄弟」則不知是哪個兄弟，令人不知其所云。

二十、契丹小字耶律兀里本・慈特墓誌銘第十二行的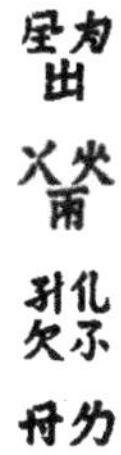於義爲「高寧・富留太師麗節夫人二人之第二女。夫人，横帳仲父房查剌柅・瑰引宰相之女。」[②]是説耶律兀里本・慈特的妻子是蕭高寧・富留太師和麗節夫人二人之第二女。麗節夫人是横帳仲父房查剌柅・瑰引宰相之女。據漢字梁國太妃墓誌銘，查剌柅・瑰引是耶律仁先的父親，麗節夫人是耶律仁先的二妹。用「横帳仲父房」來限定查剌柅・瑰引的身份，也表明其姓耶律。蕭高寧・富留娶姓耶律的人爲妻再恰當不過了。如前所述，漢字耶律仁先墓誌銘稱「第二横帳」，即横帳仲父房。

① 劉鳳翥契丹文字研究類編，中華書局二〇一四年版，第七六二頁。

② 劉鳳翥契丹文字研究類編，中華書局二〇一四年版，第七六五和七六六頁。

二十一、契丹小字耶律貴安・迪里姑墓誌銘第一行的  於義爲「橫帳之孟父房蜀國王之族系的耶律貴安太保之墓誌。」[①]遼史卷六十四皇子表「玄祖四子……巖木字敵輦，第二，重熙中，追封蜀國王……其後即三父房之孟父。」[②]「孟父房」前面定語「橫帳之」非常恰當，非常符合遼史的記載。如果把 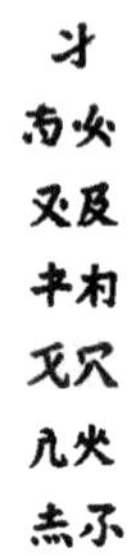 釋爲「兄弟的孟父房蜀國王之」則沒有史書依據。解讀契丹文字如果置遼史記載於不顧，如同盲人摸象，其結果可想而知。

二十二、契丹小字梁國王墓誌銘第三行的 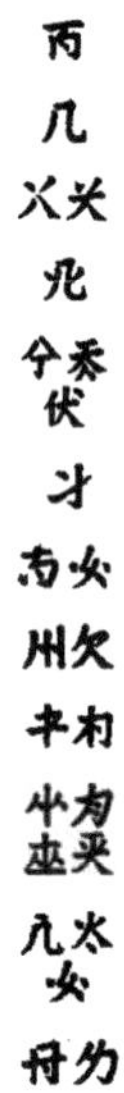 於義爲「妻齊世夫人，橫帳季父房剌罕公之女。」[③]是說蕭高九的妻子是齊世夫人，她是橫帳季父房剌罕公之女。「季父房」之上的定語用「橫帳之」非常通順。也說明 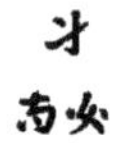 祇能用在姓耶律的人身上。

二十三、契丹小字梁國王墓誌銘第十五行的 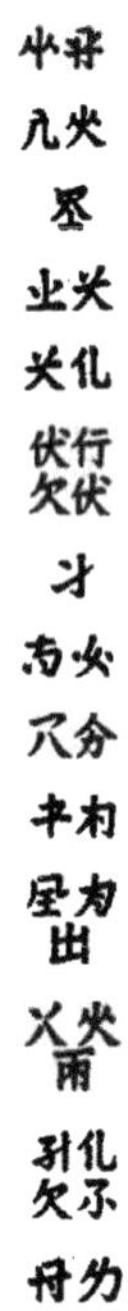 於義爲「梁

① 劉鳳翥契丹文字研究類編，中華書局二〇一四年版，第九一七頁。
② [元]脱脱等撰遼史卷六十六皇族表，中華書局點校修訂本二〇一六年版，第一〇六五頁。
③ 劉鳳翥契丹文字研究類編，中華書局二〇一四年版，第九四七頁。

國太妃諱涅睦衮，横帳之仲父房查剌柅・瑰引宰相之女。」①是説梁國王的妻子梁國太妃名叫涅睦衮，她是横帳之仲父房查剌柅・瑰引宰相之女。如前所述，查剌柅・瑰引是耶律仁先的父親，梁國太妃涅睦衮是耶律仁先的四妹。「仲父房」之上的定语衹能用「横帳之」，不能用「兄弟的」。

二十四、契丹小字耶律副部署墓誌銘第二十五和二十六行的[illegible] 於義爲「第三個女人特勉夫人，乙室己國舅大翁帳陶寧・伊德古詳穩横帳之胡獨古夫人二人之女。」②是説墓誌主人的第三個妻子是特勉夫人，她是乙室己國舅大翁帳陶寧・伊德古詳穩和横帳之胡獨古夫人二人之女。契丹小字[illegible]有「父房」和「翁帳」兩種意思。用在國舅家族人身上翻譯成「翁帳」，用在「横帳」家族的人身上，翻譯爲「父房」。在這裏，[illegible]（國舅）和[illegible]（横帳）分開使用，分別用在耶律副部署的岳父和岳母身上，根本不把它們用在同一個人身上。這是規矩，没有規矩不能成方圓。

① 劉鳳翥契丹文字研究類編，中華書局二〇一四年版，第九五二頁。

② 劉鳳翥契丹文字研究類編，中華書局二〇一四年版，第九一一頁。

二十五、契丹小字耶律弘用墓誌銘第十二和第十三行的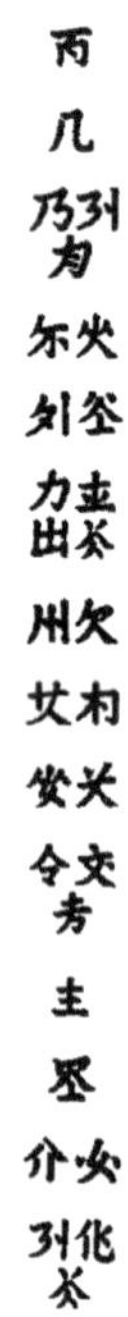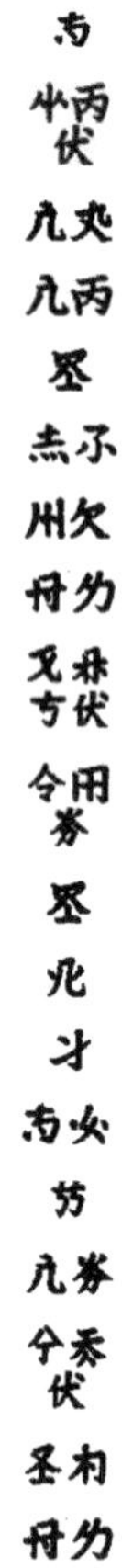於義爲「女人阿姆哈娘子，□國舅小翁帳儀天皇太后之第三第六温•高九大王之少子時時里•迪烈太師、橫帳之楚哥夫人二人之女。」[1]是説耶律弘用的妻子是阿姆哈娘子，她是國舅小翁帳的人，她的祖父是儀天皇太后之第三第六温•高九大王。她的父親是六温•高九大王之少子時時里•迪烈太師，她的母親是橫帳之楚哥夫人。耶律弘用的妻子理所當然地姓蕭，用「國舅小翁帳」表明其身份和姓蕭。耶律弘用的岳母楚哥夫人的娘家當然姓耶律，所以用「橫帳」表達。此處（國舅）和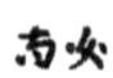分開使用，分別用在耶律弘用的岳父和岳母身上，根本不把它們用在同一個人身上。

二十六、契丹小字耶律弘用墓誌銘第十七行的於義爲「姐一個隋哥娘子，橫帳之仲父房定光奴郎君於嫁。」[2]是説耶律弘用的妻子阿姆哈娘子有一個姐姐是隋哥娘子，她嫁給了橫帳之仲父房定光奴郎君。隋哥娘子是耶律弘用的大姨子。她當然姓蕭，所嫁給的定光奴郎當然姓

① 劉鳳翥契丹文字研究類編，中華書局二〇一四年版，第八四六頁。
② 劉鳳翥契丹文字研究類編，中華書局二〇一四年版，第八四八頁。

耶律，用橫帳之仲父房表明他姓耶律。

二十七、契丹小字耶律弘用墓誌銘第十八行的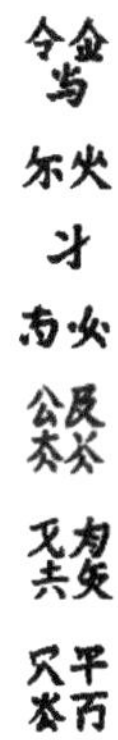於義爲「特勉娘子，橫帳之諸里郎君於嫁。」[1]是說耶律弘用的小姨子蕭特勉娘子嫁給了橫帳之諸里郎君。用「橫帳之」表示諸里郎君姓耶律，是皇族。

二十八、契丹小字耶律弘用墓誌銘第十八行的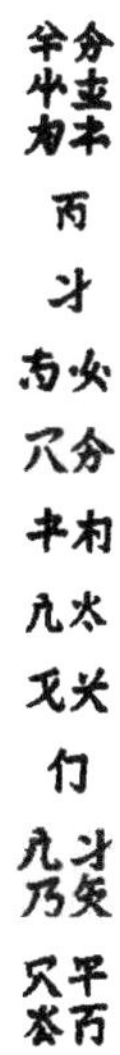於義爲「烏特蘭妃橫帳之仲父房宮使都監於嫁」。[2]是說耶律弘用的另一位小姨子烏特蘭嫁給了橫帳之仲父房宮使都監。「仲父房」之前用定語「橫帳之」非常合適。

二十九、契丹小字蕭居士墓誌銘第七行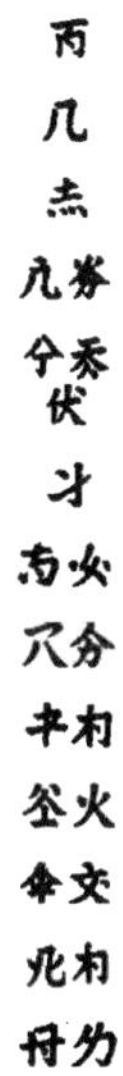於義爲「妻王哥夫人，橫帳之仲父房度突節使之女」。[3]是說蕭居士的妻子是王哥夫人，她是橫帳之仲父房度突里節度使之女。蕭居

① 劉鳳翥契丹文字研究類編，中華書局二〇一四年版，第八四四八頁。
② 劉鳳翥契丹文字研究類編，中華書局二〇一四年版，第八四四八頁。
③ 劉鳳翥契丹文字研究類編，中華書局二〇一四年版，第一〇三一頁。原釋文把「節使」誤作「結實」。

士的岳父度突里姓耶律，「横帳之仲父房」既表明他是皇族，又表明他姓耶律。

三十、契丹小字耶律仁先墓誌銘第一行的 才 火丙 分八 村平 丸□ 伏东 圡亓 曲村夲 金令当 为冈本 於義爲「横帳仲父房□王之族系特勉撰」。[1]這是説契丹小字耶律仁先墓誌銘是由横帳仲父房某王家族的耶律特勉撰寫的。舉出「横帳仲父房」就足以表明他姓耶律了。

下面我們再説一説契丹大字的情況。契丹大字中的「兄弟」作兄弟。兄弟作「兄弟」解的情況在契丹大字資料中不乏其例，例如契丹大字耶律祺墓誌銘第二十九行的太串 兄弟 杰交 夫之 弟来於義爲「太保兄弟勑使知同」。[2]是説太保的兄弟擔任同知勑使的職務。又如契丹大字耶律習涅墓誌銘第十八行的兄弟 子 兄 夂之 太杲於義爲「兄弟有，兄不迭里太師。」[3]是説墓誌主人耶律習涅有兄弟，其兄是不迭里太師。

契丹大字中的兄弟也有作「横帳」解的情況。下面列舉幾個兄弟作「横帳」解的例證。

① 劉鳳翥契丹文字研究類編，中華書局二〇一四年版，第六九三頁。
② 劉鳳翥契丹文字研究類編，中華書局二〇一四年版，第五六四頁。
③ 劉鳳翥契丹文字研究類編，中華書局二〇一四年版，第五七四頁。

一、契丹大字蕭孝忠墓誌銘第二行的於義爲「橫帳之孟父房楚國王」。[1]是說蕭孝忠的祖母是橫帳之孟父房楚國王的後人。表明蕭孝忠的祖母出於橫帳孟父房，姓耶律。「孟父房」之前用定語「橫帳之」非常恰當。此處的如果譯爲「兄弟的」則極不通順。

二、契丹大字耶律習涅墓誌銘第一行的於義爲「大中央契丹國之橫帳之仲父房習涅副使墓於誌」。[2]「墓於誌」是說在墓裏的誌，即墓誌。耶律習涅的漢字墓誌蓋稱「大橫帳節度副使墓誌」，漢字墓誌稱「諱習涅，小字杷八，即大橫帳乙信直魯古郎君之子也。」[3]耶律習涅的漢字墓誌蓋、墓誌銘和契丹大字墓誌銘均沒有説他姓什麼，但漢字誌蓋、漢字墓誌銘以及契丹大字墓誌銘均提到橫帳或橫帳仲父房，其姓耶律也就昭然若揭。這是把他的墓誌銘命名爲耶律習涅墓誌銘的原因。這一命名得到學界的一致認同。

① 劉鳳翥契丹文字研究類編，中華書局二〇一四年版，第五三七頁。
② 劉鳳翥契丹文字研究類編，中華書局二〇一四年版，第五七〇頁。
③ 劉鳳翥契丹文字研究類編，中華書局二〇一四年版，第五八〇頁。

我們之所以這樣不厭其煩地舉出這麼多的契丹小字和契丹大字資料中□□或□□□於義爲「橫帳之」的例證，就是要做到一通百通。反之，一不通就百不通。契丹小字□□和契丹大字□□□在表示身份時可以翻譯爲「橫帳之」，可以説是鐵板釘釘，無可非議。

有人之所以咬緊牙死不承認契丹小字□□和契丹大字□□□在表示身份時可以翻譯爲「橫帳之」，是因爲病句□□□□反復出現在一系列的贋品中。衹要承認了契丹小字□□和契丹大字□□□在表示身份時可以翻譯爲「橫帳之」，則全部贋品墓誌銘的贋品本質暴露無遺，則贋品王國轟然塌方。

在所有的傳世契丹文字資料中，没有一例把□和□□用在同一個人身上的情况。近年出現的一系列來歷不明墓誌銘中屢屢出現病句□□□□（國舅宰相的橫帳的）。例如北京科學匾額博物館二〇〇七年買來的契丹小字蕭徽哩輦·汗德墓誌銘的誌蓋和誌文中均有□□□□。[1]□是□字之誤，□是□字之誤。

[1] 劉鳳翥契丹小字〈蕭徽哩輦·汗德墓誌銘〉爲贋品説，遼寧省遼金契丹女真史研究會編遼金歷史與考古國際學術研討會論文集，遼寧教育出版社二〇一二年五月版，第五〇九、五一一頁。

又如内蒙古大學收藏的契丹小字耶律廉寧墓誌銘第十六行的 化当朩 丙 几 中伏田冊 火尔 圡夲力出 化不孔余 才 火冇 丙乂 券凡乂 中冇北 力冊①於義爲「第二個女人兀里本娘子，國舅宰相之横帳之秀哥龍虎之女。」契丹語用「女人」表示「妻子」，用「國舅」表示姓蕭，「横帳之」即皇族耶律氏。「龍虎」是「龍虎衛將軍」的簡稱。此處是説廉誌主人第四個兒子敵里寧的第二個妻子是兀里本娘子，她是國舅宰相的横帳的龍虎衛將軍秀哥之女。這就太離譜了。兀里本娘子和她的父親秀哥被説成既姓蕭又姓耶律，令人墜入五里霧中。

所謂契丹小字耶律玦墓誌第十行有 刘全 出冇力夲 化不孔欠 才 火冇 用全，吳英喆先生把它釋爲「別部國舅之宰相之兄弟之解里」。出冇力夲 是 圡夲力出 字之誤。耶律玦墓誌第三十一行和三十二行又有 刘全 圡夲力出冇 化不孔余 才 火冇 条伏才，吳英喆先生把它釋爲「別部國舅之宰相之兄弟之胡睹堇」。②

一系列贋品墓誌中屢屢出現 圡夲力出 化不孔余 才 火冇 這一在傳世資料中從不出現的病句，而且贋品中還經常把

① 吳英喆、楊虎嫩《契丹小字的新資料——蕭敵魯和耶律詳穩墓誌考釋》（英文版），英國環球遠東出版社二〇一〇年十二月版，第一七四頁。
② 吳英喆《契丹小字新發現資料釋讀問題》，日本東京外國語大學亞非言語文化研究室二〇一二年版，第二六六、二五三頁。

（國舅）書寫錯誤，或錯爲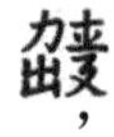，或誤爲。也屢次被誤爲，筆順不對。吳英喆先生在二〇一一年十二月八日中國社會科學報發表的文章中僅僅認爲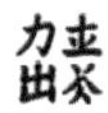於義爲「舅」，不承認其有「國舅」的意思。到了二〇一二年出的書中又恢復了他以前承認的有「國舅」的意思。

我們說在傳世資料中從不出現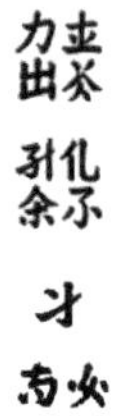的病句，有人舉出契丹小字蕭奮勿膩・圖古辭墓誌銘來辯解。蕭奮勿膩・圖古辭墓誌銘是遼寧省考古研究所的梁振晶先生發掘出來的。根據梁先生在初出土時拓製的精拓本拓片，墓誌第一行一開始作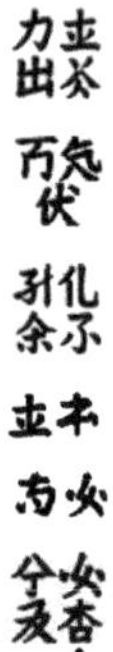，第四字清楚作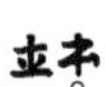。墓誌在搬運過程中有些磨損，現在有人根據磨損的墓誌拓本所拍的照片，覺得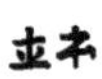字似是而非的像，遂有的録文。如果那樣，而又釋爲「兄弟的」，則被釋爲「國舅楊寧宰相之兄弟之奮勿膩」。楊寧宰相是奮勿膩的前輩，并不是奮勿膩的兄弟。足見拿着贗品當真品者顧此失彼之窘狀。

我希望廣大讀者認真研究、思考傳世的真正契丹文字資料中爲什麼從來不出現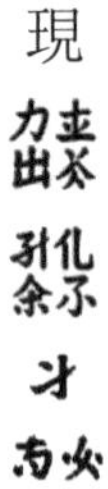的病句，而一批來歷不明的資料中爲什麼屢屢出現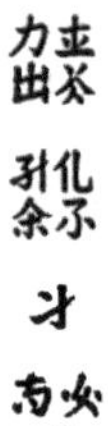？在傳世的契丹文字資料中屢屢出現在「孟父

房」、「仲父房」、「季父房」前面的究竟是「橫帳之」還是「兄弟的」？這個問題必須辯論清楚，不能回避。我曾說病句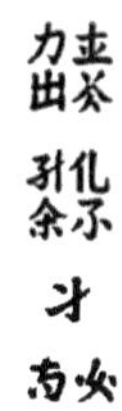是贗品的死穴，也是鑒別贗品的一把尺子。

真誠希望契丹文字研究者積極參加到研究贗品、批駁贗品、揭露贗品的行列中來。衹有辯明了這個大是大非，纔能使契丹文字的研究工作沿着正確的方向前進一大步。

（二〇一六年九月三十日在韓國嘉泉大學舉辦的「歐亞文明和阿爾泰國際學術研討會」上的發言。原載韓國嘉泉大學아시아문화연구（亞細亞文化硏究）第四十二輯，二〇一六年十二月出版）

【附録】李聖揆（檀國大學蒙古學科）的發言

近來韓國及中國、蒙古、日本等地北方民族文字方面的研究變得越來越多。學者們尤其對其中還没有完全被解讀的契丹文字非常感興趣，另外契丹文字的新資料也不斷被發掘。一時間契丹文字的研究引起學界的注意。

契丹文字的研究不僅對蒙古語，特别是對古代蒙古語的研究有非常重要的意義，而且對阿爾泰語言學研究，甚至從歷史——考古角度出發的探索、對中亞研究也是必不可少的。這般重要的契丹文字研究最近正迅速得到發展，這對研究蒙古語的學者來説也是件可喜的事情。能够親自聆聽到契丹文字研究者中數一數二的大家劉鳳翥教授的論文發表并能進行討論，作爲對契丹文字感興趣的研究者中的一員，我感到十分榮幸。

劉鳳翥教授的契丹文字中的「橫帳」一文中提到把契丹字「[illegible]」分析成「兄弟」是錯誤的，并且舉了若干例子。另外還指出通過一些例文可以推斷出契丹小字「[illegible]」的意思爲「橫帳」。討論者也同劉鳳翥教授一樣認爲契丹字「[illegible]」應分析成「橫帳」而不是「兄弟」。但如果契丹字「[illegible]」分析成「橫帳」的話，它當時在契丹語裏的實際讀音又是如何呢？劉鳳翥教授對這個問題有何高見呢？

接着，劉鳳翥教授指出最近因爲贋品契丹文文獻泛濫，契丹文字研究受到了影響，因此希望這個問題得到處理。討論者也非常同意這一點，并且會在往後的研究中時刻留意。然而，能像劉鳳翥教授般登上學術最高峰的學者寥寥無幾。挖掘新的文獻并把它介紹給學界，這對一名從事研究工作的學者來説，没有比這更感到光榮的事了。因此從這個觀點出發，還想懇請教授再進一步闡明一下這個問題，雖然劉鳳翥教授已經多次論及贋品的問題。

最後，自一九八五年契丹小字研究出版以來，契丹小字的研究得到了很好的發展，已經可以分析到語法成分部分。然而契丹大字方面的研究，在劉鳳翥教授的契丹大字耶律昌允墓誌研究之後，一直没有大的進展。雖然幾年前在俄羅斯發現契丹大字的書，而且東方文獻研究所的學者扎伊采夫（Zaytsev）在進行着相關方面的研究，但似乎還是進展不大。還有蒙古國發現的契丹大字碑文，其研究結果至今還未問世。因此想請教劉鳳翥教授，後輩學者們在往後的契丹文字研究中應該注重哪些方面的問題。

能够在韓國聆聽契丹文字研究大家劉鳳翥教授的論文發表，着實感到榮幸。最後希望將來也能有幸繼續聽到教授精彩的論文發表，也祈望教授身體健康。

參觀烏魯木齊絲綢之路博物館的帶契丹字的木屏風

二〇〇五年十月六日上午，澳大利亞麥克利大学的康丹（Daniel Kane）教授從澳大利亞打來電話説，他和妻子葉曉青剛從烏魯木齊回到澳大利亞，他們在烏魯木齊勝利路一六〇號新疆民辦絲綢之路博物館看到許多西遼的文物，有木俑，還有一件木屏風，上面有關於契丹人生活場景的繪畫。屏風右下角釘着一塊木板，上面刻有四行契丹小字，有些原字的音讀得出來，但不知詞意。博物館的人對康丹先生説文物都是當地出土的。康丹先生讓我務必去看一下。若在以前，第二天我就會立即飛往烏魯木齊，多大的花費我都捨得。但此時我已經有了强烈的贋品意識。新疆會出土契丹文字物件，主觀上總認爲不可能。所以，我對康丹先生的勸告没有放在心上。

事情拖了一個多月，我没拿此事當回事，可康丹先生等不及了，他與夫人决定再去烏魯木齊一次弄個究竟，讓我陪他們去，我的差旅費由他們出。他們從澳大利亞直接飛往烏魯木齊等我，讓我與他們會合。我得做些準備工作。中國社會科學院考古研究所的孫秉根同志是我大學的同年級同學，他常年在新疆做考古發掘工作。我出發前向他打聽了新疆考古界的朋友，他給我寫了一紙便箋，讓我找新疆考古研究所的吕恩國。民族所的哈希姆同志還給我寫了幾個新疆朋友的電話號碼。

二〇〇五年十一月十三日上午七時，由李福明師傅開車送我去首都機場，乘六九〇四次航班於九時二十分起飛離京，下午一時飛抵烏魯木齊。康丹先生的夫人葉曉青女士來接我，住入新疆大酒店一七〇五號房間。下午去絲綢之路博物館，在西遼展廳最惹眼的是十二生肖木俑，木俑均爲灰色，每個高約一米左右，均身穿官服，頭部分別作鼠、牛、虎、兔、龍、蛇、馬、羊、猴、雞、狗、豬等生肖模樣。還有樂隊木俑。有一個木屏風，上面繪有車、馬、駱駝和契丹人殺羊烤肉等生活畫面。其右下方鑲有一塊小木板，上有四行共十四個契丹小字，多數原字的筆畫不對。還有兩個金冠，令人覺得是倣自陳國公主墓的。一個鍍金大銅鈴鐺，令人覺得是倣自耶律羽之家族墓車馬坑出土的東西。還有金腰帶、水晶串珠以及鼻煙壺大小的水晶雞冠壺。屏風上契丹小字的原字多數筆畫不對，我的直觀印象是贋品。我們想見見絲綢之路博物館的負責人，問問西遼展館文物的來歷。館裏的人説負責人去外地出差了。我們也不知是真出差還是不願意見我們而説出差。當日晚上聯繫上新疆考古研究所的吕恩國同志。同時得知，哈希姆已經與新疆博物館伊斯拉斐爾館長通過電話，伊斯拉斐爾説，我們有事可以隨時去辦公室找他。伊斯拉斐爾是中國民族古文字研究會的會員，一九九五年在晋祠開會時我見過，但不是很熟悉，所以這次纔託哈希姆疏通。

十一月十四日上午，吕恩國同志陪我們去新疆博物館見伊斯拉斐爾。伊斯拉斐爾知道民辦絲綢之路博物館的館長是王炳華，有他的手機號碼，立即撥通了電話。王館長的夫人接的電話，説他們在上海，王館長去大學講話了，如果我們有事可以去絲綢之路博物館找池寶嘉先生聯繫。伊斯拉斐爾給烏魯木齊市文化局打電話，請文化局給絲綢之路博物館打個招呼。我們立即去絲綢之路博物館，池寶嘉先生（名片上寫着新疆德威蘭經濟研究所所長、新疆中外文化研究中心秘書長）接待了我們。池先生告知我們，其博物館西遼展廳的展品不是當地出土的，是前幾年從内地赤峰市買來的。并且把三塊板拼接的屏風從展櫃内取出來任憑我們隨便拍照、摹録。還從文物倉庫中拿來金面具兩個、金冠兩個，任憑康丹先生拍照。池先生送給我屏風及契丹文字部分的照片兩張。我送給他一册《遍訪契丹文字話拓碑》，聊表謝意。中午，池先生在米蘭酒店設酒宴招待我、康丹、葉曉青和吕恩國，作陪的有兩位女同志，其中一位是工商管理部門的劉書記，另一位是絲綢之路博物館辦公室負責人。

我與吕恩國同志的意見一致，此處所有西遼文物（包括屏風、金冠、金面具、十二生肖木俑等）都是贋品。

十一月十五日，葉曉青給我安排了吐魯番一日遊。我參觀了坎兒井和高昌古城。晚上，我與康丹、葉曉青交談有關契丹文字的贋品問題。康丹先生説，他與夫人九月底來烏魯木齊旅遊時，絲綢之路博物館的曹行（自稱業餘愛好研究地方史和西遼史）對康丹先生説：「這裏的西遼文物絶對是當地出土，具體何地出土的，不便於對外國人講。」當時，康丹先生對曹行的話堅信不疑，所以纔有第二次烏魯木齊之行。他説幸虧我陪他來，通過各種關係，終於弄清了真相。原來這些所謂西遼文物不是當地出土的，是前幾年從赤峰市買來的。他還説，這次來得值，使他明白了贋品文物在中國泛濫成災的嚴重情況，增强了贋品意識。

二〇〇五年十一月十六日十時二十分，我乘CZ六九〇一航班離開烏魯木齊返回北京。

贋品木屏風

贋品木屏風上釘的契丹小字木牌

拓製贋品石棺蓋和鑒定贋品金牌牌

二〇〇五年六月二十九日，我接到內蒙古自治區博物館邵清隆館長的電話，他們徵集到一件帶契丹字的石棺，請我去給鑒定一下。二〇〇五年七月二日，我妻李春敏老師陪我抵達呼和浩特，住入蒙達賓館二一八號房間，然後去內蒙古自治區博物館鑒定石棺。石棺由底、蓋、左梆、右梆、前堵頭、後堵頭六塊石板拼合而成，已經拆開作六塊的石板攤在院子裏。石棺蓋長約二二二釐米，上部寬一〇九釐米，下部寬九四釐米，厚九釐米。上面刻十八行所謂「契丹文字」。一般正規石棺是左青龍、右白虎、前朱雀、後玄武，例如河北省平泉市博物館所藏的遼代秦晉國大長公主的石棺就是如此。而此內蒙古自治區博物館準備徵集的石棺左、右梆各刻一條長龍，給人的印象是倣刻遼上京博物館所藏韓德威石棺梆。前堵頭刻三隻鹿、兩個仙鶴、一棵樹和雲朵。後堵頭刻松、竹林裏的蒙古包，一主人在彈琴，一僕人送茶。這種不倫不類的搭配，衹能是粗製濫造的贋品。

石棺蓋上的所謂「契丹文字」是把似是而非的「契丹大字」和「契丹小字」摻和着刻的。我一看就斷定是贋品。任何一篇正規墓誌銘從來没有用兩種文字摻和着刻的。

石棺上的契丹大字和契丹小字根本就不是契丹文字。例如真正的契丹小字是由一至七個不等的原字（契丹小字的最小讀寫單位，即發音符號）拼成的。而石棺上的「契丹小字」是由一至四個原字拼成的，没有五個、六個、七個原字拼成的字。這説明刻字者根本不熟悉契丹小字的拼音原則，滿腦子還是漢字的組字觀念，衹知道左右結構的如「椅」、「騍」，三字結構如「品」或「聶」，極少四個結構的如「器」。就照這種觀念把一些兩個、三個或四個原字胡亂瞎攢。其中還有既不像契丹字也不像漢字的所謂「字」。不等我開口，我妻李春敏老師就説：「僅憑原字排列也可以看出是假的。單詞原字最多的纔四個，没有五個原字的單詞，更没有六個、七個原字的。」整個棺蓋不論是契丹大字，也不論是契丹小字，都讀不懂一個句子。是百分之百的贋品。

石棺雖然是低劣的贋品，但作爲反面教材也應當拓製一份作贋品資料。二〇〇五年七月二日下午，我和妻拓製石棺蓋。石棺蓋攤在院子裏，當時正是三伏天，必須陽光下蹲下操作。石棺蓋是吸水力很强的緑色砂岩質，面積巨大，天氣悶熱，紙乾得快，上紙極爲困難，還没有把紙攤平紙就乾了，必須時時往上噴水。上墨也很困難。因爲是贋品，也就不嚴格要求上墨的遍數了，拓至能够把字看清的程度就揭下來了。總共拓了兩份，一份留博物館存檔，一份我們帶走。

據内蒙古自治區博物館的同志告知我：文物販子爲了推銷石棺，還特意在赤峰市某地挖了一個大坑，把石棺放在坑旁，然後通知内蒙古自治區博物館的同志去察看。内蒙古自治區博物館的同志到了之後，文物販子就對博物館的人説：「石棺是剛從墓裏挖出來的，帶契丹字的石棺可是海内孤品。六萬塊錢出讓，您們要不要？你們不要就運到北京去……」内蒙古自治區博物館的同志相信了文物販子的謊言，惟恐讓北京的人搶先買了去，立即决定徵集，連夜就運往呼和浩特了。

邵清隆館長對我説：「幸虧六萬元的徵集費還没有付款之前請您來給看一看，否則又要上當受騙了。」

就這樣，石棺没有成交。

七月三日是星期日，博物館閉館。我們參觀昭君墓和五塔寺。

七月四日上午，我們去内蒙古自治區博物館拓製石棺的兩個堵頭。下午，參觀博物館的歷史陳列。歷史部主任丁勇（丁學芸之子）同志還拿給我看兩個契丹字金牌牌，説是前幾年經赤峰市某旗博物館的一位退休館長推薦而從赤峰買的，每個一萬一千元。剛買了不久，赤峰地區又出現了六個同類的東西，没敢再買。我一看，兩個薄如紙的手指大小的小牌牌上各刻四個契丹小字。有一個上面刻着「遼西省人」，另一個上面第一個字是用[w]和[ing]相拼的字。稍通中文拼音的一年級小學生都知道[w]和[ing]拼不到一起。還有的原字根本就不是原字，而是瞎攢的。我當即斷定兩個牌牌全部是贋品。丁勇還取出從赤峰市徵集來的小石棺、筆畫、雕磚等給我看，我斷定均是贋品。幾天下來，内蒙古自治區博物館的同志們均增强了贋品意識。

當日晚上，邵清隆館長爲了答謝我拓製和鑒别贋品的辛苦，特意在烏拉飯店大帳内設酒宴招待，出席作陪的有廣東省原考古所所長古先生、内蒙古大學副校長齊木德·道爾吉教授、俄國的烏拉基米爾·烏恩本斯基先生。有樂隊獻歌、獻舞、獻酒、獻哈達等。飯後，即乘K九〇次硬卧火車離呼和浩特回北京。

石棺拓本

給文物資訊公司鑒定文物

二〇〇九年十月二十九日，我接到一位自稱文物資訊公司的女同志的電話，讓我給鑒定墓誌、印章、金牌等契丹文字文物。我婉言謝絶。次日，文物資訊公司的楊崢女士來電話說，他們公司是國家文物局的。有日本老收藏家舊年收藏的一批東西準備出手，已經運往上海，被海關扣下云云。國家文物局有專門徵集流散海外文物的專款，今年的款項還有很多，計畫用這項款收購這批文物，請我過去給看一看，把把關。我問：「都有什麽文物？」她說：「有契丹字印章、金牌、墓誌、金銀器、絲織品。是同一個墓出土的。」我婉言謝絶。因爲不用看，一聽其物品內容我就知道全部是贋品。她說：「萬一把不住關，國家大量的錢就白花了。難道您就不心疼？請您務必過來給把把關，我們準備立即派汽車去接您。」我祇好應允。汽車把我接到文物資訊中心。工作人員把刻有相關資料照片的光盤放入電腦，打開後，我先看到二枚龍鈕金印，一枚印文爲契丹小字「御院通進」，幾乎每個字筆畫都有錯，例如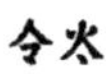（通）字的第二個原字是，金印誤作。、讀

音不同，差之毫釐則失之千里矣。傳世的遼代印章都是用契丹大字篆刻的，從来没有用楷体契丹小字刻製者。另一枚爲楷體漢字「御院通进」，「进」應作繁體字「進」，但卻用了一九五六年纔公佈的簡化字「进」。遼代的所有漢字印章均是篆體，從没有用楷體者，更没有用簡體漢字者。僅從兩枚印章的文字就能斷定其爲贋品。

正規墓誌都是刻在石頭上，而此處的墓誌卻獨出心裁地用青銅鑄造。把一塊墓誌故意鑄造成兩個半拉，接茬處是在一行契丹大字上，把這一行的每個字都劈作兩個半拉，如同舊社會在一張紙上豎寫同樣内容的兩份合同，在中間寫上「合同」二字，然後在「合同」處裁開，每份合同上都有「合同」的半邊字，質對時，必須勘對兩個半邊的「合同」二字，對得上纔是原始合同，否則就是假的。墓誌用青銅鑄造就够離奇的了，鑄造成兩個半邊就更加荒唐。之所以造出這樣荒唐的墓誌，作僞者是本着「物以稀爲貴」的理念，認爲誰也没有見過的東西必然令收藏者産生「海内孤品」的錯覺，因而可以漫天要價。然而物極必反，太離譜了必然令人直觀就認爲其爲贋品。

一般契丹大字墓誌以[契丹字]（大）[契丹字][契丹字]（中央）[契丹字][契丹字]（遼）[契丹字][契丹字]（契丹）国（國）開始。而此銅「墓誌」開始作[契丹字]（大）**區南**[契丹字][契丹字][契丹字]不国（國）。把[契丹字][契丹字]誤作**區南**，把[契丹字][契丹字]誤作[契丹字][契丹字]，把[契丹字][契丹字]（契丹）誤作[契丹字]**不**。五個單詞就錯了三個，而且還用漢字「區」、「南」和「不」等漢字冒充契丹大字。「墓誌」被設計爲某太師之妻某夫人的契丹大字墓誌，通篇錯字連篇，所以我斷定墓誌是贋品。既然謊稱所有的東西都是從一個遼墓出土的，本着「一假皆假」的原則，絲織品、金銀器、瓷器等我就不用看了。我給簽署了「全部是最近幾年胡亂瞎造的一文不值的贋品」鑒定意見。中午，文物資訊中心主任張習武先生設宴招待，感謝我爲國家節省了大量資金。

給董永裁鑒定帶契丹字的帛畫

我對契丹文字有着驚人的癡迷，祇要聽説哪裏有契丹文字，我會想盡一切辦法去查看。無論花費多大代價或付出多大艱苦，我都在所不惜。然而自二〇〇四年以來，凡是找上門來讓我鑒定文物者，没有一件是真的。一説贋品，對方就老大的不滿意，跟我争辯。不斷有電話打到家裏或民族所老幹部辦公室，爲了排除不必要的干擾，我不再給任何個人鑒定文物，而且委託老幹部辦公室的邢雙禄同志、宋軍同志和馬京華同志替我婉言謝絶。邢雙禄同志對我説，有時一天接到好幾個請我給鑒定文物的要求，他都給擋駕了。也有的熟人老纏着，實在推不開。

世界歷史研究所的原所長湯重南同志是北大歷史系晚我兩届的同學。二〇一〇年五月底，他打電話給我，讓我給他的一位朋友董永裁鑒定契丹字帛畫，我一再婉言謝絶，而且告知他「看與不看一樣，看也是贋品，不看也是贋品。因爲遼代根本就没有這類東西。」

二〇一〇年六月四日，湯重南又來電話，堅持來我家，我怎麼擋駕都無效，衹好允許他來訪。當日上午，他就和董永裁來寒舍。寒暄後，董拿出一張紙給我看，上面有他抄寫的契丹字，讓我給他認一認。我一看就說：「這是耶律（韓）高十墓誌銘的開頭部分。不僅有抄錯的地方，也有脱字。例如才 [契丹字]（橫帳）一詞脱才，韓高十的「第二個名」叫王寧，抄件上缺杰（王），因而是贋品。」董永裁對於自己的抄件失去了自信，於是從手提包中取出一個錦盒，從錦盒中取出一件疊着的紫紅色的絲織品，如同剛從泥裏挖出來的一樣，上面有墨筆畫，在一旁寫着耶律（韓）高十墓誌銘的開頭部分。經過核對，董永裁抄録的没錯，是原件上有錯。我說：「畫歸畫，墓誌銘歸墓誌銘，把墓誌銘的題目抄在畫上，純粹是驢唇不對馬嘴。這樣的東西不是贋品又是什麼呢？」董永裁對於畫上的字是抄自耶律（韓）高十墓誌銘仍表示遲疑。我取出一本遼上京地區出土的遼代碑刻彙輯給他看耶律（韓）高十墓誌銘的拓本照片和第四十頁的摹本，他這纔口服心服。他問：「您怎麼一看就知道是抄自耶律（韓）高十墓誌銘呢？」我說：「因爲我是吃這一碗飯的。」他立即把那本遼上京地區出土的遼代碑刻彙輯買走告辭，說是回去好好學一學。

給美國安思遠鑒定契丹字金版佛經

二〇一一年十二月二十六日下午，經國家文物局副局長宋新潮先生介紹，中華世紀壇世界藝術館的王立梅館長造訪寒舍。她説美國的大收藏家安思遠先生原先收藏有淳化閣帖原帖，經她從中聯絡，淳化閣帖原帖現在收藏於上海博物館。安思遠今年已經八十二歲了，他近年又用鉅款買到一批認爲是平生最得意的藏品。他有意通過王立梅把這批藏品出手，轉讓給中國的大博物館收藏。

王立梅拿出一本相册給我看。上面的照片都是銀質鍍金版畫，版畫上有契丹大字佛經、漢字佛經、帶契丹字的佛像、着契丹服飾的人物，等等。共有二十多件，説是從一個遼墓出土的。我發現契丹大字佛經是抄自已經發表的契丹大字永寧郡公主墓誌銘，佛像則是據山西省應縣木塔的佛像倣刻，人物畫則是照内蒙古自治區敖漢旗出土的遼代劉祜墓中的壁畫倣刻。我告給王館長：全部是贋品。王館長讓我給出具一紙鑒定結論，我給出的書面結論是「全部是二十一世紀僞造的贋品」。

安思遠認爲平生最得意的藏品是他收藏生涯中的最大敗筆。他看到我給的鑒定結論後肯定懊悔不及，可能把平生的積蓄都賠進去了。之所以如此，是因爲他對契丹文字一無所知，更缺乏有關契丹文字的贋品意識，把契丹文字想像得過於審密，認爲太難，没有人能倣製得出來。其實越認爲不可能的事情越容易發生。搞收藏應當買自己熟悉的東西。在文物市場上買自己不熟悉的東西，十有八九會上當，這是規律。不要獵奇，不要冒險，更不要企求升值賺錢。

臨别時王館長送給我數册他們館歷次舉辦的世界文明展覽的文物圖録，圖録非常精美，看了可以增加知識。

説到這裏，再多説幾句。二〇一二年一月二十八日（農曆正月初二），史金波同志打電話通知我説中央電視臺第二套「一錘定音」欄目正在拍賣遼錢，讓我快看。我立即把電視轉到二套。衹見銘文爲漢字「大遼神册」、「神册通寶」和契丹大字「天朝萬順」的大個的金子造的錢正在拍賣，有一枚被人以一〇五萬拍走。遼太祖時候的國號爲「契丹」，神册爲遼太祖的年號（九一六—九二二）。遼太宗於會同元年（九三八）纔改國號爲「大遼」。國號「大遼」與年號「神册」根本不配套。「通寶」是流通貨幣，金子做的大錢衹能是壓勝錢，不可能是「通寶」。目前契丹大字「天朝萬順」錢一律是照遼上京博物館的藏品倣製。所以拍賣會上的所有遼錢拍品均是贋品，坐在上面的所謂錢幣專家均是騙子，爲推銷贋品推波助瀾。用一〇五萬拍走者如同安思遠一樣，是在玩自己不懂的東西，所以上當受騙，被騙得一愣一愣的。

給王九丁的同學鑒定帶契丹字的紫銅箱子

一九七〇年三月十四日，中國科學院民族研究所的全體人員前往位於河南省息縣東岳公社的「中國科學院哲學社會科學部五・七幹校」。第二年，幹校遷往正陽縣的明港。當時一些孩子，例如吕光天、劉岩夫婦的女兒吕麗萍（後來成爲影視明星），王輔世、應琳夫婦的兒子王九丁（小名王小米）等也隨着家長去了幹校，我認識他們，他們也都認識我。

二〇一七年一月八日我接到王九丁的一份電子郵件説：「劉叔叔好，我是王九丁，至今還清楚記得和您在東岳夏寨一起挖陶片、箭簇、石斧、石錛的情景，您教我認識陶片上的繩紋，一晃快半個世紀了。我現在在中國出版集團下屬的中新聯科技股份有限公司任董事長，今年也快到站退休了。我的一位崔姓中學同學，現在是香港著名牙醫，同時是收藏愛好者，幾年前通過拍賣會買到一個號稱是中亞十世紀的銅箱子，材質是紫銅，工藝是鏨刻。箱子的一面有文字，想請專家幫看一眼。我打擊她説這是假古董，她説要專家看過纔死心。想到您是目前國内最大的古文字專家，所以想請您幫掌一眼，東西對不對都没事，我們看個熱鬧。即頌冬安。王九丁二〇一七年一月八日」

當天，我回復他説：「小米：您好。您發來的七張照片收到。箱子上的契丹字是後刻上去的贋品。理由如下：箱子上的字是契丹小字。契丹小字是拼音文字，每個契丹小字都是一個單詞。契丹文字是記録契丹語的，契丹語的特點是單詞往往多音節，因爲它是多音節，所以契丹小字由一至七個不等的原字（契丹小字的最小讀寫單位）拼成，箱子上的字多數是由左右結構的兩個原字拼成的，個别也有一個原字或三個原字拼的，但絶没有四個、五個、六個、七個原字拼成的單詞。正如同衹會二十六個英文字母但不會英文，而用一個、兩個、三個英文字母胡亂拼成所謂的英文，去哄騙根本不懂英文的人，説這是英文文物。而且箱子上的字因爲是胡亂拼的，所以讀不成句子，而且重複的字特别多，第二行和第十四行整行重複。總而言之，就契丹字而言，箱子上的字是本世紀最初幾年刻的，絶對不是遼代的。至於箱子是什麽時候造的我説不準，也許箱子是一件古董，爲了把它拔高到遼代去，最近幾年刻上契丹字，純是畫蛇添足，反而把古董給毁了。上述意見僅供參考。春節將至，恭祝您和家人新春愉快，鷄年大吉大利。劉鳳翥　二〇一七年一月八日」

紫銅箱子背面的「契丹字」

紫銅箱子正面

契丹大字史記爲贗品

二〇二〇年八月十九日，我接到史金波同志發來的如文末所附的三張資料照片。他在電子郵件中說：「鳳翥兄：可好？有人從内蒙古得到女真文文獻，你看是否爲真品？如果真的是漢文、女真文史記對照文獻，還是很有價值的。」我看完照片後打電話問史金波同志，這些資料是從哪里來的？他說是杭州出版社的徐吉軍先生給他發來的。徐吉軍説，這是浙江的一位收藏家從内蒙古買來的。我告知史金波同志説，資料給人的印象是用古民族文字翻譯的史記，但都是贗品，不是女真文字，而是用契丹大字、契丹小字和漢字以及胡亂攢的所謂「字」瞎堆在一起的騙人東西。契丹語和女真語都是單詞往往多音節的黏着語，不僅契丹小字不可能用一個字對譯一個漢字，契丹大字也不可能都是用一個字對譯一個漢字。至於其通篇翻譯更是荒唐。例如第一頁第一行漢字第一字爲「脩」，翻譯它的是契丹小字原字 **杓**，擬音爲[en]，是所有格詞尾，從不單獨構成單詞，它與「脩」風馬牛不相及。資料第一頁漢字第三行有「其色郁郁」，翻譯「色」的是契丹小字原字为，擬音爲[ɑ]，從不單獨構成單詞，與「色」也是風馬牛不相及。契丹大字中「日月」直接借用漢字「日月」，契丹小字中「日月」作𘬁𘭏，資料第一頁數處用「百近」翻譯漢字「日月」，真是荒唐之極。契丹語中的十位數詞都單獨是一個單詞，在契丹大字和契丹小字中都單獨是一個字，并不是個位數詞與「十」的并聯。例如契丹小字「二」作圣，「十」作乇，而「二十」作丁，不作圣乇。契丹小字「三」作包，「三十」作乚，而不作包乇。契丹大字中「一」、「二」、「三」、「十」都是直接借用的漢字，而「二十」作廿，「三十」作乙。資料第三頁卷數中的「二十」、「三十」等都是胡攢的，一律都不對。

作僞者對於上個世紀末和本世紀初發表的研究契丹大字耶律昌允墓誌銘、永寧郡公主墓誌銘、蕭袍魯墓誌銘、耶律祺墓誌銘、多羅里本郎君墓誌碑的文章是充分閱讀過的，因而也認識少許契丹大字。例如資料第一頁漢字第二行第一字爲「撫」，用擬音爲[fu]的契丹大字亥來音譯是對的。資料第一頁漢字第三行有「敬事」，契丹語中「事」擬音爲[wei]，資料用擬音爲[wei]的契丹大字允來翻譯也是對的。契丹大字丙可以音譯漢字「女」。資料第一頁漢字第七行有「陳鋒氏女」，資料用丙來音譯「女」，資料漢字第八行一開始是「女生」，也是用丙來音譯「女」，這些都是對的。資料第二頁漢字第二行有「天其知如」，用擬音爲[zhi]的契丹大字芝來音譯「知」也是對的。資料第二頁第四行有「黄收純衣」和「白馬」，契丹大字黄在耶律昌允墓誌銘第十二行譯漢字「黄龍府」的「黄」，在此處也用來音譯「黄」，用契丹大字馬來翻譯漢語「馬」也是對的。契丹大字中漢語借詞「天」直接借用漢字「天」，資料中用「天」音譯「天」也是對的。資料第二頁第六行漢字有「萬國」，契丹大字中契丹語的「國」是借用的古代簡體漢字国。資料用国來翻譯「國」也是對的。契丹大字「七」作将，第三頁「卷二十七」的「七」是用将來翻譯的，也是對的。第三頁末行漢字有「世家」，契丹大字牙音譯漢字「家」。資料用牙來音譯「世家」的「家」也是對的。這均説明作僞者還是下過功夫的，但絲毫都不能掩蓋其爲贋品。

脩身而天下服取地之財而節用之
朩另度天鮮丟垂另昺凡度丹秉昺
撫教萬民而利誨之歷日月而迎送
㚢罕侵冗度畐仇昺甚百近度㐌血
之明鬼神而敬事之其色郁郁其德
昺先丑朳度兄兊昺兄为厶厶兄柰
嶷嶷其動也時其服也士帝淝執中
廾廾兄朱房㺒兄丟房涓仿昇度佰

而遍天下日月所照風雨所至莫不
度㸌天鮮百近佅吞汞尖佅㑗㞢氏
從服
佬丟
帝娶陳鋒氏女生放勛娶訾氏
仿幼采房亐百咝徒此幼李亐
女生摯帝崩而摯代立帝摯立不善
百咝㒰仿㘸度㒰卣伐仿㒰伐㦴使

崩而弟放勛立是為帝堯
㘸度才徒此伐生𤰟仿㞢
帝堯者放勛其仁如天其知如
仿㞢㟲徒此兄尽失天兄走失
神就之如日望之如雲富而不驕貴
朳刖昺失百㸔昺失垩劝度氏毛弓
而不舒黃收純衣彤車乘白馬能明
度氏遂黃卡司乒兄乎兂乒馬哭先

馴德以親九族九族即睦便章百姓
司柰舌甪忍佉忍佉旵匕盂叔兂甚
百姓昭明合和萬國
兂甚旵先何占侵国
乃命羲和敬順昊天數法日月
仿尖允占兄氿伦天畢孚百近
星辰敬授民時分命羲仲居郁夷曰
垂臭兄㞢冗㺒另尖允甪朿厶尖怕

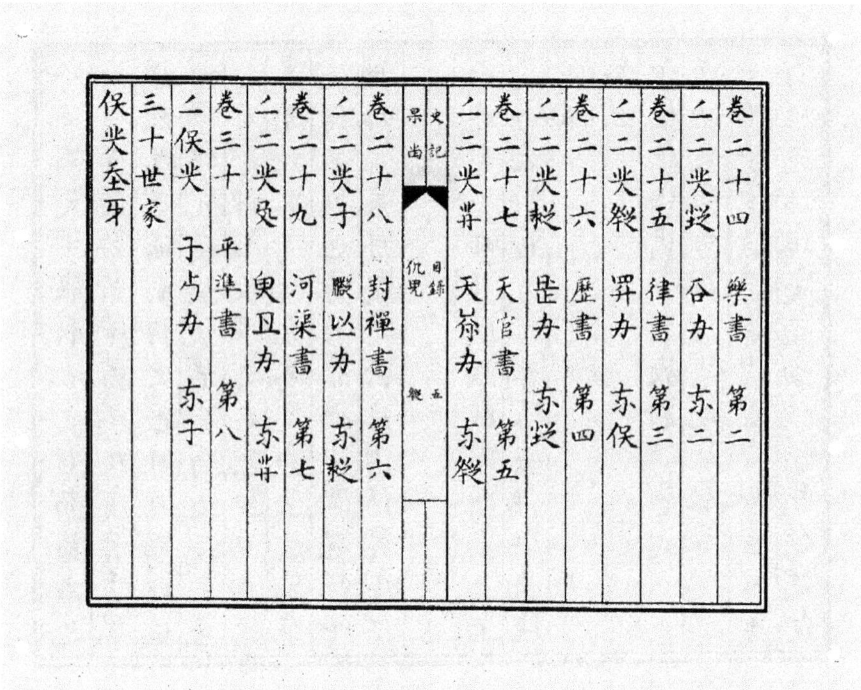
卷二十四 樂書 第二
二二乆奿 谷办 东二
卷二十五 律書 第三
二二乆縂 羿办 东保
卷二十六 歷書 第四
二二乆縂 岜办 东奿
卷二十七 天官書 第五
二二乆茾 天旂办 东縂
史記 目錄 五
果出 仉兕 縂
卷二十八 封禪書 第六
二二乆子 隰以办 东縂
卷二十九 河渠書 第七
二二乆兕 叓丑办 东茾
卷三十 平準書 第八
二保乆 子占办 东子
三十世家
保乆奀牙

契丹譯漢文字典爲贋品

二〇二〇年七月三十一日，華藝出版社的殷芳先生給我發來他從網上發現的絶學密鑰——契丹譯漢文字典資訊，資訊説：「近日，在内蒙藏家處見到一套古籍，封面正中豎印契丹漢兩種文字刻寫的書名契丹漢譯文，其右下角還印有『天贊四年』和『第一册』【按：原文作『第四十册』】等字樣。此套書籍紙薄色黄，柏木清香，字體俊秀，皮繩裝繫，頗具古舊感，有二百九十三册之多。書長二十二釐米，寬十六釐米，每册十二頁，每頁印三組契漢文字，每組四個契漢文字上下對應。每册均録契丹小字、漢字各一百四十四個，整套書則大約收納契丹小字和譯漢文各四萬多字。此套書第一册印有契漢对照的序言，首行寫『太祖皇帝御製』。以下則爲正文：『初，帝併契丹餘部七，南征西進，廣集城池。待稍安，爲明達世物，采韓延徽之言，天贊元年，命翰林院始制契丹譯漢典。書吏受此命，恐有怠，继晷焚膏，無敢妄爲。另持禁動之心，戲筆無落，集士衆長忖度之中，樊樊已近，心力已盡。典收契丹形貎，陪輔以漢意，開籍之先河，爲論此事，特作此序。』

此套書第二百九十三册，爲字典最後一册。書尾有一段結束語，寫道：『此典成於天贊四年，共録二百九十三册。待成典之時，帝親閲曰：爲國典。命造辦制。爲譯事用。授書吏銀數百，彰於朝野。』契丹文乃絶學天書，研究其字如入迷宫，步履維艱，難度極大。近百年來中外學者爲使死文字復活，蓽路藍縷，殫精竭慮，艱苦耕耘取得了不小的成就。尤其劉鳳翥先生多年來矢志不渝，獨領風騷，在解讀契丹大小字方面頗有建樹。但現狀也正如劉先生所言，解讀出來的少，尚未解讀的多，乃冰山一角，距離契丹字徹底解讀還很遥遠，有待於此事同行們繼續努力。希望此典的發現能得到有關方面專家學者的關注與重視，經過科學鑒定，成爲打開契丹絶學大門的密鑰，爲破除陰霾，找準路徑發揮重要作用。」

我立即回復殷芳先生説：從照片上看所謂契丹譯漢文字典爲贋品。資訊所説第一頁（實際第四十頁）封面中的下列所謂五個契丹小字，都是瞎攢的，其中有些符號根本就不是契丹小字的原字（契丹小字的最小讀寫單位），更不是翻譯的「契丹譯漢文」五個字。第一個字抄自郎君行記開始的**又山**兩個字，於義爲「大金」。

契丹語屬於黏着語，單詞往往多音節，因此單詞由一至七個不等的原字拼成。照片中的所謂契丹小字都是由兩個符號（因爲多數不是原字，是瞎攢的所謂「字」，我們不承認其爲原字，故用「符號」稱之）按左右結構拼成。没有三個、四個、五個、六個和七個符號拼成的「字」，從直觀上看就是贋品。照片中也有個別書寫正確的契丹小字，但翻譯不對。例如第二張照片横排第一行第二字**伏为**就是一個筆畫很正規的契丹小字，它讀音爲「捏褐」，於義爲「犬」。而照片中譯爲「徽」，真是亂彈琴。

所以説二百九十三册的契丹譯漢文字典是贋品。

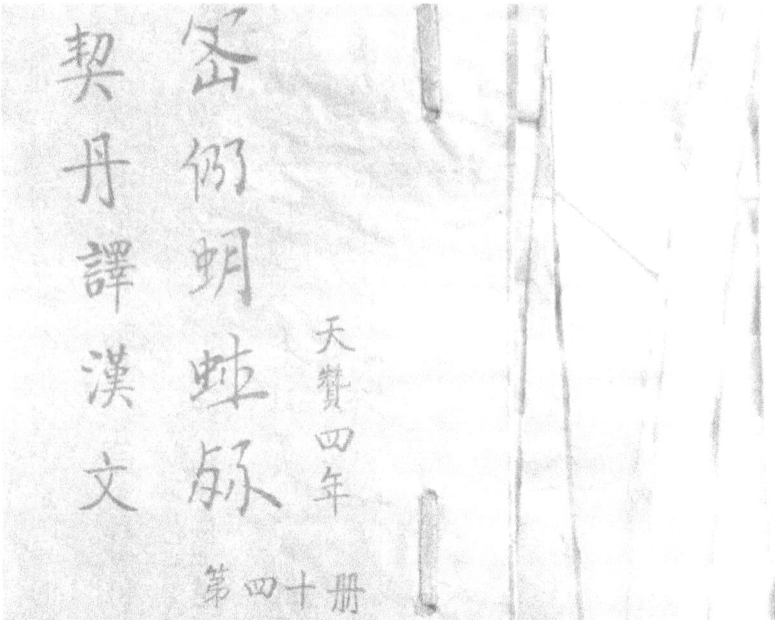
契丹譯漢文
天贊四年
第四十冊

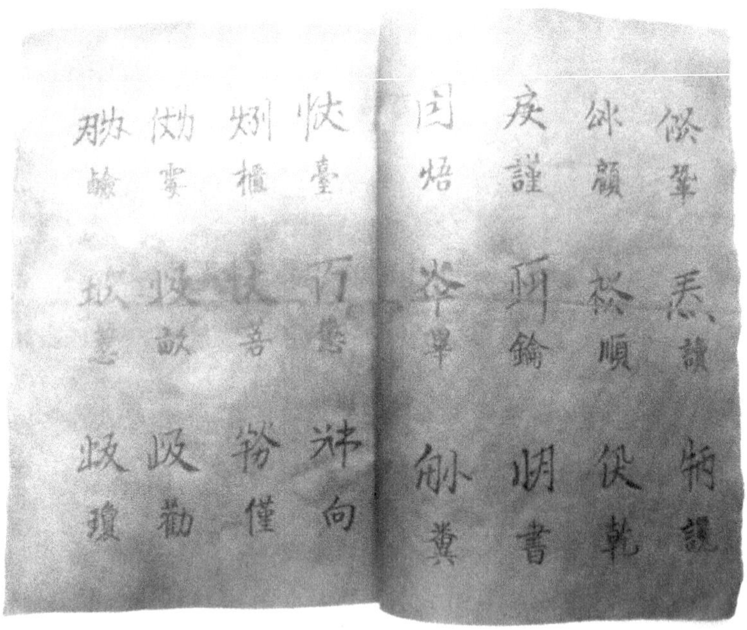

打着宣傳「絲綢之路」的幌子舉辦大型展覽漂白贗品

二〇一六年四月三十日，我接到莊進女士的電子郵件，邀請我參觀五月一日至三十日在格林藝術中心舉辦的「絲綢之路系列展（一）——遼代綉畫珍品展」，并邀請我參加五月二日下午舉辦的「遼代綉畫珍品展的研討會」。

格林藝術中心位於國貿附近航空大樓艾維克酒店的二樓。五月二日，我吃過午飯後早早地去格林藝術中心，衹見裏面掛着一幅一幅的巨幅綉畫，有宋遼議盟圖、天子出行圖、禮三世佛圖、九鳳圖、拜佛祖圖、二十四孝圖、釋迦摩尼圖、普賢圖、十七佛陀圖、訪親圖、迎親圖、歸來圖、送行圖、送禮圖、射天鵝圖、騎射圖、凱旋圖、歌舞圖、捺鉢圖、琵琶圖、彈箜篌圖、跳舞圖、觀舞圖等二十多幅絹質或蘇質綉畫。每幅下面都注明名稱、質地、尺寸，全部没有注明來歷。每幅圖上都綉着契丹大字或契丹小字，少則四、五字，多則五六十字，每幅圖上都有既不是契丹大字、也不是契丹小字的胡亂瞎攢的所謂「字」，甚至混入漢字「紀」

等。我當即斷定全部是贋品。在展廳的西北角放着若干桌椅，并支着攝像機，我斷定那就是將要開研討會的地方。我意識到這是是非之地，必須趕快離場。我出門時，服務人員問：「怎麼走啊？」我說：「都看完了。没有必要再呆在這裏了。」她說：「那就簽個到吧。」我說：「不簽。」我剛走到電梯前，莊進女士追了上來問：「劉先生您怎麼走呀？」我說：「展品都是來歷不明的贋品。我不參加研討會了。」

第二天中国文物網發表了題爲遼代綉畫珍品展暨專家研討會在京舉辦的報導：二〇一六年五月二日下午，「遼代綉畫珍品展暨專家研討會」在格林當代藝術中心（GREEN ART CENTER）舉辦，清華大學美術學院教授楊陽、中央美術學院教授喬曉光、中國人民大學國學院研究員王炳華、中國國家博物館原研究員李之檀、中國國家博物館原研究員宋兆麟、北京民俗博物館副館長李彩萍、華北水利水電大學水文化研究中心教授王瑞平等教授專家學者出席研討會，與會嘉賓就遼代綉畫的歷史價值、文化價值、藝術價值和珍藏價值進行了研討。遼代綉畫珍品展，共展出精品二十四幅，是首次將距今千年的遼代刺綉藝術呈现在大家眼前。其中捺鉢狩獵圖、宋遼議盟圖、二十四孝圖、禮佛圖、出行圖、歌舞圖等綉品。讓我們穿越時空，領略到遼代政治文化藝術中崇善、重孝、禮佛、敬樂，以及遊牧各族的風土人情和宮庭生活的奢靡，體現了遼代紡織技術與刺綉工藝的先進和高超，對研究遼代歷史具有很高的史料價值和珍藏價值。據悉，遼代綉畫珍品展覽時間爲五月一日到五月三十日。

研討會現場

專家觀展

遼代綉畫跳舞圖

二〇一六年五月五日上午，我與妻李春敏老師一起去艾維克酒店，計畫再看看那些贋品畫。說是十點開門，我們等到十一點也沒有開門，最後說今天不開門了，我們祇好掃興而歸。回家之後，我打開電腦，發現中國文物網關於綉畫的報導删掉了圖片，祇剩下文字了。不大一會，文字也删掉了。

五月十八日上午，我再次去格林藝術中心，打算把那些贋品「契丹文字」都抄下來存檔。展覽的大門虚掩着，門前坐着一位女同志，我問：「展覽今天開門嗎？」她說：「僅對通知的人開放。没接到通知的人不讓進。」我說：「我是接到通知的人。」她問：「誰通知您的？」我說：「是莊進通知我的。」她就把門推開讓我進去了，她也跟着進來，又把門虚掩上。她問我是哪里的，我遞給他一張名片。我問她貴姓，她說姓李。小李同志對我很熱情，她發現我抄録高處的字很吃力，就搬來一個櫈子讓我站在櫈子上抄録高處的字，我上下櫈子，她都扶着我。我抄完要走時，格林藝術中心負責人劉先生出來寒暄，他問我對展品的看法，我說都是贋品。我問他展品是哪里來的，他說都是某專家從赤峰那邊弄來的。

我意識到舉辦大型展覽也如同出書一樣，是漂白贗品的重要方式之一。後來我聽説中國藝術研究院的楊耐也在某專家的推薦下買了一批來自赤峰的同類綉畫，後來她自己發現上當受騙了，要退貨可就難了。

李文信先生暢談契丹字和女真字贋品

一九七八年秋，我去哲里木盟（今通遼市）的一些旗縣以及吉林省的一些地方拓製契丹字和女真字的拓本。在海龍縣拓製完楊樹林女真字摩崖和所謂半截山摩崖之後去瀋陽，於十月十六日下午五點抵達瀋陽。我去中山路找遼寧省文化局，始知省文化局已經移至太原街大轉盤的東北角。我去之後，管文物的辛占山同志給批轉了介紹信，并代爲聯繫而使我住進東北旅社三〇五號房間。十七日上午，我去和平區四經街四里四十四號李文信先生的府上拜訪。我首先對李先生向王承禮寫推薦信使我吉林之行極爲順利之事深致謝意。三言兩語之後，李先生很快切入學術討論正題。

李先生詳細詢問了有關楊樹林和半截山摩崖的情況之後對我説：「楊樹林女真字摩崖早在清代末年即被楊同桂發現，以後又有許多中外知名學者前往實地勘察。他們爲什麼當時均未發現今已查明同刻一石的半截山摩崖呢？這是值得深思的問題。最早報導有半截山女真字摩崖者是邢玉人。此人是一個古董商人，會拓碑也會刻碑，有造僞之惡習。他曾用瀋陽舊城墻的方磚，在上面刻了一個大個的慶陵哀册式的契丹文字（鳳翥按：此字的第三個原字缺筆畫），又在此字的左側刻了一行於義爲『大康元年一月三日』的契丹字年款，謊稱此磚是在寧城縣遼代静安寺舊址（鳳翥按：根據新發現的漢字蘭陵郡夫人蕭氏墓誌銘，静安寺遺址在今内蒙古自治區赤峰市元寶山區小五家子回族鄉大營子村的塔山）發現的。他拓了許多此磚的拓片出賣。日本學者島田好就買了一份，還寫了一篇題爲遼静安寺契丹字磚額的文章發表在一九三六年的書香雜誌第八十三期上。文章認爲那個大個的契丹字是静安寺門上的磚匾『静安寺』中的『寺』字。當時有一位日本醫生名叫山下泰藏。他業餘愛好文物與考古，受聘擔任僞滿洲國立中央博物館的顧問。當時我也在博物館工作。邢玉人僞刻的契丹字磚被山下泰藏識破了。有一天，山下泰藏就把邢玉人召到博物館裏來，讓他當着我們衆人的面『坦白交代』契丹字磚的來歷。邢衹好如實承認爲了賣幾個錢花，是用瀋陽舊城墻的磚僞刻的。山下泰藏命他當衆把磚交出砸碎，把尚未賣出的拓片全部交出當衆銷毁。邢玉人也經常受僱爲山下泰藏出外拓製拓片。例如海龍縣楊樹林女真字摩崖的拓本就是邢玉人給山下泰藏拓回來的。就在爲山下泰藏拓回楊樹林女真字摩崖拓片之後，邢玉人對山下泰藏説，他在當地拓拓片時，聽當地老百姓説，在距離楊樹林摩崖之南三十里的柳河縣溝屯村的半截山亦有女真字摩崖。山下泰藏命其前往尋訪。邢去了之後不僅尋訪到了，還拓回了拓片。從此之後，學界始知有半截山摩崖之事。新中國成立之後，經過陳相偉和孫進己等人詳細踏查，柳河縣并没有名叫溝屯的屯子，也没有什麼半截山，更無女真字摩崖。而所謂半截山摩崖原來與楊樹林摩崖同刻一石。我推測是邢玉人在前往拓製楊樹林摩崖時就近僞造了半截山摩崖。他爲了掩飾其作僞，纔謊稱什麼『溝屯』、『半截山』云云。純係子虛烏有。根據孫進己於一九七七年打印的海龍女真摩崖石刻的報導：『也確有老鄉説九缸十八鍋的漢字碑原來没有，是日僞時期新鎸的』。種種蛛絲馬迹均説明半截山摩崖是邢玉人僞刻而非金代原物。半截山摩崖是漢字與女真字對譯的。女真字我不懂，僅就漢字而言也有許多漏洞。那漢字的全文爲『大金太祖大破遼軍于節山息馬立石』。全文僅有一句話，其主語爲『大金太祖』，『破遼軍』、『息馬』、『立石』均爲他一人所爲。『太祖』爲死後的廟號，怎麼會有自稱『太祖』之事呢？再説金太祖完顏阿骨打起兵反遼後，首戰寧江州而告捷，是從西邊直搗遼的上京，根本没有從現在的海龍縣附近經過，當地也没有

發生過『大破遼軍』的遼金之間的重大戰事，『大破遼軍』從何説起？根本不符合歷史事實。還有『立石』就是立碑之意，現在查明字是刻在天然的石頭砬子上，根本不是『立』的。『立石』之説又從何説起？『節山』既不見於遼史和金史，也不見於其他史乘，更不見於地方誌，這也是值得懷疑之處。所以我認爲半截山女真字摩崖是邢玉人僞刻。不知你的意見以爲如何？」

我説：「聽李先生一席話，使人茅塞頓開。楊樹林摩崖與所謂半截山摩崖相距不過一米，一個人伸開兩隻手可以同時把兩個摩崖都摸着。楊樹林摩崖字較小，字口淺平，位置處在視綫之下，且全部都是女真字，不易被外行人發現。半截山摩崖高度與人的視綫相平，字大如拳，字口深，開頭即是漢字，容易被發現。如在陰雨天更是如此。我去拓拓片時，正值陰天下雨，楊樹林摩崖通體皆爲黑色，看不出字口，而半截山摩崖由於字口深，潮氣不易侵入字口内，此時字口皆作墨綠色，與黑色的石頭反差極明顯。楊樹林摩崖在刻字之前石面經過簡單加工，較爲平整。半截山摩崖的石面則未加工，我拓製和校對時，發現半截山摩崖的字口有些地方發澀，甚至刺手，有新鎸刻的感覺。再從女真文字方面看，開頭的七個字可拼成『大金太祖大』五個單詞，顯然是譯的『大金太祖大破遼軍』的前五字，但不符合女真字語法。用女真字在翻譯『大金太祖』四字時必須在『金』字後面加所有格詞尾，甚至還應加『國』字。女真語屬阿爾泰語系，其語序與漢語不同，賓語應置於謂語之前，翻譯『大破遼軍』時語序應作『遼軍大破』。『大破』的『大』字不應緊接『祖』字之後。而且女真語中稱『遼』爲『契丹』例如大金得勝陀頌碑即如此。如果半截山摩崖是漢字、女真字對譯的，『大破遼軍于節山息馬立石』等女真字是能够被識别出來的。然而其女真字部分除了開頭的可譯爲『大金太祖大』的七字之外，其餘十五個女真字均拼不成單詞，無人能識，顯係如同不懂英語者把一些英文字母胡亂地寫在一起而無人能識一樣，這也是把一些女真字胡亂地堆砌在一起，因爲女真字不是每字一詞，而是二三字拼成一個單詞，胡亂堆在一起的字就構不成單詞，故無人可識，這也是作僞者女真字水平不高所致。李先生剛纔所介紹的此摩崖發現的時代背景和邢玉人的爲人，使我深信此摩崖爲邢玉人所僞刻。當時已有研究大金得勝陀頌碑的文章發表，此碑中屢次出現『大金』、『太祖』等單詞，邢玉人可能稍稍地瀏覽了此類文章，故衹會『大金』、『太祖』、『大』幾個女真字單詞，先把這幾個單詞按漢語語序簡單地堆砌在一起，以後就胡亂堆砌女真字了。真的假不了，假的真不了。贋品是瞞不過内行人的。」

李先生説：「出於對事業負責的態度，應該寫篇文章把這些問題説清楚。否則以訛傳訛，貽誤後人。」後來馮永謙同志奉李先生之命寫了海龍金漢文摩崖是近代僞刻一文發表在遼寧大學學報一九八〇年第三期，從而澄清了是非。

所謂静安寺契丹文磚額爲贋品説

由於遼慶陵契丹小字帝后哀册的出土，在二十世紀三十年代初，以我國學者王静如、羅福成、厲鼎煃等人爲首，曾經掀起研究契丹文字的一股熱潮。在這股熱潮的推動下，契丹文字資料的聲價也水漲船高，刻有契丹文字的一磚一瓦都會引起學者們的濃厚興趣，作僞者也乘機而入。例如一九三六年第八十三號書香上發表的島田好的遼静安寺契丹文磚額一文中所介紹的所謂遼中京静安寺遺址出土的契丹文磚額就是一件典型的僞造品。這塊磚上的銘文拓本還曾在遼的文化圖譜等書中著録過。

據遼寧省博物館的李文信先生講，該磚的僞造者就是古董商人邢玉人。邢是一個石匠，也是拓工，又販賣古玩。他爲了滿足一些人對契丹文字資料的追求，就利用瀋陽城墻的舊磚，參照羅福成等人的研究成果而僞造了這塊契丹字磚，并拓了許多拓片販賣。這件事被當時任僞滿中央博物館囑託（顧問）的山下泰藏發現後，就勒令邢玉人把磚交出，當衆砸碎，并没收了尚未賣出的拓片。然而這段情節并不爲世人所知。

其實，除了上述情況之外，僅就這塊磚的銘文本身而論，也足能説明它是一件僞造品。因爲既要作僞就必然露出馬脚。該磚總共衹有十一個契丹字，却有下列多項疑點：

一、令丹寸中的寸，不見於所有契丹小字資料。雖然不能據此而貿然斷定其爲贋品，然而不能不使人引起注意。

二、照島田好的釋文令丹寸爲「静安寺」的「寺」字之義。契丹小字中「太廟」、「仙游殿」等均是漢語借詞。以此類推，「静安寺」亦應爲漢語借詞，然而根據最新研究成果，令音[s]，丹音[p]，它們相拼之後與「寺」字之音毫無關係。

三、羅福成把契丹小字遼道宗哀册蓋中的又尺亦叐玌刹六個原字釋爲「大遼國」是毫無根據的猜測，并没有經過驗證。作僞者把它照搬到磚中，當時可以騙人。當羅福成的學説被新的研究成果推翻之後，這塊磚的贋品真面目也就大白於天下了。根據最新研究成果，羅福成釋爲「遼」的尺亦叐三原字中的尺音[dɑ]，亦音[ur]。因而尺亦叐三原字相拼既不音「遼」，也不音「契丹」。契丹小字中漢語借詞「國」

爲几火，契丹語「國」爲几夾，因而羅福成所釋的兩個於義爲「國」的契丹字玊ㄨ和囯不可能於義爲「國」。尤其是囯字，羅福成根據其字形近「國」而把它釋爲「國」，其實康熙字典中有這個囯字，并注「音磣」。與其説契丹字囯近漢字「國」就釋爲「國」，還不如説它字形同於「音磣」的漢字囯而應音磣。其實這種推論并不行，契丹小字中與漢字字形相同的并不少，例如一、丁、小、目、山、出、伏等，其音義并不與字形相同的漢字同，更不用説字形近於漢字的契丹字了。

四、九夾 廾 這兩個契丹小字分别爲「元」和「年」之意，這是兩個字，不是一個字。在所有的契丹小字資料中這是兩個字，都是分開寫的，唯獨這塊磚把它們寫在一起作九夾廾，這是作僞者不瞭解契丹字書寫規則所致。

五、磚中的毛攵包夬一字可以分解爲毛攵包夬四字，即「一月三日」之意。島田好誤釋爲「十月三日」，「十」的契丹小字作乇，不作毛。毛爲「一」之意。在所有契丹小字資料中都是數目字和日月分開寫，從無把某月某日拼成一個字的情況。退一萬步講，磚小擠不下，衹好拼在一起，那麼無論是根據漢文順序還是根據契丹小字原字組合的順序都不可能出現如此磚那樣從下往上念的情況。還有，在所有契丹小字資料中，都借用漢字習慣把「一月」稱「正月」而不用「一月」。契丹小字中，「正月」作而不作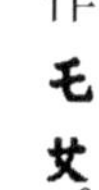。此磚用「一月」而不用「正月」也暴露出作僞者的疏忽。再説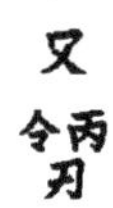兩個字纔是年號「大康」。把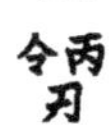一個字當年號「大康」是羅福成等人在二十世紀三十年代的學術觀點，後來研究證明年號「大康」是兩個字，不能省略字。此磚省略了字，是因襲當時流行的錯誤，從而證明它不是遼代的文物。

六、根據遼文滙收録的漢字大遼大横帳蘭陵郡夫人建静安寺碑的記載，静安寺起建於清寧六年，成於咸雍八年，是在咸雍六年冬把建此寺的情况報告給皇帝的，「上用嘉之，勑賜曰『静安寺』。」如果用契丹字在寺門上書寫寺名，所署年月應用「咸雍六年」或「咸雍八年」的年號，不應用大康的年號。然而契丹小字中的咸雍年號至今（按：指撰寫此文時的一九七九年）尚未發現，作僞者衹好找一個當時已經被羅福成認出的緊緊上接咸雍的大康年號，爲了不使時間相差太遠，就用了「大康元年一月三日」，也就是説三天之前還是咸雍年號，其實這是欲蓋彌彰。如果寫一個距離咸雍很遠的年號還可以令人懷疑寺院重建過，寫一個距寺院建成衹有兩年多的時間，就令人百思不得其解。作僞者不是不想寫一個咸雍年號，衹是力莫能及而已。

根據李文信先生提供的情況和上述六項疑點，該磚爲贗品定而不疑，特揭示出來供有關契丹文字研究者注意。

（原載民族研究一九七九年第一期）

所謂静安寺磚額拓本

所謂大安年寶錢爲贋品説

收藏界二〇〇九年第一期所載何文育先生遼錢新品「大安年寶」悄然面世」一文中的所謂「大安年寶」錢（以下簡稱「年寶」）應爲贋品。特不揣淺陋，略陳管見。「年寶」面文（圖一）釋作「大安年寶」極爲牽强。其實此錢面文是倣自所謂「大丹重寶」（圖二）。所謂「大丹重寶」穿下的字非常清楚地作 卄，很難把它釋爲「丹」。至於右邊的所謂「重」則模糊不清，如果不持主觀偏見，很難把它釋爲「重」。其實所謂「大丹重寶」原本作爲無考錢，被收録在丁福保的古錢大辭典中。既來歷不明，又没有原物傳世，僅有一份面文模糊的錢拓輾轉傳抄。在面文還没有搞清楚的情況下，丁福保引用袁寒雲的話説：「厥曰大丹，而製作奇古，必薩剌的之泉無疑，至可貴也。」[①] 實爲不負責任的臆測之言。「年寶」面文穿下的字也非常清楚地作 卄，不管横竪都很難把它釋爲「年」。穿右的字更不是「安」。

[①] 丁福保古錢大辭典，一九三八年上海出版，第九一頁。

遼錢，尤其是遼代早期的錢傳世甚少，物以稀爲貴。俗話説畫鬼容易畫人難。作僞者摸透了收藏者們的獵奇心理，儘量畫鬼，不僅僞造遼代早期的年號錢，還僞造所謂開國之前的遼錢。爲了使收藏者們相信是遼錢，鑄上或刻上契丹文字是近年遼錢贗品的一大特色。「年寶」亦然。

「年寶」背面穿上的和穿下的字均抄自「契丹小字研究」一書。[1]契丹小字讀[lʊ]，於義爲「龍」。在蕭仲恭墓誌銘第二十一行，用此字音譯契丹語中的漢語借詞官名「光禄大夫」的「禄」字。契丹小字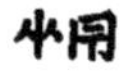讀[ling]。此字在蕭令公墓誌第八行，音譯契丹語中的漢語借詞官名「令公」的「令」字，在許王墓誌第九行，音譯契丹語中的漢語借詞地名「蘭陵郡」的「陵」字。、二字放在一起，釋作「龍陵」或「禄令」，不論是契丹語還是漢語均無講，把它們置於錢上，衹能糊弄那些不懂契丹字的外行人。

「年寶」背面穿右和穿左的兩個字則倣承德出土的金銀牌（圖五）。一九七二年冬，在河北省承德縣深

[1] 清格爾泰、劉鳳翥、陳乃雄、于寶林、邢復禮契丹小字研究，中國社會科學出版社一九八五年北京版，第八四、一〇三頁。

水河村的老陽坡發現形制基本相同的金牌、銀牌各一個。金牌、銀牌上均刻雙鉤字三個：。[①]金銀牌的發表者鄭紹宗先生雖然認爲這三個字是契丹小字，但没有獲得內行契丹文字學界的認同。因爲金銀牌上的三個字全部没有出現在傳世的契丹小字和契丹大字資料之中，也没有出現在女真文字之中。金銀牌上的三個字目前還不能斷然確定其爲契丹字，也不能斷然確定其爲女真字，更不知道其讀音和字義。金銀牌與錢幣風馬牛不相及，把金銀牌上的第二字和第三字移到了「年寶」上，豈不荒唐。

通過上述種種，可以確定「年寶」無論多麼「遼味十足」，也躲不過是贋品的結論。

二十世紀九十年代以來的二十年間，尤其是進入本世紀後，由於盜墓成風，在大量文物被破壞的同時，也使一些契丹文字墓誌銘紛紛出土并相繼發表，從而出現了一股契丹文字研究熱和收藏熱，接踵而來的也出現了一股契丹文字造假熱。目前文物市場上出現的帶契丹字的所謂文物，諸如金銀版畫、金牌子、玉牌子、錢幣、印章、銅鏡、紙質或絹質的繪畫、壁畫、玉器、瓷器、木器、屏風、鞍具甚至墓誌銘等幾乎可以說百

① 鄭紹宗承德發現的契丹符牌，文物一九七四年第一〇期，第八二至八六頁。

分之百的是贋品。「年寶」也應是其中的一件。其中最常見的是金銀版畫。僅契丹小字耶律（韓）迪烈墓誌銘就被倣刻過三次。在這些「文物」上鑄上（刻上或寫上）契丹文字是讓你相信「遼味十足」，是遼代的物品。我們要學會逆向思考，越是帶契丹文字的東西越要慎重。殷切希望收藏者們在收藏這類物品時慎之又慎，以免到頭來聽到「贋品」兩個字而叫苦不迭，悔恨不已。

圖一　所謂「大安年寶」錢正面

圖二　所謂「大丹重寶」錢拓

圖三　所謂「大安年寶」背面

圖四　所謂「大安年寶」背面拓片

圖五　承德出土金牌

契丹小字耶律（韓）迪烈墓誌札記

——兼談倣刻迪烈墓誌之贗品

康鵬

一、「別胥」係南北府宰相妻封號

契丹小字耶律（韓）迪烈墓誌（以下簡稱迪誌）中「別胥」一詞共出現了四次。迪誌第九行在敘述墓主母親時稱其爲（哈姆哥別胥），其下復謂（遵寧大王別胥二人之孩子十個）。遵寧大王即墓主迪烈的父親，漢名宗福，契丹名全稱爲遵寧•滌魯。此人遼史有傳。迪誌第十、十二行則有（宰相、別胥於）和（宰相、別胥之），均指墓主父母，亦即宗福夫婦。關於一詞，學界早有討論，該詞有時亦寫作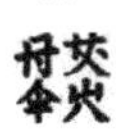，即實先生最先將該詞釋作「別胥」，後經劉鳳翥、烏拉熙春等先生進一步鑒實。[①]學界普遍認爲「別胥」是契丹族已婚婦女的封號，但是對於其對應的級別却有着不同的認

① 即實：紇鄰墓誌釋讀述略，東北地方史研究一九九一年第四期，二七頁；即實：森訥墓誌釋讀，謎林問徑——契丹小字解讀新程，遼寧民族出

識。趙志偉、包瑞軍認爲別胥很可能是夫人之義。[1]劉鳳翥先生則認爲「別胥」的地位似應在乙里娩（亦作「乙林免」、「迤邐免」）之下，夫人之上，[2]其義或近似於「夫人」。[3]即實先生也認爲「別胥」是類似夫人的尊稱。[4]不過，劉鳳翥先生對這一説法又略作修正，他認爲祇有丈夫封爲王纔有可能得到這種封號，可以理解爲「誥命夫人」或「王妃」。[5]烏拉熙春先生則指出「別胥」是宰相之妻特有的尊稱，[6]可謂正中鵠的。筆者即在其基礎上進一步展開詳細的論證，認爲祇有南、北府宰相的妻子纔有資格獲得「別胥」封號，男方是否

版社一九九六年版，第一七〇、一七三頁；即實：糺鄰墓誌釋讀，謎林問徑——契丹小字解讀新程，第二〇七頁；趙志偉、包瑞軍：契丹小字〈耶律智先墓誌銘〉考釋，民族語文二〇〇一年第三期，第三五至三六、三九頁；鄭曉光：契丹小字〈耶律永寧郎君墓誌銘〉考釋，民族語文二〇〇二年第二期，第六六頁；唐彩蘭、劉鳳翥、康立君：契丹小字〈韓敵烈墓誌銘〉考釋，民族語文二〇〇二年第六期，第三一頁；劉鳳翥：契丹小字〈韓高十墓誌〉考釋，揖芬集——張政烺先生九十華誕紀念文集，社會科學文獻出版社二〇〇二年版，第一二六、一三七頁；愛新覺羅・烏拉熙春：契丹小字的語音構擬，立命館文學第五七七號，二〇〇二年，第一七至一八頁；愛新覺羅・烏拉熙春：契丹小字的「字源」與「字流」，收入同氏契丹語言文字研究，京都大學東亞歷史文化研究會二〇〇四年版，第五一頁。

[1] 趙志偉、包瑞軍：契丹小字〈耶律智先墓誌銘〉考釋，第三六頁。

[2] 唐彩蘭、劉鳳翥、康立君：契丹小字〈韓敵烈墓誌銘〉考釋，民族語文二〇〇二年第六期，第三一頁。

[3] 劉鳳翥、青格勒：遼代〈韓德昌墓誌銘〉和〈耶律（韓）高十墓誌銘〉考釋，國學研究第一五卷，北京大學出版社二〇〇五年，第一二六頁。

[4] 即實：謎田耕耘——契丹小字解讀續，遼寧民族出版社二〇一二年版，第二〇七頁。

[5] 劉鳳翥、青格勒：遼代〈韓德昌墓誌銘〉和〈耶律（韓）高十墓誌銘〉考釋、契丹小字〈蕭特每・闊哥駙馬第二夫人韓氏墓誌銘〉考釋，劉鳳翥、唐彩蘭、青格勒編著遼上京地區出土的遼代碑刻彙輯，社會科學院文獻出版社二〇〇九年版，第三八九、四二六頁；劉鳳翥：契丹小字〈耶律宗教墓誌銘〉考釋，文史二〇一〇年第四期，第二一四頁。

[6] 愛新覺羅・烏拉熙春：契丹文字墓誌より見た遼史，京都松香堂二〇〇六年版，第三〇五頁。

封王與「別胥」封號當無直接關聯。

迪誌第九行將「別胥」與「遵寧大王」并稱，很容易讓人將別胥與大王之妻聯繫起來，不過迪誌第十、十二行「別胥」一詞兩次與「宰相」并稱。那麼，「別胥」究竟是大王還是宰相妻子的專稱呢？要弄清這個問題，還需要詳細梳理契丹文以及漢文的相關石刻。

迪烈父親宗福的漢文墓誌誌蓋謂「故南宰相銘石墓誌記」，誌石首行稱「推誠奉國竭節功臣、鳳翔軍節度使、岐州管内觀察巡檢處置等使、特進、檢校太師、同中書門下平章事、開府儀同三司、前南宰相、韓王耶律宗福墓誌銘」，[1]知迪誌十、十二行之宰相是指宗福出任的南府宰相，第九行之大王蓋指「韓王」而言。雖然迪誌以宰相、別胥并稱的次數略多一些，但并不能據此完全否定「別胥」之號是通過宗福的「韓王」封號而來，我們尚需找尋更多的事例加以探討、比較。

契丹小字仁懿皇后哀册第五至七行叙述仁懿皇后父母的情况如下：

[1] 拓本照片見蓋之庸編著內蒙古遼代石刻文研究（增訂本），內蒙古大學出版社二〇〇七年版，第一五六至一五七頁。

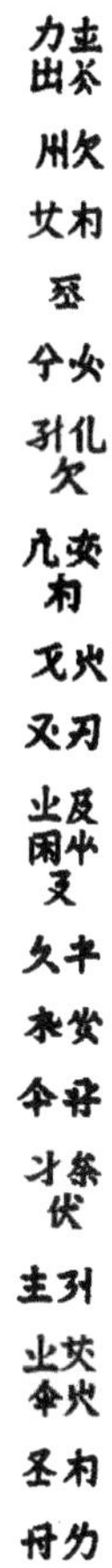

「國舅 小 翁帳之 北 府之 宰相 國之 樞密 任 大丞相 胡獨董黄葛 別胥 二（人）之女。」這裏首先需要説明的是，契丹小字仁懿皇后哀册發掘於一九二二年，當時的比利時人凱爾温（L. kervyn）僅雇人抄寫了一份手抄本，并没有拓製拓本，也没有拍照片，原石仍埋於墓中，世人至今無緣目睹。由於抄録者并没有接觸契丹文字，故而在摹録抄寫時訛誤頗多。此方哀册第五行中的 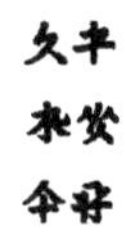 三字被抄寫成 ，[1] 此前學界一般將其摹寫成 。有的學者將  擬音爲*ʧulug，漢譯爲「述律」。[2] 但即便如此，我們仍然無法讀通  的前後文字。筆者認爲這應當是由於一九二二年手民摹寫失真造成的一個誤會。據遼史・后妃傳記載，仁懿皇后蕭氏爲蕭孝穆之長女，[3] 又據蕭孝穆本傳，孝穆小字胡獨董，曾拜北府宰相、北院樞密使（即哀册中的「國之樞密」），死

① 抄本照片見金毓黻編遼陵石刻集録，奉天圖書館一九三四年版，全國圖書館文獻縮微複製中心一九九二年影印本，第三〇頁。
② 即實：哀册拾讀，謎林問徑，第二七頁；愛新覺羅・烏拉熙春：耶律氏、蕭氏及其相關問題考，收入同氏遼金史與契丹、女真文，京都大學東亞歷史文化研究會二〇〇四年版，第三四至三六頁。
③ 遼史卷七一后妃傳，第五册，中華書局點校本，一九七四年北京版，第一二〇四頁。以下所引遼史均是這個版本。

後「追贈大丞相、晉國王」。[1]這些情況與契丹小字仁懿皇后哀册的記載大致相合。三字應爲（）之誤抄，實即漢語「大丞相」的契丹文形式。據此哀册及遼史，黄葛別胥丈夫蕭孝穆的相應身份爲北府宰相、北院樞密使、大丞相、晉國王。

契丹小字許王墓誌第五十二行載其第四個妻子爲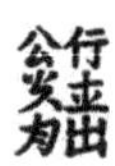（尼睦別胥），許王即遼史有傳之耶律斡特剌，曾拜南府宰相，封混同郡王，[2]死後追封許王。

漢文皇弟秦越國妃蕭氏墓誌稱秦越國妃父親爲「故北宰相、趙王」，母親爲「耶律嘔里思女耶律氏，是爲別胥」。[3]此處的北宰相、趙王即蕭虛烈（字善寧），於重熙二十一年（一〇五二）十二月戊戌官拜北府宰相。[4]以上幾則材料説明「別胥」這一封號應當與南、北府宰相或（國）王號有關。那麽事實究竟如何呢？

契丹小字耶律仁先墓誌第六行稱墓主爲（宰相、別胥二人之長子），此處的宰相指仁

① 遼史卷八七蕭孝穆傳，第五册，第一三三一至一三三二頁。
② 遼史卷九七耶律斡特剌傳，第五册，第一四〇七至一四〇八頁。
③ 拓本照片見蓋之庸編著内蒙古遼代石刻文研究（增訂本），第一五六至一五七頁。
④ 遼史卷二〇興宗紀三，第一册，第四三九頁。

先的父親查剌梘·瑰引。該誌第五行稱瑰引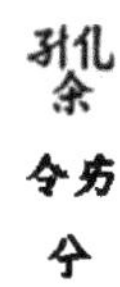（宰相南府）、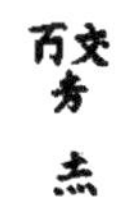（燕王）。遼史·耶律仁先傳稱仁先「父瑰引，南府宰相，封燕王」。[1]漢文耶律仁先墓誌稱「王父諱思忠，聖宗皇帝朝，爲南宰相」，[2]此處「王父」係「父」之誤，「思忠」爲瑰引之漢名。仁先兒子耶律慶嗣的墓誌稱「王父南宰相、兼侍中，諱思忠」，[3]仁先四弟智先的漢文墓誌稱「父南宰相、燕王，諱思忠……母別胥蕭氏」。仁先妹妹梁國太妃涅睦袞的墓誌則稱「父查剌梘·鄶引，南宰相、漆水郡王……娶別謂耶律氏生妃」。[4]這説明仁先父親查剌梘·瑰引（漢名思忠）曾官拜南府宰相，封漆水郡王、燕王。智先的漢文墓誌記載其契丹名由來時稱，「別胥行帳次於野，地涌之水，既誕車下，報有泉涌出，味極甘美。不日視之，目有重童。父宰相异之，因字曰「太平奴」。其下又謂「及宰相、別胥薨，（智先）廬於墳側，三載骨立」，[5]兩處所見均是宰相與別胥并

① 遼史卷九六耶律仁先傳，第五册，第一三九五頁。
② 拓本照片見遼寧省博物館編著遼寧省博物館藏碑誌精粹，文物出版社二〇〇二年版，第一九〇頁。
③ 拓本照片見遼寧省博物館藏碑誌精粹，第一九八頁。
④ 拓本照片見遼寧省文物考古研究所編著關山遼墓，文物出版社二〇一一年版，圖版五五九號墓出土梁國太妃（蕭知微妻）墓誌，誌文「耶律氏」當係「蕭氏」之誤。
⑤ 録文見趙志偉、包瑞軍契丹小字〈耶律智先墓誌銘〉考釋，第四一頁。

舉，再次表明宰相與別胥之間應當有着某種聯繫。不過，我們仍然不能完全排除燕王或漆水郡王與別胥之間的聯繫。

契丹小字耶律仁先墓誌第八行叙述其四妹的婚姻情况如下，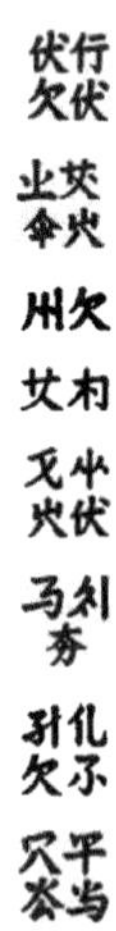（涅睦袞別胥，小翁帳石魯隱・朮里者宰相嫁）。契丹小字耶律智先墓誌第十二行亦有類似記載，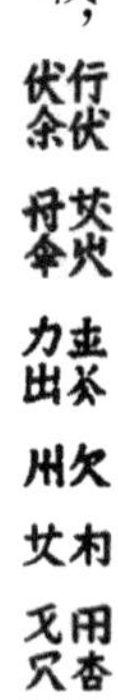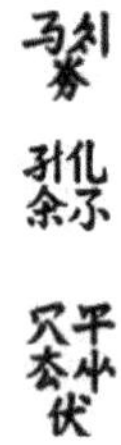（涅睦袞別胥，國舅小翁帳石魯隱・朮里者宰相嫁），契丹小字智先墓誌第十五行記載其第三任妻子爲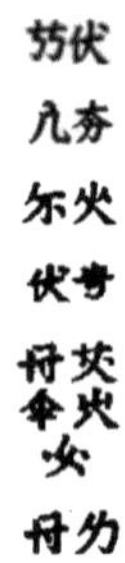（醜女哥娘子，姐姐別胥之女），姐姐別胥就是智先的四姐涅睦袞別胥，漢文智先墓誌的相應記載則是「娶朮里者宰相女醜女哥」。石魯隱・朮里者宰相就是遼史有傳的蕭朮哲，史載其字石魯隱，清寧十年（一〇六四）封柳城郡王，咸雍二年（一〇六六）拜北府宰相，旋即出知朔州，死後追王晋、宋、梁三國。[1]契丹小字梁國王蕭朮哲的墓誌第十五行明確稱其妻子爲查剌柅・瑰引宰相之女

[1] 遼史卷九一蕭朮哲傳，第五册，第一三六三頁。按「晋」，蕭朮哲妻梁國太妃的墓誌作「秦」。

涅睦袞。[1]漢字梁國太妃涅睦袞別胥的墓誌稱其「嫁皇舅諱留引蘭陵郡王之子知微，後歷官北宰相，封宋國王」，[2]知微即朮哲之漢名。由此觀之，涅睦袞的別胥封號似與朮哲任北府宰相或封晋（秦）、宋、梁國王有關。然而，據契丹小字蕭朮哲墓誌第十一、十七行所載，朮哲卒於遼道宗咸雍五年，在天祚帝乾統元年（一一〇一）纔被追封爲秦國王，三年追封宋國王，六年追封梁國王。[3]上文刻於道宗咸雍八年的耶律仁先墓誌與刻於道宗大安十年（一〇九四）的耶律智先墓誌業已稱涅睦袞爲別胥，兩誌刻寫時間均在蕭朮哲追封王號之前，這說明涅睦袞獲得別胥封號與朮哲封國王之號無關，而應當與朮哲曾任北府宰相有關。或謂別胥之號與朮哲曾封柳城郡王有關，但以下事實表明，別胥之號與國王、郡王之號皆無關聯。

契丹小字耶律永寧郎君墓誌第十三行載諧里將軍妻子爲（延寧・乙辛

① 拓本照片及摹本、釋文見萬雄飛、韓世明、劉鳳翥契丹小字〈梁國王墓誌銘〉考釋，燕京學報新二五期，北京大學出版社二〇〇八年，第一四八、一五四頁。

② 拓本照片見遼寧省文物考古研究所編著關山遼墓圖版五五九號墓出土梁國太妃〈蕭知微妻〉墓誌。

③ 拓本照片及摹本見萬雄飛、韓世明、劉鳳翥契丹小字〈梁國王墓誌銘〉考釋，燕京學報新二五期，北京大學出版社二〇〇八年，第一四八、一五五頁。

宰相、霞懶安别胥二人之女），據烏拉熙春先生考證，延寧・乙辛宰相即蕭惟信。[1]咸雍七年十二月壬子惟信「爲南府宰相，兼契丹行宮都部署」。遼史本傳及本紀均未載其封王之事，又惟信子孝恭的墓誌稱「烈考南宰相、兼中書令、魏國公，諱惟信」。[2]據此可知，惟信當封魏國公，比郡王的級別要低。故霞懶安的别胥封號應與其夫曾任南府宰相有關。

契丹小字韓高十墓誌第十二行記載高十父親留寧・郭三（漢名耶律遂忠）的第二個妻子爲（貴哥别胥），該誌第九行記載郭三爲宰相，但并未交代其是什麽宰相。貴哥别胥次女何魯兀哩夫人的契丹小字墓誌第八行稱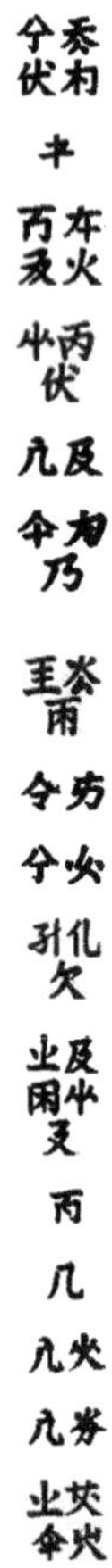（夫人之父耶律留寧・郭三惕隱、南府宰相，妻子貴哥别胥），明確記載郭三爲南府宰相。該誌緊接着又説（夫人，留寧宰相、别胥之女），亦將别胥與宰相并稱。留寧・郭三的漢文墓誌中并無關於其封王的記録，其最終獲

① 愛新覺羅・烏拉熙春初魯得氏族考，收入氏著愛新覺羅・烏拉熙春女真契丹學研究，京都松香堂二〇〇九年版，第二二八頁。
② 拓本照片見賈鴻恩、李俊義遼蕭孝恭蕭孝資墓誌銘考釋，北方文物二〇〇六年第一期，第八二頁。

封的是「漆水郡開國侯」。[1]開國侯要比上文的國公還要低一個級別，這表明女性的別胥封號與其丈夫王位、爵號高低并無直接的聯繫。

漢字蕭興言墓誌載「皇考諱恭，北宰相、兼侍中、燕京都統軍。自先數世，咸建巨功。遺風餘烈，國史存焉。恭之妻別胥孫你大王之妹也」。[2]蕭恭即遼史有傳的蕭圖玉之子雙古，[3]就現有資料而言，蕭恭似未封王，其妻獲別胥之號應與他出任北府宰相有關。

此外，契丹小字耶律仁先墓誌第七行稱其五弟信先過繼給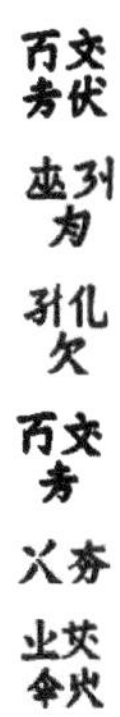（延寧・哈哥宰相、燕哥別胥），此處宰相應當爲北府或南府宰相。契丹小字耶律宗教墓誌第二十五行載宗教姐妹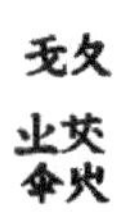（討古別胥），[4]全遼文亦載有「陳國別胥造經題記」，[1]此二人丈夫的爲官狀況暫時無法考證，衹能俟諸來日。

① 拓本照片見蓋之庸編著内蒙古遼代石刻文研究（增訂本），第一四九頁。耶律遂忠即郭三，參見劉鳳翥、清格勒契丹小字〈蕭特每・闊哥駙馬第二夫人韓氏墓誌銘〉考釋——紀念金啓孮先生逝世一周年，金適、吉本道雅、愛新覺羅・烏拉熙春編金啓孮先生逝世周年紀念文集，京都東亞歷史文化研究會二〇〇五年版，第一九二頁。

② 拓本照片見蓋之庸編著内蒙古遼代石刻文研究（增訂本），第四五五頁。

③ 參見劉鳳翥、唐彩蘭遼「蕭興言墓誌」和「永寧郡公主墓誌」考釋，燕京學報新一四期，北京大學出版社二〇〇三版，第七三頁。

④ 參見劉鳳翥契丹小字〈耶律宗教墓誌銘〉考釋，第二一四頁。

綜上所述，「別胥」應當是南、北府宰相的妻子纔有資格獲得的封號。爲便於讀者檢閲，茲列一表於下。

① 參見陳述全遼文卷一〇陳國別胥造經題記，中華書局一九八二年版，第二九九頁。

獲封別胥者	丈夫職官、封號	備注	出處
耶律宗福妻	南府宰相、韓王	大王、別胥并稱一次 宰相、別胥并稱兩次	契丹小字耶律（韓）迪烈墓誌
蕭孝穆妻	北府宰相、北院樞密使，追贈大丞相、晋國王		契丹小字仁懿皇后哀册
耶律斡特剌妻	南府宰相、混同郡王，追封許王		契丹小字許王墓誌
蕭虚烈妻	北府宰相、趙王		漢字皇弟秦越國妃蕭氏墓誌
耶律查剌柅妻	南府宰相、漆水郡王，後封燕王	宰相、別胥并稱一次	漢字耶律智先墓誌
		宰相、別胥并稱一次	契丹小字耶律仁先墓誌
蕭朮哲妻	北府宰相、柳城郡王		契丹小字耶律智先墓誌
			契丹小字耶律仁先墓誌

續表：

獲封別胥者	丈夫職官、封號	備注	出處
蕭惟信妻	南府宰相兼中書令、魏國公		契丹小字耶律永寧郎君墓誌
耶律（韓）郭三妻	南府宰相、惕隱、漆水郡開國侯	宰相、別胥并稱兩次	契丹小字蕭特每・闊哥駙馬第二夫人韓氏墓誌
			契丹小字韓高十墓誌
蕭恭妻	北府宰相兼侍中、燕京都統軍		漢字蕭興言墓誌
延寧妻	宰相	宰相、別胥并稱一次	契丹小字耶律仁先墓誌
討古別胥	不詳		契丹小字耶律宗教墓誌
陳國別胥	不詳		漢字陳國別胥造經題記

二、[illegible] 當爲「討平」之義

迪誌第五行在叙述韓匡嗣第五子（即墓主祖父）時稱 [illegible] □ [illegible]（普你・大漢侍中統和元年秦王蒐西南招討拜口部？），此句大意是指秦王韓匡嗣歿後，其第五子韓德威（即普你・大漢）襲匡嗣西南招討一職。[1]此句最末一詞 [illegible] 語義不詳，即實先生猜測該詞爲「施禮」之義，此處可順譯爲「歸降」。[2]此前，即實先生曾推測 [illegible] 的同音字 [illegible] 爲「歸附」之義。[3]筆者認爲該詞的意思更有可能是「討平」。[illegible]（[illegible]、[illegible]）可以擬音爲*dor-li-p-en，遼史卷三一營衛誌在叙述穆宗斡魯朶時稱「討平曰『奪里本』」，遼史卷一一六國語解亦謂「奪里本，討平也」。[illegible] 之讀音正與「奪里本」相合。那麼它的詞義有没有可能是「討平」呢？

① 參見陳曉偉釋〈遼史〉中的「大漢」一名——兼論契丹小字原字 [illegible] 的音值問題，民族研究二〇一二年第二期，第六二至六八頁。

② 即實：謎田耕耘——契丹小字解讀續，第一四三頁。又 [illegible] 前一字磨泐不清，疑爲 [illegible] 字。然 [illegible] 字詞義不明，筆者推測 [illegible] 或爲邊部之義。

③ 即實：哀册拾讀，第五六頁。

韓德威墓誌記載匡嗣死後，以德威「爲西南面五押招討大將軍。公則陳借箸之謀，膺推轂之拜。貞半千三陣，熟測深機；諸葛亮七擒，咸欽秘略。戢兵禁暴，拓土開疆。鑄柱標名，乃立征蠻之績；囊沙決勝，克彰破趙之功。捷音繼達於聖聰，寵澤遂行於賞典」。[1]此數句語言雖然含糊，但可看出德威在接掌西南招討後，屢立戰功，捷報傳於朝廷。遼史卷一〇聖宗紀一載統和元年（九八三）正月「甲申，西南面招討使韓德威奏黨項十五部侵邊，以兵擊破之。乙酉，以速撒破阻卜，下詔褒美，仍諭與大漢（即韓德威）討黨項諸部」。同年四月辛丑，「賜西南路招討使大漢劍，不用命者得專殺」。五月「壬戌，西南路招討請益兵討西突厥諸部，詔北王府耶律蒲奴寧以敵畢、迭烈二部兵赴之」，戊寅，「西南路招討使大漢奏，近遣拽刺跋刺哥諭黨項諸部，來者甚衆，下詔褒美」。七月「丙子，韓德威遣詳穩轄馬上破黨項俘獲數，并送夷离菫之子來獻。辛巳，賞西南面有功將士」。[2]遼史·韓德威傳則稱其「丁父喪，彊起復職，權西南招討使。統和初，黨項寇邊，一戰却之。賜劍許便宜行事，領突吕不、迭刺二糺軍。以討平稍古葛功，真

① 拓本照片見蓋之庸編著內蒙古遼代石刻文研究（增訂本），第一一八頁。
② 遼史卷一〇聖宗紀一，第一〇八至一〇九、一一〇、一一一頁。

授招討使」。①以上史料説明，統和元年韓德威在接任西南招討使之後，很快就討平了黨項諸部，迪誌第五行記載的應當就是是年討平西南諸部事。該誌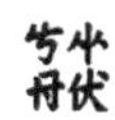之前一字較爲模糊，筆者比對拓本（）之後，認爲該字應當作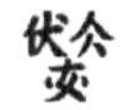，義即「部族」。②如果確是如此，那麼將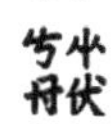釋讀爲「討平」就與德威的事迹較爲吻合。

是故，（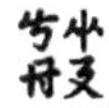、）當爲討平之義，驗之契丹小字道宗皇帝哀册第二十五行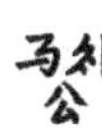  （女真□平）與蕭圖古辭墓誌第二行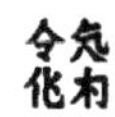 （黨項之平），意皆可通。

三、遼史·韓滌魯傳或誤「叔祖」爲「叔」

遼史卷八二韓滌魯傳（以下簡稱滌傳）載有迪烈父親遵寧·滌魯（漢名宗福）的一則事迹，「上（興宗）因樂飲，謂滌魯曰：『汝有求乎？』對曰：『臣富貴踰分，不敢他望。惟臣叔先朝優遇，身歿之後，

① 遼史卷八二韓德威傳，第五册，第一二九一頁。

② 參見王未想契丹小字〈澤州刺史墓誌〉殘石考釋，民族語文一九九九年第二期，第七九頁；愛新覺羅·烏拉熙春遼代漢語無入聲考，立命館言語文化研究一六卷一號，二〇〇四年六月，第一二三頁。

不肖子坐罪籍没，四時之薦享，諸孫中得赦一人以主祭，臣願畢矣。』詔免籍，復其産」。[①]此段記載，似乎表明滌魯盡力爲親屬恢復身份、争取資産，并無任何私心。但是結合迪誌等相關記載，便會發現其中的端倪。

迪誌第七行謂（叔祖父三寧相公之族系承祧），即將迪烈的父親滌魯過繼給滌魯的叔祖父三寧相公。契丹小字韓高十墓誌第七行載韓匡嗣的第七子爲（三寧·定哥相公），第八行謂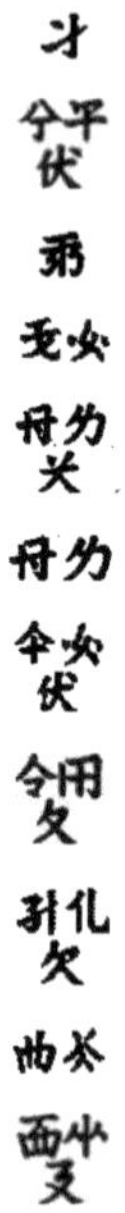（兄普你招討之孫遵寧·滌魯宰相帳承），意即以三寧兄長普你的孫子遵寧·滌魯承三寧·定哥相公之族帳。據此可知，滌魯承祧的乃是自己七叔祖的族帳。迪烈之妻烏盧本娘子的漢字墓誌有「把翁定哥相公家」句，頗難理解，劉鳳翥先生將其解釋爲「給了他爺爺定哥相公家」，意即把滌魯過繼給叔祖三寧·定哥相公，令人茅塞頓開。[②]漢字耶律宗福墓誌載

① 遼史卷八二韓滌魯傳，第五册，第一二九二頁。

② 相關考釋見劉鳳翥、唐彩蘭、高娃遼代蕭烏盧本等三人的墓誌銘考釋，文史二〇〇四年第二輯，第一二四頁；劉鳳翥、青格勒遼代〈韓德昌墓誌銘〉和〈耶律（韓）高十墓誌銘〉考釋，國學研究第一五卷，北京大學出版社二〇〇五年六月版，第一二四至一二五頁。

此事作「特詔主掌叔父思母相公之籍産」。[1]「思母」即「三寧」之异譯，誌文「叔父」顯然應爲「叔祖父」之訛。

據此，筆者推測滌傳中的「叔」很有可能也是「叔祖」之訛，兹證如下。

一、滌傳謂滌魯趁興宗酒酣耳熱之際，提出其「叔」家因罪籍没，希望在其叔「諸孫中得赦一人以主祭」，興宗遂詔免「叔」家之籍并「復其産」。但滌傳并未交代最終「諸孫」中何人得以主祭，何人獲得籍没之産。契丹小字韓高十墓誌、迪誌皆謂滌魯承祧（即主祭）七叔祖三寧之帳，而漢字耶律宗福墓誌（即韓滌魯墓誌）則稱興宗皇帝「特詔（滌魯）主掌叔[祖]父思母相公之籍産」，明言滌魯獲得了其叔祖父原被籍没的資産。這與滌傳有暗合之處，且滌魯墓誌即誤記「叔祖」爲「叔」，不能不令人懷疑滌傳亦有此誤。

二、滌魯七叔祖三寧事迹與滌傳「臣叔先朝優遇」亦相吻合。據劉鳳翥先生考證，三寧即遼史·韓匡

① 拓本照片見蓋之庸編著内蒙古遼代石刻文研究（增訂本），第一五七頁。

嗣傳中的韓德凝，韓匡嗣墓誌中的「韓德顒」，耶律隆祐墓誌的墓主隆祐。[1]據隆祐墓誌，三寧與聖宗耶律隆緒以兄弟行，聖宗「賜之以國姓，仍連御署（即「隆」字）」，在三寧亡後，聖宗「以手足興懷」，其「優遇」异於常人。滌魯祖父韓德威（即普你）則無此優待，不僅没有榮連御署，且未獲得國姓之資格。

綜合而言，滌傳極有可能誤記「叔祖」爲「叔」，所謂「諸孫中得赦一人以主祭」實際上是以三寧侄孫滌魯承帳，滌魯如願以償獲得了其七叔祖的家産。考慮到滌魯性本貪婪，曾「以私取回鶻使者獺毛裘，及私取阻卜貢物」，被決大杖，并削爵免官。[2]滌魯争取叔祖之産的事情并不是没有可能發生的。

行文至此，還有一個問題需要予以澄清。滌傳謂「（三寧）身歿之後，不肖子坐罪籍没」。然而劉鳳翥先生謂三寧二子一女皆先於三寧而亡，[3]明顯與滌傳不合。筆者認爲這是由於對三寧墓誌的誤讀所致，茲引相關辭句如次，「公（三寧）之室，陳國夫人蕭氏……痛深先逝，恨結未亡。興言但念於終天，拉淚

① 劉鳳翥、唐彩蘭、高娃、李建奎遼代〈耶律隆祐墓誌銘〉和〈耶律貴墓誌銘〉考釋，文史二〇〇六年第四輯，第一二〇至一二一頁。
② 遼史卷八二韓滌魯傳，第五册，第一二九一頁。
③ 劉鳳翥、唐彩蘭、高娃、李建奎遼代〈耶律隆祐墓誌銘〉和〈耶律貴墓誌銘〉考釋，文史二〇〇六年第四輯，第一二四頁。

不聞於深夜。有子二人、女一人，渤海娘子大氏之所出也，先公而亡。長曰遂贇……次曰遂成……女適奚王府相之息也」。[1]如果誌文謂三寧相公二子一女皆亡的話，一般應使用「皆/俱/并」先公而亡這樣的字句。從墓誌前後文來看，「有子二人、女一人，渤海娘子大氏之所出也，先公而亡」是針對三寧側室渤海大氏而言，「先公而亡」乃指大氏先三寧而歿。是故，誌文所載與遼史傳并無抵牾不合之處。

四、迪烈妻烏盧本墓誌之用典問題

迪烈之妻烏盧本娘子的墓誌（簡稱烏誌）中有「昔緹縈之徒，列女也；宗伯、梁鴻之妻，哲婦也；文伯、孟氏之親，賢母也」句，内含諸多典故，劉鳳翥先生曾對緹縈、梁鴻、孟氏等做過詳細説明。[2]實際上，此句中還有兩個典故，現補充如下。烏誌中的「宗伯」應當爲「伯宗」之誤，伯宗，姬姓，爲郤氏旁支，係春秋時期晋國的大夫。伯宗之妻的典故源出國語·晋語，其文云：「伯宗朝以喜歸，其妻曰：『子

[1] 劉鳳翥、唐彩蘭、高娃、李建奎：遼代〈耶律隆祐墓誌銘〉和〈耶律貴墓誌銘〉考釋，文史二〇〇六年第四輯，第一二〇至一二一頁。
[2] 劉鳳翥、唐彩蘭、高娃：遼代蕭烏盧本等三人的墓誌銘考釋，文史二〇〇四年第二期，第一二六頁。

貌有喜：何也？』曰：『吾言於朝，諸大夫皆謂我知似陽子。』對曰：『陽子華而不實，主言而無謀，是以難及其身。子何喜焉！』伯宗曰：『吾飲諸大夫酒，而與之語，爾試聽之。』曰：『諾。』既飲，其妻曰：『諸大夫莫子若也，然而民不戴其上久矣，難必及子。子盍亟索士愸庇州犁焉。』得畢陽。及欒弗忌之難，諸大夫害伯宗，將謀而殺之，畢陽實送州犁於荊。①

此典講述伯宗妻子未雨綢繆，讓伯宗預先結交畢陽，在伯宗遇難之後，伯宗之子州犁在畢陽的保護下逃至荊楚。劉向古列女傳專門收録了「晋伯宗妻」條，并加以發揮充實，使其成爲賢能之妻的典範。古列女傳的頌語高度概括了伯宗之妻的行爲，「伯宗凌人，妻知且亡，數諫伯宗，厚許畢羊，屬以州犁，以免咎殃，伯宗遇禍，州犁奔荊。」②

烏誌中的文伯即公父文伯，姬姓，名歜，母親爲敬姜。文伯之母的典故出自國語·魯語，因其文較長，

① 國語卷一一晋語五，影印文淵閣四庫全書本，臺灣商務印書館一九八六年版，第四〇六册，第一一六至一一七頁。
② 劉向古列女傳卷三「晋伯宗妻」，影印文淵閣四庫全書本，第四四八册，第二九頁。

故不贅引。[①]文伯之母的賢淑曾得到孔子的贊賞，可謂母親之楷模。古列女傳亦收録了這一故事，玆録其頌文如下：「文伯之母，號曰敬姜，通達知禮，德行光明，匡子過失，教以法理，仲尼賢焉，列爲慈母。」[②]烏誌以伯宗妻爲哲婦，以文伯母爲賢母均極恰當。實際上烏誌中提到的緹縈以及伯宗、梁鴻之妻，文伯、孟氏之母等女性均爲古列女傳所收，烏誌作者顯然想借此頌揚烏盧本堪比古之列女。

五、倣刻迪誌之贋品

二〇一二年由中國國家圖書館出版社刊行的秦晋豫新出墓誌搜佚一書中收有一方契丹文墓誌（簡稱「洛誌」），書中介紹此誌來歷稱「該墓誌於二〇〇六年秋在山西與内蒙古自治區交界處出土，旋歸洛陽某氏，因洛人不識其字，故少有問津者。余於二〇〇八年夏，在洛陽西大街豫深文博城地攤得拓本二枚，

① 參見國語卷五魯語下，影印文淵閣四庫全書本，第四〇六册，第五九至六二頁。
② 劉向古列女傳卷一「魯季敬姜」，影印文淵閣四庫全書本，第四四八册，第一四頁。

因謹（僅）知爲契丹文，故暫定爲契丹文墓誌，以期方家教我」。[1]迄今爲止，在山西内蒙交界處從未出土過契丹文石刻，作者聲稱墓誌出自該交界地，難免令人生疑。仔細對比此方墓誌可以發現，「洛誌」完全倣自迪誌，其内容、行數（共三十四行）乃至每行字數均與迪誌一致。有意思的是，迪誌在中間斷裂爲上下兩半兒，「洛誌」在其右上角也模仿了一道裂痕。「洛誌」在摹刻上有失真之處極多，茲舉數例如下。

「洛誌」第一行將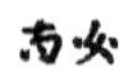誤作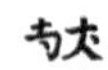；第二行將墓主的名字誤作，這是因爲真品迪誌刻寫得較爲潦草，導致倣刻者將第一、二兩個原字誤成和；第九行將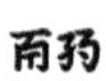誤作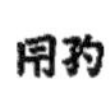；第二十九行將誤作平；「洛誌」最後一行則將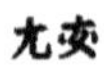誤作；數字（八）則漏刻上面一横，誤作。而且，因真品迪誌有斷裂之處，故末行（二月）的字有殘缺，「洛誌」倣刻者無法判別此字，索性不刻字，并在該字應當出現的地方空白出約兩個字的間距，殊爲可笑。又，孔夫子網亦有一契丹文墓誌拓本出售，經比對，蓋與「洛誌」拓自同一方贋品誌石（參見圖片三、四）。

① 趙君平、趙文成編秦晉豫新出墓誌搜佚，國家圖書館出版社二〇一二年版，第四册附録四契丹文墓誌，第一一六九頁。

此外，蒙劉鳳翥先生見示，筆者還從劉鳳翥先生處獲取數方倣刻自真品迪誌的贋品墓誌，現據劉先生惠賜資料叙述如下。

二〇〇四年九月七日晚，劉鳳翥先生收到赤峰市唐彩蘭女士寄來的契丹小字墓誌拓片兩紙（簡稱「赤誌」）。劉先生當即判定該誌倣刻自迪誌。「赤誌」在形式上做了一些變動，真品迪誌原爲一面，共計三十四行，「赤誌」則分刻兩面，每面二十二行，共計四十四行，每行字數也相應的予以改動。細觀「赤誌」，其倣刻水平明顯低於「洛誌」。「赤誌」錯字連篇，造假痕迹極爲明顯，例如「赤誌」第一行將誤刻爲十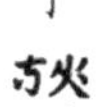。「赤誌」最後一行記載墓誌刻寫日期的九個契丹字中，竟有五個字有極其明顯的錯誤，其造假水平由此可見一斑。該行年款原作（乾統元年二月二十八日），「赤誌」刻作。其中年號部分的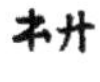明顯漏刻了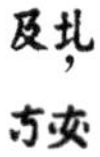的第一個原字應當是而不是。的錯誤同樣是由於真品迪誌因斷裂造成的殘缺所致，迪誌的字僅殘存下半部分的一豎一橫，造假者據此猜測其爲字。殊不知該字在此處不可能與字搭配使用。字，本應作，不僅漏刻了上面的一橫，且左右兩點的方向亦與真品相反。最後的字，應作，

仿刻明顯失真。

二〇〇九年五月三日，周峰先生電話告知劉鳳翥先生，中國農業博物館的人員給他發送了幾張契丹字墓誌誌石照片（簡稱「農誌」），感覺像是贋品。五月五日晨，劉先生收到照片之後，確定其爲倣刻迪誌之贋品。筆者蒙周峰先生轉發「農誌」照片并告知農業博物館最終并未收購該贋品。「農誌」造僞手法與「洛誌」近似，均是原樣摹刻迪誌，內容、行數、每行字數均照搬真品，不同的是「農誌」表面并無裂痕。現略舉「農誌」造僞之例如下：第一行將誤刻爲 斗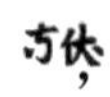，將墓主名字刻作，第二行則將刻作，將誤作 斗。「農誌」末行年款與上述兩誌存在相似的訛誤，將誤作，比「赤誌」的還要多出一點；將刻作，同樣漏刻了上面的一横。

除此之外，劉先生還曾告知千唐誌齋博物館收購有一方倣刻迪誌的贋品（簡稱「千誌」），中國社科院的史金波先生和中華書局的徐俊先生曾提供過局部或全部拓本照片。「千誌」的訛誤與「農誌」較爲相似。「千誌」第一行將誤刻爲 斗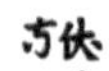，將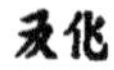誤作（因「農誌」此處僅有較爲模糊的誌石照片，可以大體看出「農誌」

與「千誌」之誤相同）。「千誌」第二行將誤作，將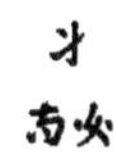刻作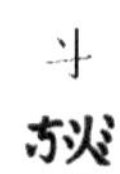。末行年款項的錯誤與「農誌」完全相同，誤爲，誤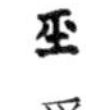爲。「千誌」與「農誌」在字形及訛誤類型上極爲接近。但是因「農誌」係原石照片（非拓本），且祇有局部清晰圖版，不能與「千誌」一一對比，筆者推測兩誌有可能出自同一造假者之手，亦不排除爲同一贋品墓誌之可能。此外，華商網、人民網等網站曾發表題爲西安驚現「火星文」拓片或是契丹文的新聞報道，據其文中提供的圖片，該契丹文拓本當與「千誌」同源（參見圖片十一、十二）。

爲便於讀者比較、辨別，特將真品迪誌及贋品「洛誌」、「赤誌」、「農誌」、「千誌」相關照片附後。

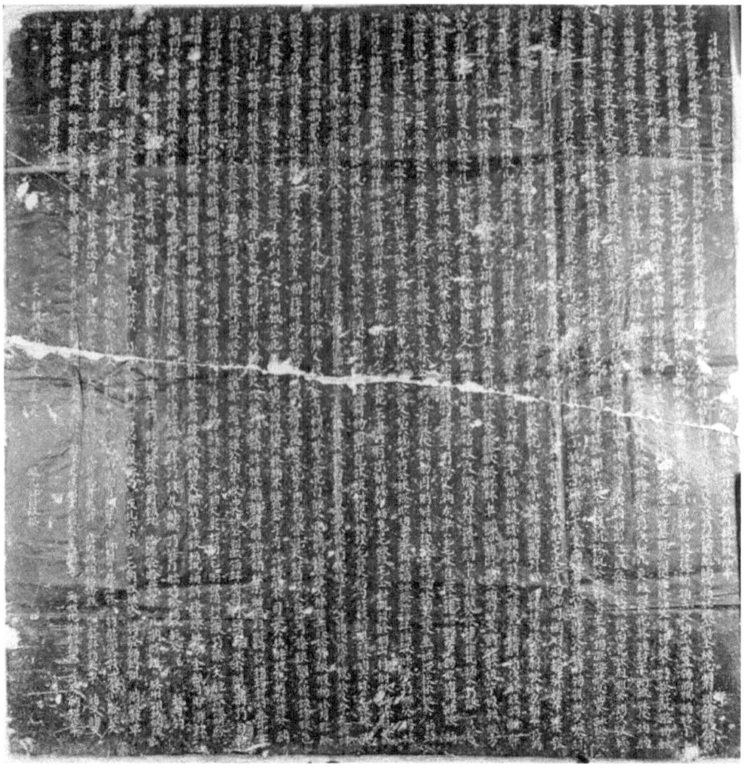

圖片一　契丹小字耶律(韓)迪烈墓誌

圖片二　秦晉豫新出墓誌搜佚所收契丹文墓誌（「洛誌」）

圖片三　孔夫子網所售契丹文墓誌拓本

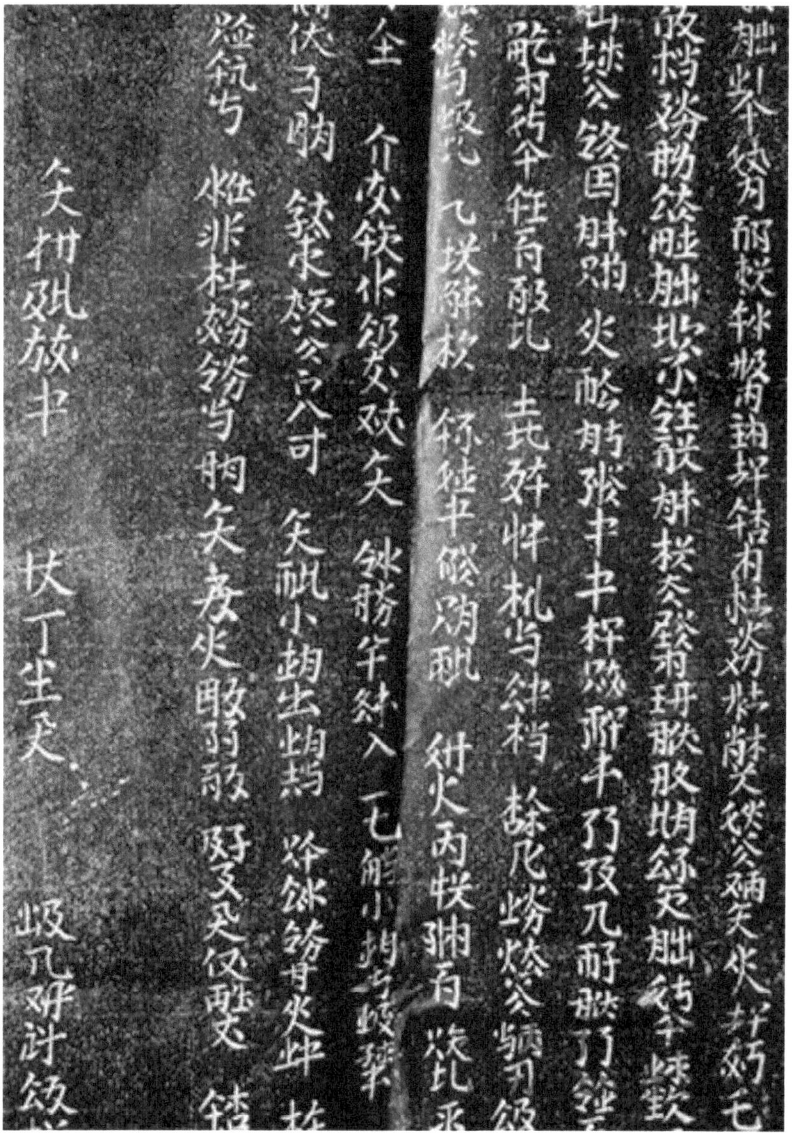

圖片四　孔夫子網所售契丹文墓誌拓本局部

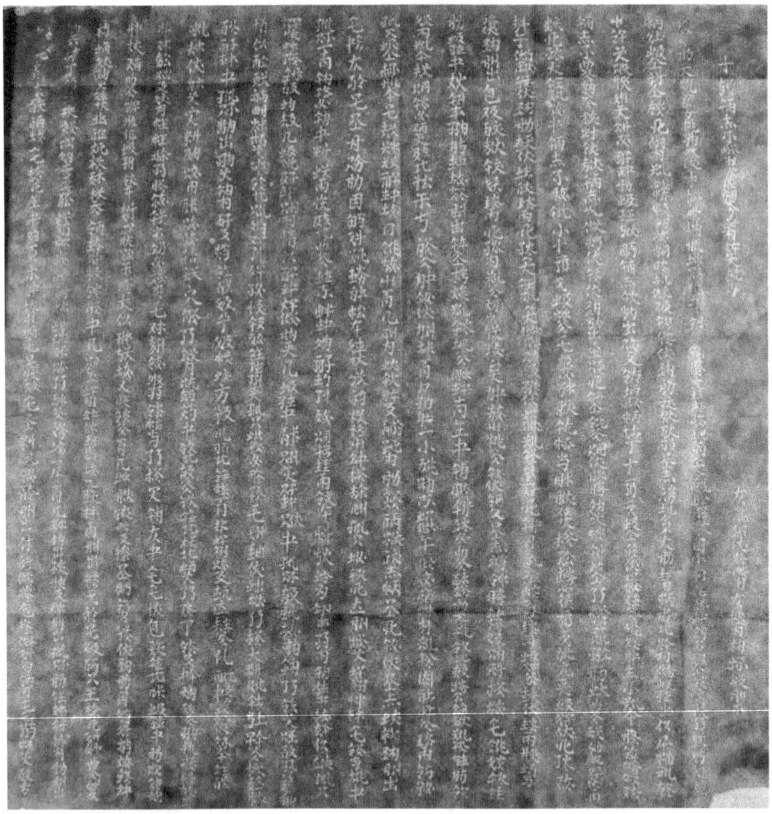

圖片五　二〇〇四年擬售遼上京博物館契丹文墓誌（「赤誌」）第一面

圖片六　二〇〇四年擬售遼上京博物館契丹文墓誌（「赤誌」）第二面

圖片七　千唐誌齋博物館所存贗品迪烈墓誌拓本照片

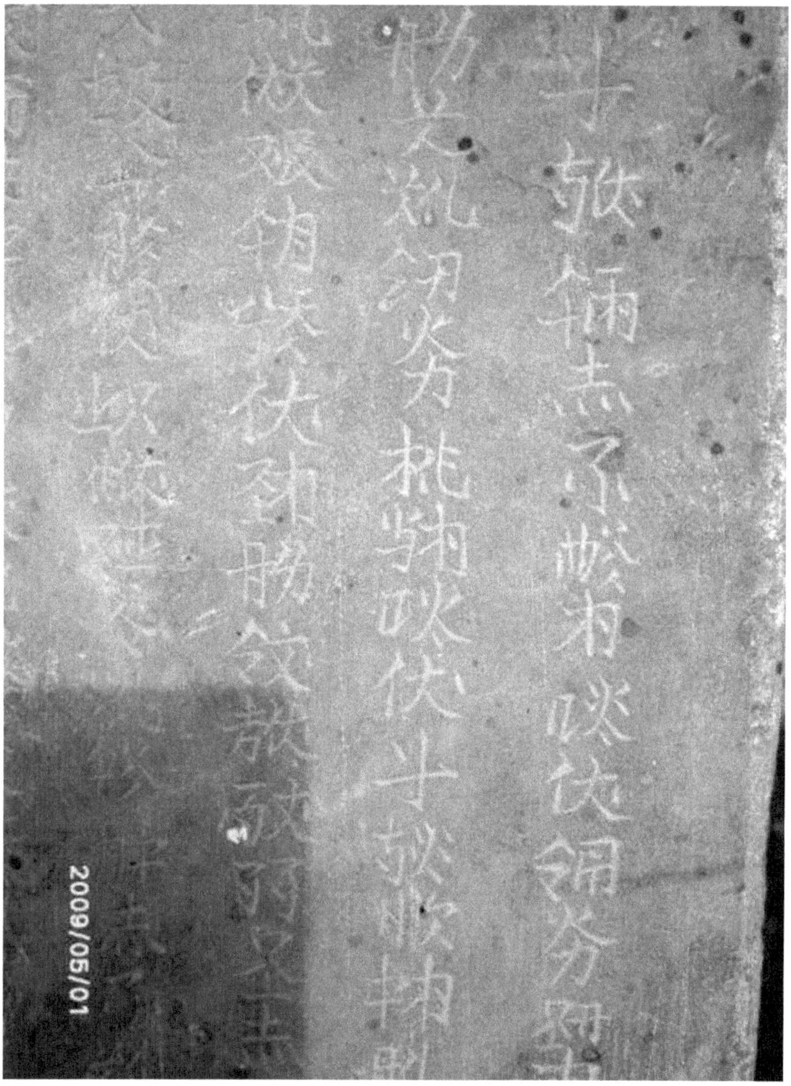

圖片八　二〇〇九年擬售農業博物館契丹文墓誌（「農誌」）誌石局部

也談蕭敀墓誌銘真僞問題

都興智

二〇一四年七月，承蒙中國社會科學院民族學與人類學研究所契丹文字專家劉鳳翥先生通過網絡惠傳漢字蕭敀墓誌銘（以下簡稱敀誌）及該墓誌契丹小字誌文摹本（敀，契丹名白斯本，故以下簡稱白誌）電子版。當時大略地通讀後，直覺上感到這方墓誌存在問題。現在劉先生已將他的研究文章發表，認定該墓誌是贋品。①筆者認真拜讀了劉先生的文章（以下簡稱劉文），又仔細審讀了誌文，并與漢文永清公主墓誌銘（以下簡稱永誌）和契丹小字蕭太山和永清郡主墓誌銘（以下簡稱太山誌）、契丹小字故上師居士拔里公墓誌（上師居士，即實先生解爲「尚食局使」，以下簡稱拔里公誌），②進行比對考察，擬對敀誌和白誌真僞問題談談自己的看法。

① 劉鳳翥蕭敀墓誌銘爲贋品說，赤峰學院學報二〇一五年一期，第六頁。
② 即實〈乎盧墓誌〉譯讀，謎田耕耘，遼寧民族出版社二〇一二年，第三三〇頁。

一、誌文中歷史常識性的錯誤

蕭旼墓誌是一方漢文與契丹小字合璧的石刻，但因其没有確切的出土地點和清楚來歷，所以本身就使人質疑。正如劉先生所説，旼誌撰者署名爲楊丘文，細讀誌文，給人的感覺字句生澀不典，與傳世的楊丘文其他作品文風截然不同。同時在誌文中存在着許多常識性的錯誤，這就明顯露出了作僞者的馬腳。如旼誌開頭：「故彰信軍節度使、知大國舅詳隱、贈同中書門下平章事蕭公墓誌文。」劉文已經明確指出，「知大國舅詳隱」是杜撰的官職，因爲作僞者根本不理解「知」的含義。「知」，義爲主管、執掌，如知府、知州、知縣等，意即主管或執掌一府、一州、一縣之事。遼代的大國舅詳隱是官名，我們在出土的遼代其他墓誌中見到的都是「大國舅詳隱」或「拜國舅詳隱」。知大國舅詳隱，意即主管或執掌大國舅詳隱，楊丘文是遼末名士，如果犯這樣的低級錯誤，豈不是貽笑大方！白誌第一行和第十行：「國舅詳隱知事」同樣是杜撰的官職，因遼史・百官誌及其他出土遼代墓誌從未見到這種官名。

白誌第三行記載墓誌的撰者的文字譯漢文爲：「高州之觀察使、字掌之知事、開國子耶律固撰」（按漢語語序「字掌之知事」應譯爲「掌字之知事」，即知制誥）。其中一個明顯的常識性錯誤就是「開國子」三字之前缺郡望。這一行字是作僞者仿抄故耶律氏銘石第二行而進行了簡略，但他并不知道封爵前面的郡望是不可省略的。故耶律氏銘石的原文是「高州之觀察使、金紫崇禄大夫、檢校尚書右僕射、漆水縣開國伯耶律固撰」。白誌「開國子」之前缺書「漆水縣」。

旼誌記蕭旼的高祖稱：「次曰檀哥，某衛將軍，即公之高王父也」。所謂檀哥，按契丹小字的原文準確讀音應解爲「丹哥」，因相應的「檀」字與契丹小字耶律宗教墓誌中記載東丹國的國號「丹」是同一個契丹詞。「某衛將軍」，不知具體所指，檢出土的遼代墓誌，與「衛將軍」有關的官名有「左院千牛衛將軍」、「千牛衛將軍」、「左監門衛上將軍」、「金吾衛上將軍」等，千牛衛、監門衛、金吾衛都是固定名詞，不管是哪個官名，在誌文中都不能簡稱爲「某衛將軍」，這顯然是作僞者隨意杜撰誌文暴露出的又一個破綻。

旼誌中還有「將軍公生檢校太師、某軍節度使安哥，即公之曾王父也。太師公生駙馬都尉王五，尚聖宗皇帝之女榮陽公主曰興哥者，即公之王父王母也。駙馬公生某衛將軍泰山」。永誌記載，蕭太山的最高官名爲左千牛衛將軍，如前文所言，這裏絶不可簡稱爲「某衛將軍」。另外如文中「將軍公」、「太師公」、「駙馬公」等，皆非誌文中稱號，頗類小説和戲曲中之語，誌文中出現這類稱號，顯有疊床架屋之嫌。

二、關於旼女爲妃、兩侄尚主的史實考察

旼誌稱蕭旼第三女爲天祚皇帝淑妃，這一説法不見於遼代史料和出土的遼代相關石刻資料的記載。如果是史實的話，爲什麼拔里公誌不見隻言片語？按説其家族中先輩女性有被皇帝選爲妃的顯赫之事，後人在墓誌中一定會有記載。對此，劉鳳翥先生認爲是作僞者胡編的故事，筆者亦同樣持懷疑態度。

旼誌又記，蕭太山與永清郡主生三子，「長子昕，西北路招討兼中書令，即公之兄也。其子曰昱，同中書門下平章事、駙馬都尉，尚皇妹秦晋國長公主曰延壽者，即公之猶子也。季曰阿剌，故臨海軍節度使，即公之弟也。其子曰蕊奴，太子少師、臨海軍節度使，尚皇太叔祖宋魏國王之女吳國公主曰骨欲者，亦公之猶子也」。「常語

人曰：『吾一女作妃，兩猶子尚主。身起家爲方帥，此吾之幸極矣。』」

關於昕子昱尚皇妹秦晋國長公主曰延壽之事，應該是作僞者望風捕影、移花接木編造的故事。延壽公主是天祚皇帝之胞妹，遼史·公主表記，延壽公主下嫁蕭韓家奴。永誌、太山誌記，昕有三子：正室撻不也娘子生長子阿僧、次子韓家奴，次室保功娘子生第三子哥得。韓家奴就是太山誌的書丹者。那麼昕次子韓家奴與延壽公主的駙馬蕭韓家奴是不是同一個人呢？從白誌的記載來看，顯然不是！白誌第八行：白斯本相公「兄一個，名莫劄尼（即蕭昕），□□西北招討兼中書令，長子乙辛，左院宣徽使，同中書門下平章事、駙馬都尉，尚可汗之同胞秦晋國長延壽公主」。這裏所記的長子乙辛，即阿僧。阿僧與遼史·公主表所記的延壽公主駙馬蕭韓家奴也對不上號。

至於旼誌中所記蕭太山第三子蕭阿剌（劉鳳翥先生譯爲「里罕里」，漢名昉）長子蕊奴（永誌記爲「如意奴」，同音异譯）尚主之事，則見於拔里公誌。該誌文第四至六行記：「太山將軍之子□地之度使特末里罕里太師，所娶女人（妻）六院解里寧于越族帳之謝留郎君之女斡特懶夫人。太師之子契丹駙馬都尉如意奴公。……女人（妻）公主耶律興宗皇帝之孫女」。但太山誌中没有記如意奴所尚公主的封號和名字，衹記是興宗孫女，以此推斷，公主應該是道宗兄弟之女，𣆄誌記其爲道宗大弟皇太叔祖和魯斡之女，是根據拔里公誌的記載又進行了增編，記爲吳國公主名骨欲。但有一點需要説明，𣆄誌大約刻於二〇〇五年，而拔里公誌的資料是二〇〇九年始公開發表，[1]作僞者怎麼會在四年之前引用其墓誌資料？實際上拔里公墓誌早在二〇〇四年就已經出土，誌文拓片在少數人手中流傳，作僞者應該是事先獲得拓片的資料纔編進𣆄誌當中。

三　人物、世系錯亂

蕭𣆄墓誌除常識性錯誤之外，還存在着人物、世系錯亂的現象。如永誌記，蕭太山第二子漢名昄，而𣆄誌訛爲𣆄，劉鳳翥先生已指出其誤。

𣆄誌又記：「始祖曰神覩，兼中書令，在太祖、太宗時有佐命功，尚義宗之女齊國公主曰阿保禮。生二子，長曰啜里，兼侍中，尚世宗皇帝之女秦晋國大長公主曰胡古典；次曰檀哥，某衛將軍，即公之高王父也。……駙

[1] 劉鳳翥等契丹小字金代〈蕭居士墓誌銘〉考釋，文史二〇〇九年第一輯，第二三八至二三九頁。

馬都尉王五，尙聖宗皇帝之女滎陽公主曰興哥者，即公之王父、王母也。駙馬公生某衛將軍曰太山，以其伯祖同中書門下平章事應哥尙聖宗皇帝弟齊國王之女河間公主曰迎兒者，無嗣，詔將軍公主其家。」

先説所謂始祖神覩，即蕭太山的高祖，作僞者故弄玄虛，將其記爲「始祖」。太山誌第五行記「第五代先祖石魯隱・安里令公（即實先生釋爲士篤訥・宴利令公），[1]拔懶月椀阿主之子叔父撒懶宰相弟五女人耨斤夫人之子。……女人齊國阿不里公主，配偶□□阿主帳承祧。公主國授皇帝地母（皇后）之女」。拔里誌第三行記爲第七代先祖石魯隱・安里令公，女人尚義宗皇帝之女秦國公主阿不里。神覩、石魯隱・安里，就是遼史有傳的蕭翰，阿古只第五妻所生，爲蕭緬思（室魯）過繼子。其妻阿不里公主，爲讓國皇帝義宗耶律倍之女。「國授皇帝」是按契丹語序直譯，漢語應譯爲「授國皇帝」，即「讓國皇帝」。從契丹小字發音角度來分析，釋此人契丹字第二個名爲石魯隱比「神覩」更加貼切。

其次再説關於蕭太山伯祖之事。旼誌稱太山伯祖爲應哥駙馬，啜里駙馬是神覩長子，都是明顯的謬誤。其實

[1] 即實〈太山堯潔墓誌〉譯讀，謎田耕耘，遼寧民族出版社二〇一二年版，第二二一頁。

太山的伯祖并不是應哥駙馬，而是應哥之父啜里駙馬。太山誌第六行：「將軍之伯祖父留寧・啜里駙馬，女人（妻）胡古典公主，天授皇帝地母（皇后）之女。啜里駙馬公主之□子徹堅・應哥駙馬相公，女人（妻）□□令師公主。駙馬公主之女孩一個昭兀里妃。徹堅駙馬女古帳□撒懶阿古只宰相之第二女人（妻）赤烏古夫人帳□□承祧。」所謂天授皇帝，即遼世宗。太山之祖爲留寧・安哥太師，留寧・啜里駙馬乃安哥之兄，故爲太山之伯祖，而應哥駙馬爲太山伯祖啜里駙馬之子，怎能稱伯祖！啜里駙馬爲太山伯祖，石魯隱・安里令公爲太山五世祖（高祖），啜里駙馬怎麼會是石魯隱・安里令公之子？作僞者顯然是没有讀懂太山誌的内容，纔導致記載中人物、輩份的錯亂。白誌第五至六行的相關部分也同樣記載啜里爲神覩長子、應哥爲太山伯祖之事。白誌撰者署名耶律固，爲遼末著名契丹小字文章行家裏手，絶不會撰寫這樣錯誤百出的誌文。這充分説明，玟誌和白誌是出自同一個或同一夥作僞者之手。太山誌第九至十行記永清郡主爲「統和皇帝之弟齊國大王之子楚古寧陶德大王昭兀里妃二人之長女」。永誌則記永清郡主之母爲駙馬都尉蕭克忠之女，由此知徹堅・應哥駙馬就是蕭克忠，也是永清郡主的外祖父，永清郡主生母就是應哥駙馬之女昭兀里妃。永清郡主之父乃聖宗之侄、齊國王第三子衛王宗熙。蕭克忠無男嗣，故由外孫女婿蕭太山承祧其宗支。

總的來看，旼誌和白誌内容破綻百出，并可考察出其謬誤的出處和原因，故可斷定爲今之作僞者製造的假貨。據筆者掌握的資訊看，如今的作僞者製造有契丹字的遼代贗品文物有墓誌、皮件、墨書、陶器、權杖、金屬貨幣、印璽等，其中權杖、貨幣、印璽有的還使用高貴的白銀或黄金製成。在如今文物造假之風甚盛的形勢下，考古、史學和契丹文字研究者一定要提高對文物真僞的辨别能力，不上造假者的當。不要拿着贗品當真品，甘當贗品販子的義務推銷員。

契丹小字太祖聖元皇帝御賜吴越國使臣通行令牌爲贋品説

蔡瑞珍

二〇一一年，浙江省博物館舉辦的吴越勝覽——唐宋之間的東南樂國特展上展出了一件金質「太祖聖元皇帝御賜吴越國使臣通行令牌」，并被收録進展覽同名圖録中。[①]據圖録介紹，該金牌「傳内蒙古自治區赤峰市境内出土，山西藏家陳傳江藏」。

該金牌最早見于二〇一一年七月出版的契丹文珍稀符牌考釋圖説[②]一書，書中裴元博對金牌做了釋讀（以下簡稱裴文），并稱「這是目前發現的最早的鑄有契丹天皇帝廟號『太祖』和謚號『聖元皇帝』御賜金牌，也是已知存世的契丹符牌中唯一頒發給外國使臣的契丹國通行令牌，對研究契丹帝國早期外交史至關重要，也是五代時期各國間交流的寶貴的實物憑證。」

吴越勝覽圖録中該金牌條目下的文物介紹可以看做是裴文的簡化版，觀點與裴文相仿。據圖録介紹，金牌形

① 黎毓馨主編吴越勝覽——唐宋之間的東南樂國，中國書店二〇一一年版，第七十一頁。

② 裴元博、陳傳江編著契丹文珍稀符牌考釋圖説，安徽美術出版社二〇一一年版，第八十五至八十七頁。

制爲「長方形，以含金量約百分之七十三的黄金鑄造，上方飾以卷雲紋，中托珠形圓穿便于繫掛，牌面左右分飾雲、龍紋，中間陽鑄八個契丹小字，漢譯爲「太祖聖元皇帝御賜」。牌背邊框左右分飾蔓草紋，中間陰鑄九個契丹小字，漢譯爲「吴越國使臣通行令牌」。

一、金牌正面

二、金牌背面

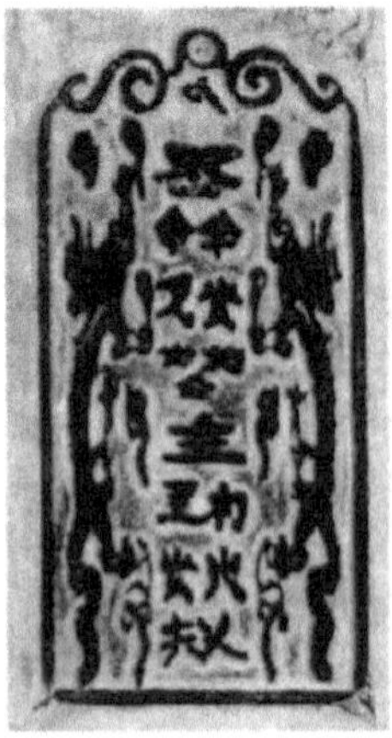

三、正面拓片

四、背面拓片

該金牌存在諸多疑點，筆者認爲其爲贋品。理由如下：

一、該金牌來歷不明。雖然「傳內蒙古自治區赤峰市境內出土」，但赤峰市有七個旗、兩個縣、三個區，共有九萬〇二百七十五平方公里。應該説明在哪個旗、縣、區的哪個鄉鎮哪個村出土的，什麼時間出土的，是哪個部門科學發掘出土的還是盜墓出土的。這些問題没説清不免令人生疑。這種來歷不明的非科學出土物，十之八九爲贋品。

二、牌子上的契丹文字都是從已經發表的研究成果中東拼西湊地抄來的。例如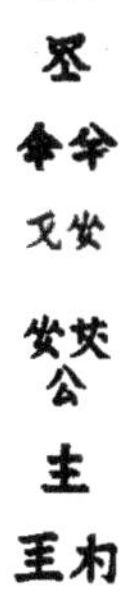（太祖聖元皇帝之）抄自故耶律氏銘石第四行。[①] 爲漢語借詞「御」，抄自道宗皇帝哀册第二行的漢語借詞官名「御院通進」。[②] （賜）抄自耶律（韓）迪烈墓誌銘第八行。[③] 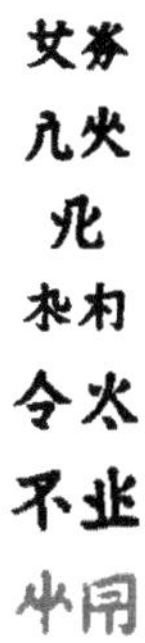（越國使臣通行令）等字釋文均

① 清格爾泰、劉鳳翥、陳乃雄、于寶麟、邢復禮著契丹小字研究，中國社會科學出版社一九八五年版，第五八五頁。

② 清格爾泰、劉鳳翥、陳乃雄、于寶麟、邢復禮著契丹小字研究，中國社會科學出版社一九八五年版，第五一六頁。

③ 唐彩蘭、劉鳳翥、康立君契丹小字〈韓敵烈墓誌銘〉考釋，民族語文二〇〇二年第六期，第三四頁。

分別見於契丹小字研究一書，就不一一出注。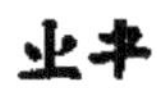（牌）字抄自耶律弘用墓誌銘第十九行。

對金牌上的契丹小字規範字形後做轉寫與翻譯釋文如下：

正面：

tai tsu ʃiŋ ŋiuan ɣuaŋ ti-ən ŋiu li-i

太 祖 聖 元 皇 帝之 御 賜

背面：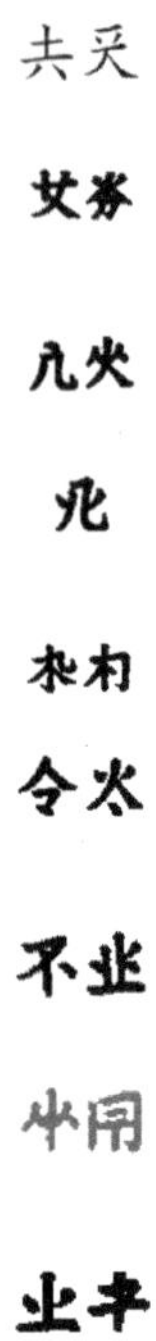

li-? iue kuei ʂï ʧhən tuŋ ɣaŋ liŋ phai

? 越 國 使 臣 通 行 令 牌

上述釋文從內容和語法上分析有下列錯誤：

（一）作僞者分不清廟號、謚號和尊號的用法。上述釋文的主語是「皇帝」，而且是指遼代開國皇帝耶律阿保機。此處「太祖」和「聖元」都是「皇帝」修飾語。但這兩個修飾語使用錯誤。「太祖」是廟號，「聖元」是謚號，都是給死人用的，一個已死之人給外國使臣賜給通行令牌豈不荒唐？阿保機的尊號是「大聖大明天皇帝」，但因沒有與之相關的契丹小字資料出現，在已經發表的研究成果中，作僞者無處可抄，所以用了廟號和謚號鬧出笑話。

（二）契丹語中主語是零形態，金牌的直譯爲「皇帝之」，爲名詞的屬格形式，不符合契丹語法。裴元博爲了使行文通順，未將這一屬格詞尾譯出，用意可想而知。

（三）契丹語與漢語的 SVO（主謂賓）結構不同，其語序爲 SOV（主賓謂）結構。將金牌正反面文字合起來讀，「太祖聖元皇帝之御賜吳越國使臣通行令牌」表面看來十分通順，但把它簡化後爲「皇帝賜金牌」，是漢語的 SVO（主謂賓）結構，絕對不符合契丹語法。

（四）詞組要用契丹語就都用契丹語，要用漢語借詞就都用漢語借詞，沒有契丹語和漢語摻和着用的情況。用在「御史大夫」、「御院通進」等漢語借詞中，是漢語「御」。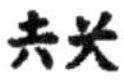於意爲「賜」，擬音爲[li-i]，爲契丹語。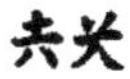這種漢語和契丹語摻和着的詞組，也衹有當代贋品中纔有這種蹩脚的用法。

（五）錯用所有格詞尾 。契丹小字的語法特別嚴密，表示所屬關係時應加所有格詞尾 。因此金牌的 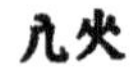（越國）和 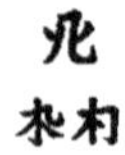（使臣）下面都應當加所有格詞尾 。這些地方該加不加。「皇帝」後面不該加反而加上。

（六）契丹小字中出現過秦、晉、燕、宋、曹、越、蜀、隋等國名，均爲漢語借詞。如果要翻譯「吳」也應當用漢語借詞。但明顯此處 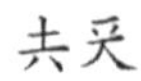 的讀音與「吳」并不相似。事實上，在耶律仁先墓誌第二十二行有音譯「吳」的契丹小字 ，[①]作僞者不知這一資料，自行胡攢了一個  字，以冒充「吳」。

三、不合禮制。按着遼代制度，外國使臣均有接伴使接待，隨時陪同，怎麼會賜給通行令牌讓他隨便到處亂走呢？遼代根本没有向外國使臣賜給令牌的制度，從制度層面就否定了這種令牌在遼代的存在。根據金牌抄録現成成果的情况看，金牌是在二〇〇五年前後僞造的。把這種贋品放在展覽場合展覽和當作真品收入書中，不管其主觀意圖如何，都起着漂白贋品的作用。其對學術造成的惡劣後果不可低估。

① 陳乃雄近十年來我國契丹字研究，內蒙古大學學報（哲學社會科學版）一九八七年第三期，第一二八頁。

後　記

二〇一六年五月十七日，習近平同志在哲學社會科學工作座談會上的講話中説：「……要重視發展具有重要文化價值和傳承意義的『絶學』、冷門學科。這些學科看上去同現實距離較遠，但養兵千日、用兵一時，需要時也要拿得出來、用得上……要重視這些學科，確保有人做，有傳承……」爲了貫徹習近平同志的上述講話精神，中國社會科學院在二〇一七年出臺了「登峰戰略工程」，契丹文字被列入這一工程的「絶學」之一，我雖然已經年過八十，仍被聘爲這一工程的「絶學」（契丹文字）學科帶頭人。

爲了做到「確保有人做，有傳承」，我是天天夜以繼日地伏在電腦前埋頭工作。主要是批駁契丹文字領域泛濫成災的拿着贗品當真品的一些書籍和文章，并爲中國民族博物館、内蒙古博物館、北京石刻藝術博物館等單位和一些收藏家鑒定文物。通過多年的積累，形成專著契丹文字辨僞録書稿，這是「登峰戰略工程」科研成果的一部分。這反映了一個時代的契丹文字的學術前沿水平。

我能調動的人祇有我的親授弟子張少珊和我的夫人李春敏老師。張少珊已經學會了鑒别贋品的本領，敢於批駁國内外拿着贋品當真品的一些著作，她的文章雖然一再遭到封殺，但終於在袁行霈先生的關注和支持下發表在北京大學國學研究上，其學術影響力不可估量。北大就是北大，與别處就是不一樣。數十年來，李老師始終支持我的研究工作，我的論文和專著契丹文字研究類編中的全部契丹大字和契丹小字墓誌銘都是她一件一件地全文摹録的。她更支持我批駁贋品的工作，陪我一起去拓製贋品碑刻，全文摹録一件一件的贋品墓誌銘，并協助完善契丹大字贋品中出現的「字庫」。

北京燕山出版社對我厚愛。當我向幾家出版社聯繫契丹文字辨僞録出版事宜，因種種原因均表示爲難時，唯獨燕山出版社有遠見，慨然答應給予出版。不僅如此，還答應同時給我出版另一本魏晋六朝古文譯注的書稿。在我還沒有交出齊、清、定的書稿時，就指定了責任編輯。責編同志爲此書的出版花費了大量心血，在此順致謝意。

此書如有不妥之處，尚乞海内外博雅不吝賜教。

劉鳳翥　二〇二〇年十一月十二日